杉本敏夫 監修
最新・はじめて学ぶ社会福祉

社会学と社会システム

山口美和

編著

ミネルヴァ書房

シリーズ刊行によせて

　この度，新たに「最新・はじめて学ぶ社会福祉」のシリーズが刊行されることになった。このシリーズは，もともと1998年に，当時岡山県立大学の教授であった故大島侑先生が監修されて「シリーズ・はじめて学ぶ社会福祉」として始まったものであった。当時，現監修者の杉本も岡山県立大学に勤務しており，一部の執筆と編集を担当した。そのような縁があって，その後，杉本が監修を引き継ぎ，2015年に「新・はじめて学ぶ社会福祉」のシリーズを刊行していただいた。

　この度の新シリーズ刊行は，これまでの取り組みをベースに，ちょうど社会福祉士の新しく改正されたカリキュラムが始まることに対応して新しいシラバスにも配慮しつつ，これからの社会福祉について学べるように改訂し，内容の充実を図るものである。また，これまでのシリーズは社会福祉概論や老人福祉論といった社会福祉の中核に焦点を当てた構成をしていたが，今回のシリーズにおいては，いままで以上に社会福祉士の養成を意識して，社会学や心理学，社会福祉調査等の科目もシリーズに加えて充実を図っているのが特徴である。

　なお，これまでの本シリーズの特徴は，①初心者にもわかりやすく社会福祉を説明する，②社会福祉士，精神保健福祉士，介護福祉士，保育士等の養成テキストとして活用できる，③専門職養成の教科書にとどまらないで社会福祉の本質を追究する，ということであった。この新しいシリーズでも，これらの特徴を継続することを各編集者にはお願いをしているので，これから社会福祉を学ぼうとしている人びとや学生は，そのような視点で社会福祉を学べるものと思う。

　21世紀になり，社会福祉も「地域包括」や「自助，互助，共助，公助」と

いった考え方をベースにして展開が図られてきた。そのような流れの中で，社会福祉士や精神保健福祉士もソーシャルワーカーとしての働きを模索，展開してきたように思うし，ソーシャルワーカー養成も紆余曲折を経ながら今日に至ってきた。複雑多様化する生活問題の解決を，社会がソーシャルワーカーに期待する側面もますます強くなってきている。さらには，社会福祉の専門職である保育士や介護福祉士がソーシャルワークの視点をもって支援や援助を行い，社会福祉士や精神保健福祉士と連携や協働が必要な場面が増加している。それと同時に，社会福祉士や精神保健福祉士としての仕事を遂行するのに必要な知識や技術も複雑，高度化してきている。社会福祉士の養成教育の高度化が求められるのも当然である。

　このまえがきを執筆しているのは，2021年1月である。世の中は新型コロナが蔓延しているまっただ中にある。新型コロナは人びとの生活を直撃して，生活の困難が拡大している。生活の困難に対応する制度が社会福祉の制度であり，それを中心となって担うのが社会福祉の専門職である。各専門職がどのような役割を果たすのかが問われているように思う。

　新型コロナはいずれ終息するであろう。その時に，我々の社会や生活はどのような形になるのであろうか。人びとの意識はどのように変化しているのであろうか。また，そのような時代に社会福祉の専門職にはどのようなことが期待されるのであろうか。まだまだよくわからないのが本当であろうが，我々は社会福祉の立場でこれらをよく考えておくことも重要ではないかと思われる。

　2021年1月

監修者　杉本敏夫

はじめに

　この本は「社会学と社会システム」のテキストです。皆さんがめざす専門職に必要な科目とされています。世の中の仕組みをわかりやすく説明するもの，と理解してください。

　このテキストは，皆さんの国家試験合格を強力にサポートします。必要な知識がすんなり頭に入るよう，工夫して作りました。繰り返し丁寧に読んでもらうと，必要な知識が定着しやすくなります。是非試してください。各章の終わりにまとめのコーナーがありますので，知識の確認に使っていただければと思います。

　この本はもちろん試験のためだけのものではありません。世の中の仕組みを理解し，良い仕事をするための力を手に入れることをめざしています。たとえば全体を4部構成にしていますが，第2部で「私たちが出会うかもしれない困難と，その向き合い方」を取り上げました。皆さんが専門職として出会う人たちは，多くの場合何らかの困難と向き合っておられます。その困難の正体を正確に把握できれば，より良い対策を考えることができます。社会学分野のテキストで，この部分を正面から取り上げたものは珍しいと思いますが，皆さんの仕事に大いに役に立つはずです。

　世の中はわからないことだらけですが，少し見方を変えると，出来事の意味が見えてきます。**知る**というのは**力を身につけること**なのです。皆さんには，わくわくと知ることを楽しんでいただきたいと思います。

　この本と共にめざす専門職への第1歩を始めましょう。

2021年3月

編者　山口美和

目　　次

第 I 部　人と共に生きるということ

第Ⅳ部　社会学の基礎知識

おわりに

さくいん

第 I 部

人と共に生きるということ

第1章

人と生きる

　私たちは皆，社会に生きています。人の中に生まれ，人の中で成長し，人と共に生きています。本人がどう思っていても，人の世話にならず，誰にも迷惑をかけず，一人で生きることはできません。人が人と生きるとはどういうことか。社会のメンバーになるとはどういうことか。より良いコミュニケーションとはどんなものか。この章ではそれをみていきましょう。

1　社会の中の私

（1）社会学とは

　皆さんは社会学って聞いたことがありますか。この言葉に初めて出会う人が多いのではないでしょうか。高校の現代社会や倫理の一部と重なる内容もありますが，まずは心理学と同じように，新しいものとしてお楽しみください。

　いきなりですが，社会学の定義をします。社会学は簡単にいうと「人と人とが共に生きていくから起こる，色いろなことを研究する学問」ということになります。私たちはイヤでも人の中で，人とかかわって生きています。自分は一人だ，誰ともかかわりを持たない，と思っても，「積極的にかかわりを持とうとしない人」あるいは「かかわりを拒絶する人」という形で周りに理解され，そのように扱われるということで，やはり本当に人とかかわらずに生きることはできません。気がついたら無人島で，一人きりで暮らしていたという場合でも，どこかで誰かがいなくなったあなたを必死で捜しているかもしれないし，あまり考えたくはありませんが，「いなくなってくれて良かった。ずっと帰っ

てこないでほしい」とほっとしている人がいるかもしれません。この場合も遠く離れたところで，あなたはやはり人とのかかわりを持っているのです。

　私たちは，ほぼ強制的に多くの人と共に生きています。そういう中に生まれ落ちてしまったのです。人と人が一緒にいると，本当に色いろなことが起こります。親しい人とそうでない人，小さなグループや大きな集団，うれしいことや嫌なこと。そうした色いろな出来事から，隠れた法則を見つけ出したり考えたりするのが社会学です。そうはいってもどんなものかイメージがわきにくいですよね。これから少しずつわかってもらえたら充分です。あせらずにいきましょう。

（2）自分とは

　人間は，自分自身に興味を持つ生き物です。人間とは何か，というのはとても人間的な問題です。少なくとも野生の動物は多分，「自分って何？」とか「何のために生きているんだろう？」などとは考えないだろう（そんな余裕はないだろう）と思います。そんな余裕はないだろうと書きましたが，こうした問いはただ生きるだけでなく，「よく生きること」を意識するようになって生まれる問いです。日々の暮らしにどっぷりつかっていると「そんなの，どうでもいいよ」という気になりますが，人間は昔からこういうことを考えるのが好きでした。

　正解がいくつもあるような問いですから，答えもたくさん考えられます。少し余計なことをいいますが，高校と大学が一番違うのは，大学ではこのような正解がいくつもある，もしくは正解があるかどうかもわからない問題と付き合うことです。いうまでもなく世の中はこんな問題ばかりですから，いよいよ大人に近づいたことになりますね。話を戻しましょう。経済学を学ぶ人は人間を，損をせず得をするように振る舞う「経済人」だと考えましたし，フロイトは「性的存在」としての側面を強調しました。人間は遊ぶ者（ホモ・ルーデンス）だといった人もいます。どれも，自分が関心を持つ部分に焦点をあてたいい方ですね。

　ならば，社会学は人間をどう考えるのでしょう。実は文字通り「社会的存

在」だと考えます。社会的存在とは，人と共に生きる存在だということです。私たちは互いに良くも悪くも影響を与え合って生きていますが，社会学は「群れとしての人間」のあり方に興味を持っているといえるかもしれません。

　ところで皆さんは「自分って何だろう」と考えたことがありますね。普通，中学生や高校生の時期にはこういうことが気になるものです。これもさきほどの「人間とは何か」と同じく答えは一つではないですね。とても人間らしい問題です。長く大人をやっていると，これまた「そんなの，どうでもいいよ」「ここにいる私が私だし」と身もふたもないことで納得しますが，皆さんにはうんと悩んでいただきたいと思います。こういうことで悩むのも，大人になる上でとても大切な経験ですから。悩んでいる当人は，こんなことに何の意味があるのだろうと思うでしょうが。

　その自分ですが，自分というアイディアも実は，周りに人がいるから生まれるものです。本当に一人だけならば，自分というアイディアは生まれません。こういうと意外に思われるかもしれませんが，もし周りに人がいなければ，自分と区別，比較するものがないので，わざわざ自分を意識する必要がないのです。自分が周りの人とは違う独自の存在であることを，私たちは周りの人から学びます。そして周りの人に「あなたはこういう人だね」と評価されることで，自分のイメージをつくっていくのです。このことを，クーリーは「鏡に映る自己」と表現しました。

　自分の姿は鏡やガラスなどに映してみないと，見ることができません。写真を撮っても，リアルタイムで確認することはできませんね。それと同じで，自分がどんな人間かというイメージは，周りの人のいうことや反応からつくられていきます。小さな子どもにとっては，親や身近な大人の言葉や接し方が大きな意味を持ちます。人間としての根っこがつくられるこの時期，できれば周りの大人たち（親とは限りません）には否定的な言葉を使わないでいただきたいなと思います。腹が立つことはたくさんあるでしょうが，「だめな子だ」とか「ばか」とか「あんたなんか生むんじゃなかった」など，子どもの存在を否定するような言葉が出そうになったら，ぐっと飲み込んでもらえたらと思います。人を傷つけた言葉は，さらに強い力を持って自分に返ってきます。どうせなら

ば，うれしい言葉や良い言葉が大きくなって返ってくる方が楽しいでしょう。

　子どもが小さいうちは，親や身近な大人の反応が全てですが，やがて友達からの評価，友達にどう思われているのかということが意識の中心になってきます。思春期になるとさらに，異性からの評価も気になりはじめます。

　ある一人の人に対する評価は，実にさまざまです。何人もの人が色いろなことをいいます。きっとどれもウソではなく，本当のことでしょう。そのさまざまな評価から，自分はこんな人間だと，なんとなく納得します。もちろん評価は変わっていきますから，自分のイメージも変わります。気分によって自分のイメージが大きく変わる人もいるでしょう。

　こうして作られた自分のイメージを**アイデンティティ（自己同一性）**といいます。理想の自分と現実の自分が離れすぎないこと，周りのイメージの中の自分と自分自身のイメージがあまりずれていないこと，この状態に近づくことが青年期の課題の一つでもあります。

（3）G. H. ミードのアイディア

　社会の中で，自分がどうつくられていくのかを考えた人に　G. H. ミードがいます。人間は，自分について考えることができます。考える自分が，自分自身をテーマにすることができるのです。これは「**社会的相互作用**」といって，周りの人の見方や考え方から自分を見直すことで可能になります。先に述べましたが，他の人とかかわり，互いに影響を与え合うことで「自分」というアイディアが生まれてくるのです。

　ミードは，他の人から見た自分を**社会的自己**と名づけました。社会的自己は，接する人の数だけあるといえます。ある人はあなたのことを「いつも元気で気持ちが良いね」というかもしれませんし，また別の人は「誰にでも優しいところがあなたの魅力だね」というでしょう。どちらもあなたの一面を表しているものと考えられます。

　またミードはアイデンティティ（自己同一性）の確立について「I と me との対話」といういい方をしました。I は自分自身，me は周りの人が期待する（であろう）自分のイメージです。周りの意見については，正確なことはわかり

ません。多くの人は，他の人の心を正確に読み取ることはできませんから。ただ多分こういうことを期待されているのだろうなと推測することはできます。自分で自分のイメージを手探りしつつ，だんだん自分自身を育てていく。それが人の中で生活しながら成長していくということなのです。

　人はいくつもの集団に所属して，生活しています。その中でも特に大きな影響を及ぼす集団のことを**準拠集団**といいます。準拠集団とは，個人が比較や同調の対象とする，意味のあるグループのことです。学校に通う児童，生徒の多くにとって，学校は準拠集団です。たとえば同じクラスの中で，自分の成績は何番目くらいだと意識しますし，走る速さは速い方だとか，同性の中で人気がある，異性からの人気もなかなかだなどと，なんとなく理解しているものです。

　一人の人の準拠集団は，一つだけではありません。集団はもちろん，たとえば世代が準拠集団の役割を果たすこともありますし，ある特定個人が準拠集団（個人を集団というのはおかしいですが）として意識される場合もあります。憧れ，目標となる個人が多いと思います。芸能人，スポーツ選手，研究者，ご家族という例も少なくありません。

　ある人の準拠集団は，所属する集団であることが多いのですが，所属していない特定のグループを準拠集団とする人もあります。憧れのスポーツチームや，タレントのグループ，同じ学校で学年を問わず，密かに目標とする人びと等です。その人たちの行動や習慣をまねてみたり，彼ら彼女らならどう行動するだろうと考えてみたりするときは，その人たちを準拠集団としています。

2　必ず覚えたい概念

（1）社会の中で生きていく

　前節で述べたように，人は社会の中で生まれ，社会の中で成長し，社会の中で老い，社会の中で死んでいきます。人の中で，人と共に生きていくのが，私たちの宿命ともいえます。また現在，人は一生を通じて成長し続けるものという考え方が一般的になりました。これを**生涯発達**といいます。文字通り生涯を通して，変化，成長，成熟するものととらえるのです。

　人の一生を考えるとき，**ライフサイクルやライフコース**という言葉が使われます。ライフサイクルは，もともと生物学からのアイディアです。ある世代から次の世代への，規則的な変化の過程を意味します。ある世代がつがいになって，子を産み育て，老いて死んでゆく。次の世代が，やはりその同じ道筋を繰り返す。そうした一般的な変化をライフサイクルという言葉で表します。

　人類に共通するともいえるライフサイクルに対し，ライフコースは，もっと個人的な変化です。歴史的な時代の流れの中で，個人の生涯がどう展開するのか。学び，仕事，家庭その他にどんなことがあり，どう取り組んできたのか。それは時代とどう関係しているのか。こうしたことを考えるヒントになるのがライフコースです。

　人が社会の中で，人にもまれながら成長していくことを**社会化**といいます。社会化には，さまざまな面があります。正確に定義すると「個人が他者と相互にやりとりを繰り返し，社会的アイデンティティや役割を獲得し，社会的な存在となる過程」といえるでしょう。この基本をもとに，たとえば「社会規範（社会のルール）を学ぶこと」も社会化だと考えられますし，次に詳しく述べますが「役割を獲得すること」も社会化です。

　個人が社会化することは，一般的な社会人として通用する行動様式を手に入れる「普遍化」の性質を持ちます。またある特定のグループのメンバーとしてふさわしい行動がとれるようになるということで「集団化」の側面もあります。対照的に個々の性質を生かし，周りとうまく折り合いをつけて生きてゆく「個人化」の面もあります。

（2）社会化と役割

　人の中で，社会に合わせて成長してゆくことを社会化といいますが，そこには役割が深くかかわっています。社会的な役割をめぐるあれこれは，試験によく出るポイントでもありますので，一つひとつ確実に理解していきましょう。

　人は社会の中で，さまざまな役割を担っています。たとえば，皆さんは学生で，家族の一員で，部活やアルバイトのメンバーでもあるでしょう。地域の活動で何らかの役割を担っている人もいるでしょうね。役割の定義は「社会に

よって期待され，行為者によって取得される行動様式」です。社会から，こう振る舞ってほしいと期待され，皆さん自身がその期待に添うように行動するのが役割なのです。学生であれば，学んで仕事の準備をすることがあるでしょう。家族の一員として，家の仕事の一部を分担したり，何よりあなたがいることで家の中が明るくなるといったこともあるでしょう。

　はっきり他から指摘されなくても，その位置にいれば，こう振る舞うのが適切であろう，もしくは望ましいだろうと，多くの人は無意識に行動をコントロールします。社会規範が自分の内側に根づいているのですね。専門用語を使って表現しますと「社会規範の内在化」ですが，これがまさに社会化です。

　私たちは，一人でたくさんの役割を担っています。たとえば，会社に勤める人なら，ある会社の社員で，家では親，もしくは子ども，あるいはその両方，電車通勤の人なら，通勤客で，あるお店のお得意さん，といった地位にいます。**地位**というのは，**社会に占める位置**のことです。**役割**は，**その地位にふさわしい行動様式**です。

　ある会社の社員でも，管理職とそれ以外の社員では，期待される役割が違います。また同じ管理職でも，その立場によって業務内容が違うように，期待される役割も違います。ある集団で，ある地位にいる人が，周りからこう振る舞ってほしいと期待されたり，周りに対してどう行動すべきか考えることを**役割期待**といいます。通勤客なら，たとえば電車の中で，なるべく静かに邪魔にならないように振る舞うこと，可能なら，困っている人の手助けをすること等が期待されますね。

　役割期待とは，その地位に対して期待される行動です。管理職なら，チームメンバーが持てる力を発揮できるよう，望ましい環境を用意することが期待されるでしょう。そう，決して偉そうに振る舞うことを期待されてはいないのですよ。役割期待は，集団の規範でもあります。ある集団で，ある地位にいる者は，このように振る舞うのが望ましいと期待されるのです。

　役割については，覚えておく方がよい用語がいくつかあります。**役割取得**もその一つです。集団内の他のメンバーの視点から自分を見つめ，自分自身を作り上げていく過程のことです。自我の形成とともに，先にも述べましたが，規

8

範を内面化する過程でもあります。「他の人の役割期待を理解して，自分の役割にふさわしい行動をとること」と理解できます。

ミードは，個人がアイデンティティを確立していく過程を「I と me の対話」と表していましたね。この me は，社会の期待に添って役割取得した存在ともいえます。社会は漠然としていて，つかみどころがありませんが，多分多くの人はこう考えるだろうというのをミードは「一般化された他者」と表現しました。社会の期待は「一般化された他者」の期待と考えることができます。

役割をめぐっては「役割○○」という用語が他にいくつかあります。**役割演技**もその一つです。与えられた役割の内容に従い，自分が適当と考えるやり方で演ずることをいいます。自分の気持ちと一致しないときも，期待された地位にふさわしい態度がとれる状態のことです。リーダーを任されたら，多少自信がなくても堂々と振る舞うことが，周りに対する誠意になります。はじめはおどおどしていても，役割演技の繰り返し，積み重ねでリーダーらしい自分がつくられていきます。「地位が人をつくる」ところが確かにあるのです。

役割と個人の間に問題がなければ，成長につながる良いきっかけになりますが，いつもうまくいくとは限りません。役割とうまく付き合えないときも，当然あります。たとえば一人の複数の役割が矛盾したり，同時にこなすのが難しい状態を**役割葛藤**といいます。役割葛藤には，役割内葛藤と役割間葛藤があります。

役割**内**葛藤は一つの役割の中で，困った状態になることです。たとえば子ども（子どもという役割）が，父からはスポーツ，母からは勉強をそれぞれ強く勧められて，両立が難しい場合です。

役割**間**葛藤は，一人の複数の役割がうまく調整できない場合です。たとえば親としての役割と，職業人としての役割のバランスがとれず，困っている。さらに自治会の役員が当たってしまった，といった状況です。

役割内葛藤と役割間葛藤を厳密に区別する必要はありませんが，一つの役割の中での困りごとと複数の役割の中での困りごと，ということで理解してもらえたらと思います。

「役割○○」にはもう一つ，**役割距離**があります。ゴフマンという人の用語

です。役割を果たす上で，役割にどっぷりと浸っているのではなく，役割から少し離れた自由な状態をいいます。役割から「少し」離れている，というのがポイントです。たとえば手術室でジョークを飛ばす医師のケースが，これにあたります。

　きっとその医師は，手術を軽く見ているのではありません。むしろ，周りの無駄な緊張をほぐし，皆のパフォーマンスの質を上げるためにとった行動だと思われます。もしかしたら，自分はこの程度の手術など何とも思っていないという示威行動（「自分はすごい！」と示すための行動）かもしれませんが。

（3）社会的行為の色いろ

　社会的行為とは聞き慣れない言葉ですね。人のすることを行為といいますが，社会的行為は，そこに人との関係が絡んでくるものです。他者に関係する行為，行為者の意図や意味づけを含んだ行為が，社会的行為なのです。

　人の行為は，社会との相互作用の中で意味を持つものとなり，その意味は社会の中で変化していきますが，こういう考え方を「シンボリック相互作用論」もしくは「象徴的相互作用論」といいます。第1節で名前の出た**クーリー**や **G. H. ミード**，他に**ブルーマー**等がこの考え方の代表です。

　ウェーバーというドイツの社会学者は，試験問題の種をたくさん提供してくれる人ですが，ここでは彼による社会的行為の4類型を紹介しましょう。

　一つ目は**目的合理的行為**です。試験に合格するために，ポイントを押さえて勉強することが，その例です。目的をかなえるための合理的な行為ですね。試験勉強は個人的な行為で，社会的行為ではないと思われるかもしれませんが，試験を受けて合格するというのは，出題者，もしくは試験を管理する人びととの相互行為です。試験を通じて，ある目的にふさわしい人を選ぶのですから。そう理解すると，試験勉強が社会的行為であり，中でもウェーバーのいう目的合理的行為であることは納得できるのではないでしょうか。

　二つ目は**価値合理的行為**です。行為そのものに価値があると考えて行動することです。たとえば合格祈願がこれにあたります。合格祈願をしたからといって合格できるわけではないのは当然です。本当に試験に合格したいなら，その

ために必要な力を身につける他はありません。でも合格祈願で改めてやる気に
なったり，周りに応援されていることを自覚できるなら，間接的な効果は充分
にあります。

　目的合理的に見れば不合理かもしれないし，結果そのものは重視されません。
合格祈願をしたのに不合格になったとき，あの神社の合格祈願は役に立たない
と本気で腹を立てる人は，きっとそれほど多くないはずです。倫理的，美的，
宗教的等の価値に合わせ，行為そのものに意味があると考える場合を，価値合
理的行為というのです。

　ウェーバーの4類型のうち，目的合理的行為と価値合理的行為の二つを近代
的な行為と考えます。次に挙げる二つは，より人間の本質に近いものと考えら
れます。その一つは**感情的行為**です。喜怒哀楽のような情動に基づく行為です。
うれしさのあまり人に優しくなったり，腹を立てて怒鳴りつけたりといった例
がこれにあたります。行為の意味が結果ではなく行為そのものにあるのは，先
に挙げた価値合理的行為と同じです。

　もう一つの**伝統的行為は，身についた習慣によって規定される行為**です。こ
れには2種類あって，朝起きてからのルーティーンのような習慣的な行為と，
地域の祭りのような慣習に分けられます。後者の方が伝統的行為としては理解
しやすいでしょうが，習慣化した日常行為の多くが伝統的行為であることに注
意しましょう。

　社会的行為には，ウェーバーの4類型の他に，**ハーバマスのコミュニケー
ション的行為**があります。コミュニケーション的行為は，言葉を使って，お互
いの思いを調整することをいいます。結果を重視するのではなく，お互いに了
承に至る道筋を重視します。考えや気持ちをなるべく正確に言葉にして，お互
い自由に納得，承認しようとするのです。コミュニケーションについては，次
節でさらに詳しく考えましょう。

3　より良いコミュニケーションのために

（1）コミュニケーションを考える

　コミュニケーションの力は，最近とても重視されているようです。社会人として期待される力の中でも上位に挙げられます。コミュニケーションには，言葉が大きな役割を果たします。

　情報は言葉に載せて伝えられますが，今は科学技術の発達により，地球の裏側にいる人とでも，簡単にやりとりができます。言葉は工夫して記録されるようになりましたから，私たちは，過去の言葉を読み解くこともできるし，未来に向けて言葉を残しておくこともできます。「今ここ」にはいない過去や未来の人びととの，時を超えたコミュニケーションが可能になったのです。

　また，忘れられがちなことですが，私たちは自分自身ともコミュニケーションをとっています。ものを考えることがそうです。お腹が空いたとか，帰ったらあれをやりたいとか，ちょっとしたアイディアも実はほとんどが言葉を通してできています。言葉がなければ，多くの人は考えることができないのです。

　実はコミュニケーションには，言葉以外のものも大きく作用します。直接会う場合には，表情や身振り手振り，声の温かさ，たたずまいといったその人の雰囲気が，言葉よりも雄弁にその人自身や気持ちを伝えることがあります。人に会うとき，うまくやろうとか好かれようと思うと，どうしても緊張してしまいます。むしろ，どうしたってごまかせないのだからと素直な気持ちで会う方が，あなた自身の魅力が伝わりやすいのではないかと思います。

　良いコミュニケーションをとりたいと思うなら，背伸びをしないことが秘訣です。また多くの人は伝えることばかりを意識しますが，正確に情報を受け取ることがもう一つのポイントです。

　コミュニケーション上手というと多くの人は，話し上手で言葉に詰まらないような人をイメージします。もちろんそれは間違っていないでしょうが，さらに大切なのは，人の話を聴く力，正しい情報を受け取る力です。皆さんがめざす専門職は，利用者の状況や気持ちなどを正確に読み取る必要があります。そ

のために，どんな聞き手が望ましいと思いますか。

　聞き手は口べたでもいいのです。むしろ口べたであることは誠実そうだと思われて，得をすることだってあります。気持ちを込めて聴く，話しやすい雰囲気をつくる。そうした努力がコミュニケーション上手につながります。さらに，手にした情報から，相手にふさわしい対応を実現する。それはもしかしたら，相手が当初希望していたものとは違うかもしれません。なぜ，その対応なのか，どう生活が変わるのか，そうしたことを丁寧に説明することができれば，相手は納得しやすいでしょう。

　コミュニケーション上手は，必ずしも話し上手でなくて構いません。でも聞き上手であることは必要です。そして相手に必要なことを，わかりやすく伝える努力が，どんな仕事でも良いコミュニケーションにつながるのです。

（2）SNS との付き合い方

　デジタルネイティブである皆さんは，きっと SNS の扱いにも気をつけていることでしょう。多くの皆さんには余計なお世話だと思いますが，少し意識した方が良いことを挙げておきます。

　2011年スポーツ用品のメーカーに就職して約1か月の人が，来店したプロ選手と家族についてツイッターに投稿しました。それが拡散され，会社がホームページで謝罪し，結局本人は退職することになりました。不用意なつぶやきが，この人の可能性の芽を摘んでしまったのです。

　2015年には公務員が，勤務先の机の上のお菓子や飲み物の写真と一緒に「お腹が空いた」という内容のメッセージを投稿しました。この写真に仕事の書類が写り込み，守られるべき秘密が漏れてしまいました。不用意な投稿は，勤務先や関係者の秘密を漏らそうという意図はなくとも，守秘義務違反になったり，関係先に損害をもたらしてしまう危険性があるのです。

　有名人が勤務先の店に来たと投稿すると，プライバシーの侵害にあたる危険性があります。発表されていないプロジェクトに参加すると投稿したり，発表前の商品情報を紹介すると，守秘義務違反の他，インサイダー取引防止規程違反の危険があります。出張先でランチの写真を載せると，自社と取引先に対す

る守秘義務違反の危険があります。顧客や上司，同僚の悪口などを書けば，関係機関の信用失墜ということで，当然処分の対象となります。多額の賠償責任を負うことだってあります。

　鍵アカウントだから大丈夫，ということはありません。よくいわれますが，ツイートは小さな独り言ではありません。世界に向けて大声で叫んでいるのと同じです。そのツイートは，あなたの玄関の扉に貼っても大丈夫か，ということを意識する必要があります。一度投稿されたものは，原則として消えません。インスタグラムのストーリーは24時間経つと消えるので，油断して投稿してしまうこともあるようですが，誰かがスクリーンショットを撮れば消えないばかりか拡散されてしまうかもしれません。いつからでも，どこからでもあなたの過去を探ることができるのです。不用意な投稿で，関係先や家族に迷惑をかけたり，未来の可能性を小さくしてしまうことのないよう，くれぐれも気をつけましょう。

　原則として個人情報は載せないことです。ストーカー被害にあう危険があります。そして噂は広めない。不確かな情報の拡散は，それ自体が迷惑行為です。また著作権の侵害にならないよう配慮することも望まれます。テレビ番組の一部を SNS にあげる人がかなりありますが，著作権の侵害です。また匿名でも誹謗中傷は厳禁です。悪質なものについては告発されますし，それ以前に言葉は，自分や周りを良くするために使いたいですね。誰かを傷つけたり，不幸にするような言葉を使えば，自分自身を貶めることになります。

　日経新聞の記事（2020年4月6日）にあった，SNS で注意すべき5か条を挙げておきます。社会的に批判される書き込みをしない。業務上の秘密を漏らさない。個人的な投稿は会社名（組織名）に注意。画像から秘密情報が推定されないか注意。SNS にかかわる社内（組織内）規則を確認。いずれもごく当たり前のことばかりですが，気が緩むことは誰にでもあります。投稿前に，そもそも投稿する必要があるか等，冷静に考える習慣を身につけましょう。

（3）人との付き合いは全て「異文化交流」である

　人と付き合うことは全て，異文化交流だと思う方が良いです。文字通りの異

文化，外国からの人と付き合うときは自然に，相手の文化的な背景を考えます。でも同じ日本に住む人ということで，私たちは人と自分の当たり前は同じに違いないと信じ込んでいます。人によって，常識と考えることが少しずつずれているかもしれないのに。

　実は，あなたの当たり前と，隣の人の当たり前はたいていずれています。約束の時間のどれくらい前に到着するか，中学生のときのお小遣いはどうだったか，課題はいつやるのか。そうしたことの正解は人によって違います。自分と価値観の近い人と付き合う方が楽なのは確かですが，価値観の違う人と付き合うと，世界の広がるおもしろさがあります。

　自分の常識と周りの常識がずれているかもしれないと意識するだけでも，無用のトラブルは防げます。トラブルが起きたとしても，冷静に対策を考えることができます。常識の枠組みが自分とは違う人と，どう付き合っていくのかは，私たちが今後真剣に考えた方が良いことの一つです。お互いが気持ち良く生活するために，譲っても良いところは譲る。言うべきことは，誤解なく伝わるよう心がける。感情にまかせて動くのではなく，どうすれば相手と自分に良いことなのかを考えると，解決の方法が見つかりやすくなります。

　「人と付き合うことは全て異文化交流」。そう考えると何だかわくわくしませんか。わかり合えないと嘆くより，どうしたら良い落としどころが見つかるかを考える方が建設的で楽しいですよ。自分の許容範囲を広げることも，大人としては大切にしたい課題の一つです。

　　＊　本章の第1節第1項，第2項，および第3節第3項は，山口美和（2012）『より良く生き延びるための14章――社会学の知恵も使ってみよう』（創元社）の一部をもとに，大幅に加筆・修正を行ったものです。

参考文献
井上俊・大村英昭（1993）『改訂版　社会学入門』放送大学教育振興会。
日本経済新聞「つぶやきが身を滅ぼす　新社会人のコンプラ入門1」（2020年4月6日）。

見田宗介ほか（2012）『現代社会学事典』弘文堂。
山口美和（2012）『より良く生き延びるための14章——社会学の知恵も使ってみよう』
　創元社。

まとめ ━━━━━━━━━━━

- G. H. ミード「社会的相互作用」。自分は周囲と影響し合いながら形成される。
- 社会的自己は，他の人から見た自分。
- アイデンティティ（自我同一性）の確立は「I と me との対話」による。
- 準拠集団は，個人が比較や同調の対象とする，意味のあるグループ。
- 生涯発達とは，人は一生を通じて成長し続けるものという考え方。
- ライフサイクルやライフコース。
- 人が社会の中で，人にもまれながら成長していくことを社会化という。
- 役割は，その地位にふさわしい行動様式。
- 役割をめぐる，役割期待，役割取得，役割演技，役割葛藤，役割距離。
- ウェーバーの社会的行為（目的合理的行為，価値合理的行為，感情的行為，伝統的行為）。
- ハーバマスのコミュニケーション的行為。
- 言葉により「今ここ」に縛られないコミュニケーションが可能になった。
- 考えることは自分とのコミュニケーションである。
- コミュニケーションには言葉以外の要因も大きく作用する。
- コミュニケーション上手は聞き上手である。
- SNS への投稿は，自分や周りを不幸にしないよう，充分な配慮が必要。
- 人との付き合いは全て異文化交流。
- お互いを理解しようと努め，冷静に落としどころを探る努力が必要。

本文の太字部分をしっかり確認してください。

第2章

現代社会の健康課題と支援

　健康であることを望まない人はいないでしょう。ただ，何をもって「健康」といえるのでしょうか。健康診断の数値でしょうか。しかし，数値が悪くても元気な人もいれば，正常値であっても不調を強く感じている人もいます。本章では，「健康」とは何か，さらにその現状と課題を確認し，ともすれば医療分野の範疇と思われがちな「健康」において，福祉専門職がどのような視点を持つべきなのかということを考えながら読み進めてください。

1　現代社会における「健康」と課題

（1）「健康」の定義
　「最近どう？　元気にやってる？」，久しぶりに会った友人や知人から，挨拶がわりにこのような言葉をかけられることがあります。あなたは，どのように返事をしますか。特別深刻な状況を抱えていなければ，「元気にやってるよ」と答える人が多いでしょう。ただ，どれだけの人が，全くなんの痛みも心配もなく，毎日元気いっぱいの健康な状態と自信を持って，そう答えているでしょうか。元気な若者であっても，病気ではないけれど健康だとも言い切れない，と感じているときもあるでしょう。現代社会において，私たちは健康という言葉を，その時々に応じてさまざまな意味を含ませながら使っています。どのような意味で使っていても，健康であることを望みながら暮らしていることに違いはありません。日常的に皆が使っている「健康」について，どのような観点があり，どのような問題があるのか，整理していきましょう。

　はじめに，「健康」についての定義を確認していきます。一般的に健康であるということは病気ではない状態をイメージするのではないでしょうか。健康ではない状態というのは，病気を抱えている，もしくは病気には至らないまでも痛みや不快感といった症状がある状態であり，身体的なことを指していることが多いでしょう。2014年の厚生労働省「健康意識に関する調査」の結果から「多くの人が健康か否かを判断するに際して，まずは身体的な面を重視していることがうかがえる」と『厚生労働白書』で報告されています。しかし，身体面だけでは「健康」を充分に説明できていません。1946年に WHO（世界保健機関）は健康について次のように提唱しています。"Health is a state of complete physical, mental and social well-being and not merely the absence of disease or infirmity." すなわち「健康とは，病気でないとか，弱っていないということではなく，**肉体的にも，精神的にも，そして社会的にも，すべてが満たされた状態にあることをいいます**」（日本 WHO 協会訳，太字は筆者）。わが国も1951年にこの健康の定義の入った世界保健機関憲章を条約第1号として公布しています。このように，健康は身体面，心理面，社会面のどれかが健康であればよいのではなく，どれが欠けても「健康」とはいえないことがわかります。身体的には健康であっても，さまざまな環境の中で多くのストレスを抱えたり，中には社会との関係を築くことがままならず，生活に支障をきたすこともめずらしいことではありません。現代社会はどのような健康状態にあるのか，具体的にみていきましょう。

（2）現代社会の健康に関する現状と「生活習慣病」

　2014年の厚生労働省「健康意識に関する調査」の結果によると「あなたは普段，健康だと感じますか」という問いに，「非常に健康だと思う」「健康な方だと思う」と回答した人が全体の7割以上いました。一方「あなたは健康に関して何らかの不安をお持ちですか」との問いには6割以上の人が「不安がある」と回答しています。その不安を具体的に尋ねたところ「体力が衰えてきた」「持病がある」「ストレスが溜まる・精神的に疲れる」といったものが多く選ばれています（図2-1）。これらのことから，現代の日本人は，現時点で生活に

Q. あなたは健康に関して何らかの不安をお持ちですか。

(%)

| 61.1 | 38.9 | ■ある ■ない |

Q. 前問で健康に関して何らかの不安が「ある」とお答えの方にお伺いします。
あなたの抱えている健康に関する不安はどれだとお考えですか（いくつでも）。

(%)

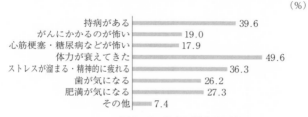

持病がある　39.6
がんにかかるのが怖い　19.0
心筋梗塞・糖尿病などが怖い　17.9
体力が衰えてきた　49.6
ストレスが溜まる・精神的に疲れる　36.3
歯が気になる　26.2
肥満が気になる　27.3
その他　7.4

図2-1　健康に関する不安

出所：厚生労働省（2014）「健康意識に関する調査（調査概要）」6頁。

大きな支障となる健康上の問題はないものの，健康に関する不安要素は何らか抱えていることがわかります。

　WHOの健康の定義をあてはめて考えると，「健康だと思う」と回答した7割の中に，健康とはいえない状況にありながら，そうという意識をあまり持っていない人が多くいることが窺われます。

　何らかの不調を感じて受診した傷病の内容は，2017年の厚生労働省「患者調査」によると，入院患者においては「精神及び行動の障害」「循環器系の疾患」「新生物〈腫瘍〉」が多く，外来患者では「消化器系の疾患」「循環器系の疾患」「筋骨格系及び結合組織の疾患」が多くなっています[1]。また，2018年の厚生労働省「人口動態統計」によると，わが国の死因は「悪性新生物〈腫瘍〉」「心疾患」「老衰」「脳血管疾患」「肺炎」の順で多くなっています。「健康」や生命を阻害する疾病のうち，**生活習慣病**といわれるものが多くを占めています[2]。生活習慣病とは，食事・運動・喫煙・飲酒・ストレスなどの生活習慣が深く関与しているといわれ，それらを主な原因として発症する**慢性疾患**の総称です。代表的な疾患としては，がん，循環器疾患，糖尿病，慢性閉塞性肺疾患などです。慢性疾患は，長期間もしくは生涯にわたり継続的な治療が必要となることも多

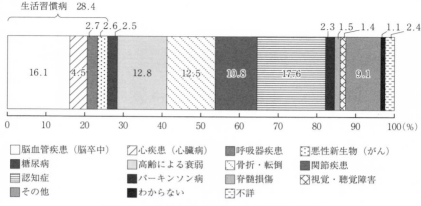

図2-2　介護が必要になった主な原因の構成割合

出所：厚生労働省（2019）「2019年国民生活基礎調査の概況」40頁より筆者作成。

く，治療において身体的な負担だけでなく，経済的な負担もあります。さまざまな合併症を併発し，心身の障害を伴うことも多くあります。たとえば脳血管疾患では，運動麻痺や感覚麻痺といった身体的な障害だけでなく，うつ病や認知症になることもあります。生活習慣病は，介護が必要になった主な原因の3割弱を占めていることからも（図2-2），さまざまな活動の制限，そこからの心理社会的な影響もはかり知れません。このように，わが国の疾患の多くを占める生活習慣病は，健康のあらゆる側面に大きな影響を与えています。

（3）健康寿命とその対策

　色いろな課題を抱えながらも，わが国は世界でも有数の長寿国です。厚生労働省「令和元年版簡易生命表」によると，日本の平均寿命は，男性81.41歳，女性87.45歳となっており，高度経済成長期以降，男女ともに世界の上位を維持し続けています。[3] 終戦後50歳程度だった平均寿命がここまで延伸した理由や背景には，医療制度の充実，医療技術の向上，諸外国と比べて脂肪が少ない和食の文化などがあるといわれています。

　近年，平均寿命という命を全うするまでの時間だけでみるのではなく，どのような状態で生活できているかという**健康寿命**という概念も重視されるように

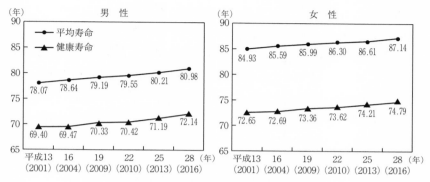

図2-3　健康寿命と平均寿命の推移

資料：平均寿命：平成13・16・19・25・28は，厚生労働省「簡易生命表」，平成22年は「完全生命表」。
　　　健康寿命：平成13・16・19・22年は，厚生労働科学研究費補助金「健康寿命における将来予測と生
　　　活習慣病対策の費用対効果に関する研究」，平成25・28年は「第11回健康日本21（第二
　　　次）推進専門委員会資料」。
出所：厚生労働省（2020）『令和2年版高齢社会白書』28頁。

なりました。健康寿命とは，WHOが2000年に提唱した新しい概念で，健康上
の理由で日常生活が制限されることなく生活できる期間のことです。厚生労働
省『令和2年版高齢社会白書』によると，2016年の日本の健康寿命は男性が
72.14年，女性が74.79年となっており，徐々に延びています（図2-3）。健康
寿命においては，平均寿命との差を確認することが重要です。その差は，日常
生活に制限のある不健康な期間であり，**健康寿命と平均寿命の差**（年数）が長
ければ長いほど不健康な期間を過ごしていることになります。健康寿命と平均
寿命の差は短くなることが望ましく，個々人の取り組みだけでなく社会全体で
その仕組みが整えられ，取り組まれる必要があるでしょう。わが国では，1978
年より「**国民健康づくり対策**」が始まり，その第3次の取り組みとして2000年
より健康寿命の延伸の実現を目的とした「**21世紀における国民健康づくり運動**
（**健康日本21**）」が推進されました。さらに2013年からは国民健康づくり対策の
第4次取り組みである「**21世紀における第二次国民健康づくり運動**（**健康日本
21（第二次）**）」が始まりました。これは，新たに健康格差の縮小や社会環境の
整備も目標に加え，2022年までの具体的な最終目標到達を定め，取り組みが続
けられています。2018年に出された中間報告書では，健康寿命の延伸や健康格

21

差が縮小されるなど全体の 6 割超の改善が認められたとしながらも，**メタボ**
リックシンドロームや肥満傾向にある女児の割合が増加している結果となりま
した。発症初期は自覚症状が現れにくい生活習慣病などは健康診断などで早期
に気づくことにもつながるため，今後も最終評価に向けて一層対策が図られる
予定です。高齢者に着目した事業も健康寿命延伸に向けた取り組みがなされて
おり，介護予防として「**フレイル対策**」が推進されています。今後も，その
時々の実情に合わせた社会の仕組みづくりが望まれます。

2　治療と仕事の両立をめざす生活のあり方

（1）治療と仕事の両立支援

　人生を全うする最期のときまで，健康でありたい。これは誰もが願うことで
す。しかし，「健康」が単に病気でないことをいうのではなく，全てが満たさ
れた状態とすると，「健康」で過ごす時間よりも，大なり小なりの不調を抱え
つつ，それらと上手に付き合いながら健康を維持・回復していく時間を過ごす
方が圧倒的に長いのが現実でしょう。

　かつて，命にかかわる重い病気に罹ったら，仕事を辞めて長期的な入院治療
に専念するということが一般的でした。しかし，医療技術の向上により，短期
入院での治療や通院治療が可能なことが増え，元の状態に近いところまでの回
復を期待できるようにもなってきました。加えて，収入の確保という意味だけ
でなく，人として社会参加し続ける意義の大きさが認知されるにしたがい，仕
事の内容や方法を調整しつつ仕事を続けながら治療や療養をしていくこともめ
ずらしくなくなっています。また，命にかかわるような病気でなくとも，治療
を優先させた生活をしなければならなくなって，これまでの仕事や生活スタイ
ルの大幅な見直しを迫られる場合があります。仕事か治療かの二者択一ではな
く，**治療や療養と仕事を両立させた生活**を選択する人は今後ますます増加する
ことでしょう。

　2018年に厚生労働省は「障害や病気などと向き合い，全ての人が活躍できる
社会に」というテーマを掲げ，障害者雇用，治療と仕事の両立支援などに関す

る現状と課題を障害や病気を有する本人，障害や病気を有する人が身近にいる
者，その他の者という視点で整理し，『厚生労働白書』で報告しています[(7)]。特
筆すべき点としては，現状として，①障害者や社会活動を行うのに困難を有す
る者などで，自ら支援を求めることが難しく，地域や社会から孤立する者も存
在していること，②病気を有しながら働くことは困難であると考える者が少な
くないこと等が挙げられます。それらの現状と課題を踏まえて，アウトリーチ
による困難を有する者の把握，**両立支援コーディネーター**によるサポート体制
の構築（柔軟な勤務制度や休暇制度の整備等），相談支援体制づくりを推進する自
治体への支援といったこと等が方向性として示されています。病気や障害が
あっても活躍できるようにするための環境づくりの具体例としていくつか取り
組み事例も紹介されています。在宅勤務（テレワーク），一人ひとりの障害に合
わせた作業環境の工夫，ICT の活用といった方法は，病気や障害の有無に関
係なく多くの人にとって働きやすくなる工夫であることを，新型コロナウイル
スの感染症対策において多くの人が納得するところとなっています。

（2）治療と仕事の両立に求められる福祉専門職の役割

　病気は高齢者だけがなるものではありませんし，思わぬ事故によって突然障
害を抱えることもあります。それでも，その時々の自分に合った生活のありよ
うを探求できることが「健康」への大事な過程になります。その過程をたどる
ためには，個人の努力だけでなんとかなるものではありません。「健康」であ
ることを前提とした生活や社会のあり方から，さまざまな不調を抱えていても
柔軟に対応できる生活や社会のあり方を社会全体で構築できるよう福祉専門職
として働きかけていくことが求められます。厚生労働省が示している方向性の
具体的な実現もこれからでしょうし，それで充分でもありません。その地域や
個人の状況，また時代の移り変わりに沿った方策をさらに構築していく上でも，
健康を維持・回復するための生活に困難を有する人の**「生活」**に焦点をあてな
がら介入していく福祉専門職の活躍が期待されます。

　なお，健康な生活をめざす社会の基盤には，さまざまな社会の仕組みだけで
なく，互いの多様性を尊重し，受けとめられる寛容さを一人ひとりがしっかり

と持ち合わせていることも必要不可欠であることを忘れてはならないでしょう。

3　健康に関連する諸問題と支援

（1）「依存症」の理解と支援

　現代社会において「健康」を阻害している主な要因は，生活習慣病だけではありません。特に社会問題化しているものとして**依存症**が挙げられます。依存の対象として代表的なものは，アルコール・薬物・ギャンブル（2019年に WHO でゲーム障害も依存症の疾患の一つと承認されました）などで，それらをやめたくてもやめられない状態に陥った状態のことです。自分の意思が弱いからではなく，**コントロール障害となった病気**であり（依存症は慢性疾患でもあります），早めに専門機関に相談することが必要になります。なぜなら，その依存によって対人関係が悪くなったり，体調を崩したり，経済的な破綻をしたりと生活に大きな不都合が生じていてもその依存をやめられず，本人だけでなく，家族の生活や「健康」にも大きな影響を及ぼす深刻な問題となってしまうためです。主な相談先は，保健所や精神保健センター（こころの健康センター）などがあり，都道府県及び指定都市では，**依存症相談員**の配置を進めています。

　誰しも，生活をしていく中で嫌なこと，辛いことがあったとき，趣味や嗜好，習慣などで気分転換をしたり，リラックスしたり，一時的に忘れようとした経験はあると思います。私たちはそれをうまく活用してバランスをとりながら生活をしています。依存症になった人の背景には，日常で抱える不安や緊張，強いストレス，もしくは人生における大きな困難や苦しみを抱えていることがあるといわれています。苦しみなどから一時的に楽になろうとして趣味や嗜好，習慣を繰り返していたら，たまたま依存の状態に「はまって」しまった，はまってしまった沼から自力では抜け出せなくなってしまったと想像すると，依存症の人たちの苦しみが幾重にも重なっていることがわかるのではないでしょうか。福祉専門職としては，早く治療につなげられる道筋を共に見つけていくことが求められますが，同時に，そこに至るまでの不安や辛さ，苦しさを抱え

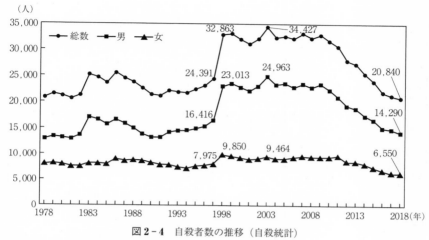

図2-4　自殺者数の推移（自殺統計）

出所：厚生労働省（2019）『令和元年版自殺対策白書（本体）』2頁。

ながらもがいてきた依存症の人への徹底した**受容**と**共感**の姿勢が欠かせないで
しょう。

（2）「自殺」の現状と対策

　「健康」の対極にある状態ともいえる「自殺」も，わが国の大きな課題と
なっています。厚生労働省『令和元年版自殺対策白書』によると，2018年の警
察庁の自殺統計による自殺者数は2万840人（人口10万人あたりの自殺者数は16.5
人）でした。2万人台前半で推移していた自殺者数が1998年に3万人台となっ
たことから，さまざまな対策が講じられるようになり，しばらく高止まりだっ
た数も徐々に減少傾向にあります（図2-4）。しかしながら，わが国における
若い世代の自殺は深刻な状況にあるといわれています。日本全体でみた場合の
死因上位は「悪性新生物」「心疾患」「脳血管疾患」等ですが，年代別にみると
10～39歳の年代における死因の第1位は「自殺」です。国際的にみても深刻で，
先進国（G7）のうち，15～34歳の若い世代で死因の第1位が自殺となってい
るのは日本だけであり，死亡率も突出しているという報告がされています（図

	日　本 2015			フランス 2014			ドイツ 2015			カナダ 2013		
	死　因	死亡数	死亡率	死　因	死亡数	死亡率	死　因	死亡数	死亡率	死　因	死亡数	死亡率
第1位	自　殺	4,132	16.3	事　故	1,985	12.9	事　故	1,724	9.0	事　故	1,868	19.6
第2位	事　故	1,633	6.4	自　殺	1,224	7.9	自　殺	1,426	7.5	自　殺	1,012	10.6
第3位	悪性新生物	1,300	5.1	R00-R99※	966	6.3	悪性新生物	1,033	5.4	悪性新生物	513	5.4

	アメリカ 2015			イギリス 2015			イタリア 2015			韓国（参考） 2015		
	死　因	死亡数	死亡率	死　因	死亡数	死亡率	死　因	死亡数	死亡率	死　因	死亡数	死亡率
第1位	事　故	34,005	38.7	事　故	2,596	15.3	事　故	1,342	10.5	自　殺	2,237	16.3
第2位	自　殺	12,438	14.1	自　殺	1,255	7.4	悪性新生物	794	6.2	事　故	1,152	8.4
第3位	殺　人	9,593	10.9	悪性新生物	1,060	6.3	自　殺	530	4.1	悪性新生物	835	6.1

図2-5　先進国の年齢階級別死亡数及び死亡率（15〜34歳，死因の上位3位）

※ICD-10（疾病及び関連保健問題の国際統計分類の第10回修正版）の第18章「症状，徴候及び異常臨床所見・異常検査所見で他に分類されないもの」に該当するもの。
注：「死亡率」とは，人口10万人当たりの死亡数をいう。
資料：世界保健機関資料（2018年9月）より厚生労働省自殺対策推進室作成。
出所：厚生労働省（2019）『令和元年自殺対策白書（本体）』10頁。

2-5）。さらに，この白書では，若い世代における年代や職の有無別に自殺原因・動機の特徴などを分析しており，10代では学校問題，健康問題，家庭問題を動機とするものが多く，特に家庭問題や学校問題が微増，20〜30代では勤務問題の比率が高いことを指摘しています。また無職者は自殺死亡率が高く，最もリスクを抱えていると警鐘を鳴らしています。

　2006年に自殺対策基本法が施行されて以来，自殺総合対策大綱が二度策定され，現在**第3次自殺総合対策大綱**が実施されています。社会における「生きることの阻害要因」を減らし，「生きることの促進要因」を増やすことを通じて，社会全体の自殺リスクを低下させる方向で推進することが新たに掲げられました。深刻な若い世代に向けては，**SOS の出し方に関する教育**の推進が盛り込まれたり，職場の**メンタルヘルス対策**や**ハラスメント対策**，雇用支援，地域の居場所づくりなども進められています。さらに2018年より「自殺防止を目的とした SNS を活用した相談事業」が開始されるなど，各世代に応じた対応が試みられています。

（3）「全人的苦痛（トータルペイン)」という概念

　多様性という言葉が至るところで使われるようになりました。生活の多様性，思考の多様性，性の多様性，働き方の多様性……。懐の深さを感じさせる便利な言葉ではありますが，一通りではなく何通りも正解がある中で生きていくのは大変複雑で難しくもあります。そのような現代社会の中で，いつの間にか抱えてしまった不安や孤独，無力感や絶望感をもてあまし，生きていくことが苦しくなるのは想像に難くありません。福祉専門職として徹底した受容と共感の姿勢が必要であることは理解していても，一人ひとり異なる人生の苦しみや痛みを解くことは容易ではないでしょう。緩和ケアの分野では「**全人的苦痛（トータルペイン)**」という概念に基づいたケアが広く行われています。近代ホスピスの生みの親といわれる英国の医師ソンダースが癌末期患者とのかかわりを通して提唱した概念で，癌末期患者の苦しみには身体的苦痛，精神的苦痛，社会的苦痛，霊的苦痛（スピリチュアルペイン）の 4 つがあり，それらは互いに影響し合って全体の苦しみとなる，という考え方です（図 2-6）。「依存症」や「自殺念慮」に苦しむ人たちに対しても，この概念が有用であろうと思います。身体的な問題として専門的な治療に結びつけていくことも大切ですし，精神的かつ社会的な問題として専門的な相談につなげたり社会や地域に居場所をつくる支援も重要です。それに加えて，依存症や自殺に至るほど複雑に絡まり合っ

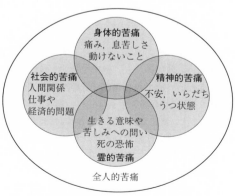

図 2-6　全人的苦痛（トータルペイン)

出所：筆者作成。

た人生の苦しみを抱えた人たちには，人生の意味や問いへの苦しみといった**霊的苦痛（スピリチュアルペイン）の観点**も含めて全人的に理解することが必要ではないでしょうか。

　霊的苦痛（スピリチュアルペイン）には「傾聴」という方法で向き合うことになります。高度な医療技術や国をあげた施策などではありませんが，簡単には答えの出ない「人生の意味」や「生きる苦しみ」といった問いを抱えた痛みが，「傾聴」によって，確かに今ここで存在している，どのような自分であっても見捨てられてはいないと感じられる，それが何ものにも代えがたい価値となるときがあります。さまざまな制度施策下において各専門分野のエキスパートへの期待がより一層大きくなっている今こそ，奥行きのある細やかなかかわりによって一人ひとりの状態に応じた「健康」を支援していくことが求められているのではないでしょうか。

注

(1) 厚生労働省（2019）「平成29年（2017）患者調査の概況」4頁。
(2) 厚生労働省（2019）「平成30年（2018）人口動態統計（確定数）の概況」15頁。
(3) 厚生労働省（2020）「令和元年版簡易生命表の概況」4～5頁。
(4) 厚生労働省（2018）「『健康日本21（第二次）』中間報告書」。
(5) メタボリックシンドロームとは，内臓脂肪が増え，生活習慣病等になりやすくなっている状態のこと。腹囲測定，血圧測定，血液検査による糖尿病や脂肪代謝の状況から診断されます。
(6) フレイルとは，加齢により筋力が衰え，疲れやすくなる，意欲が低下するなど心身ともに低下してきている状態のこと。健康な状態とはいえないまでも，日常的に介護が必要な状態でもない，その間の虚弱な状態を指しています。
(7) 厚生労働省（2019）『平成30年版厚生労働白書（概要）』1～16頁。
(8) 「自殺」を「自死」に言い換える動きがあります。「自殺」という文字が犯罪を想起させたり，偏見や差別を助長するという考えによるものです。しかし，関係者においてもさまざまな考え方があり，NPO法人全国自死遺族総合支援センターは「どちらか一方に統一するのではなく，関係性や状況に応じた丁寧な使い分けが重要」とし，2013年に『「自死・自殺」の表現に関するガイドライン』を作成し提案しています。本章では，丁寧な使い分けの重要性を充分に理解しつつも，学修者の混乱を避けるため，各省庁が公表する白書で使用している「自殺」という表現に統一しています。

参考文献

NHK ハートネット福祉総合情報サイト「これって"依存症"?」(https://www.nhk.
　or.jp/heart-net/izonsho/　2020年9月1日閲覧)。
NPO 法人全国自死遺族総合支援センター『「自殺」と「自死」2つの表現について』
　(https://www.izoku-center.or.jp/media.html　2020年9月17日閲覧)。
大井裕子 (2017)『〈暮らしの中の看取り〉準備講座』中外医学社。
公益社団法人日本 WHO 協会「健康の定義」(https://japan-who.or.jp/about/who-
　what/identification-health/　2020年8月30日閲覧)。
厚生労働省「依存症についてもっと知りたい方へ」(https://www.mhlw.go.jp/stf/
　seisakunitsuite/bunya/0000149274.html　2020年9月1日閲覧)。

まとめ ───────────

- WHO の「**健康**」**の定義**(肉体的, 精神的, 社会的, すべてが満たされた状態)。
- 慢性化しやすく健康状態や生活に大きく影響する**生活習慣病**。
- **健康寿命**(日常生活が制限されることなく生活できる期間)という新しい概念。
- 健康寿命と平均寿命の差を短くしていくための取り組み。
- 1978年から継続的に展開している「国民健康づくり対策」の変遷と社会的背景。
- 「**健康日本21(第二次)**」の基本的考え方および施策の概要。
- **メタボリックシンドローム**を早期発見し, 生活習慣病を予防。
- 介護予防として, **フレイル**の高齢者に対する早期介入の推進。
- 障害, 治療と仕事を両立するためのサポート体制や相談支援体制の構築。
- **両立支援コーディネーター**の機能と役割。
- アルコール・薬物・ギャンブルといった**依存症**の正しい理解。
- 依存症への支援体制(保健所や精神保健センター, 依存症相談員の配置等)。
- 国際的にみても深刻なわが国の**若い年代における自殺**とその要因。
- 社会全体の自殺リスクを低下させることを新たに掲げた**第3次自殺総合対策大綱**の実施。
- 若い世代に向けた自殺対策として, SOS の出し方に関する教育の推進。
- 職場の**メンタルヘルス対策**や**ハラスメント対策**, 雇用支援, 地域の居場所づくり。
- 制度施策を活用しながら地域や個人の生活実態を細やかに取り入れる福祉専門職の意義。

「健康」に関する問題は広範囲に影響を与える大きな課題です。社会で注目されているトピックスを最新の施策や調査結果に基づきながら確認してください。

第3章

家族をめぐる概念とその変容

　本章では，家族をめぐる基本的な概念や具体的な事象について家族社会学の視点から学んでいきます。家族や結婚が歴史的にどのように変わってきて，今どのような状況にあるのか。世帯の変動，多様化する家族，女性のライフスタイルをめぐる課題，高齢化の進行とそれに伴う日本社会の抱える課題について学んでいきます。われわれが「当たり前」とみなしている家族を相対化し，どのような法制度や政策が必要とされるのかを考えていきましょう。

1　家族に関する諸概念

（1）家族をめぐる基本概念

　最初に家族に関する基本的な概念を押さえておきましょう。家族に対する古典的な理解の1つに，社会を構成する「制度」として家族をとらえる視点があります。その場合，家族制度は，家族に関する規範や関係性，慣習を指します。この家族制度は主に**直系家族制**と**夫婦家族制**の2つに分類されます。直系家族制は，家族の世代的な継承を重視する制度で，跡取りを重視するものです。農業や商業といった家業が中心であった社会で多く見出されるもので，日本では「家」制度と呼ばれ，家長の統率のもと，世代を超えた家系が存続することに重点を置いた制度でした。一方，夫婦家族制度は，夫婦の結婚とともに家族が誕生し，基本的には夫婦一代ごとに家族をとらえる制度であり，戦後日本で普及してきた家族制度といえます。

　次に「集団」としての家族についてみていきましょう。社会学者のマードッ

クは，1949年の著書『社会構造』で核家族，複婚家族，拡大家族という３つの家族類型を提示しました。**核家族**とは，一組の夫婦と未婚の子どもから構成される家族，あるいは夫婦のみで構成される家族を指します。マードックは250に及ぶ社会の民族誌を分析し，この家族形態がどの時代や地域にも構造の「核」として存在すると主張しました。また，機能面から，性的・経済的・生殖的・教育的の４つの機能をもつ集団と定義しています。ちなみに，日本では核家族という訳語は1960年頃に定着し，1963年には流行語となり一般に広く普及しました。

　複婚家族は一夫多妻や一妻多夫のような一人の配偶者を共有することで核家族が結びついた形態を指します。**拡大家族**は，２つ以上の核家族が含まれる家族形態です（サザエさんやちびまる子ちゃんは「拡大家族」，ドラえもんやクレヨンしんちゃんは「核家族」ということです）。産業化の進展に伴う家族機能の分化により，拡大家族から核家族への変化が生じるということが指摘されました。とはいえ，社会学者のリトワクは，産業化により核家族化が進行し拡大家族が崩壊するという見解に反論し，たとえ居住形態の単位が核家族であっても親族間の紐帯や交流，依存関係がなお重要であり，別居していても親密な関係を保持している拡大家族のことを**修正拡大家族**と名づけています。

　核家族は親と子の二世代を含むものですが，その際，夫婦を中心に核家族をみるか，子どもを中心に核家族をみるかによってその名称が区別されています。親の視点からみれば核家族は夫・妻・子という構成になります。男女が結婚して子を産み育てることで成立するこの家族を**生殖家族**（family of procreation）と呼びます。本人の選択によって作り出された家族ということもできるでしょう。一方，子どもの立場からみると核家族は父・母・きょうだいなどで構成されます。このような子どもが養育され，社会的に位置づけられる選択性のない家族を**定位家族**（family of orientation）と呼んでいます。

（２）家族の機能

　続いて，家族の機能をめぐる議論をみていきます。社会学者のパーソンズは，アメリカの家族変動を分析する中で，核家族は「子どもの一次的な社会化」と

「成人のパーソナリティの安定化」という2つの機能を果たすものだとし，この機能は全ての社会で恒常的にみられると論じました。パーソンズは，核家族の孤立化や機能的な専門分化が近代産業社会に適応した家族形態であるとした上で，夫は稼ぎ手としての「手段的（instrumental）役割」，妻は家庭内の情緒的な安定をもたらす「表出的（expressive）役割」を担うという性別役割分業体制を産業社会システムに適合的なものだと論じたのです。[(1)]

　アメリカの社会学者オグバーンは，産業化に伴い家族機能の多くが急速に失われていったと主張しました。産業化や都市化の進展は日常生活にかかわる専門機関やサービスを発達させ家族機能を縮小させるという議論を，家族機能縮小論と呼びます。

　その後，こうした核家族論は多くの研究者に批判されていくことになります。社会人類学の領域からは，パーソンズの議論があくまで当時のアメリカで主流であった家族モデルから析出されたものに過ぎず，核家族を普遍とみなすのは自民族中心的だと批判されました。そして，社会史やフェミニズム研究の知見からは，性別役割分業や子どもの社会化が家族に普遍的なものだとみなす家族論が根底から誤っているものだと批判されます。パーソンズらが普遍的とみなす，女性に特有とされる「母性」や「子どもへの愛情」等は近代西洋社会が作り出した理想に過ぎず，社会の不平等の源泉であることが指摘されたのです。

（3）世帯と家族

　家族と類似した概念に世帯がありますが，この2つは区別されます。**世帯**とは，「住居と生計を共にする人びとの集まり」を意味します。もともと国民の生活を把握するために国勢調査等のさまざまな調査で用いられる行政上の概念として生まれたものです。世帯は，まず「一般世帯」と「施設等の世帯」の2つに分けられ，一般世帯はさらに**親族世帯**（2人以上の世帯員から成り，世帯主と親族関係にある者がいる世帯），**非親族世帯**（2人以上の世帯員から成り，世帯主と親族関係にある者がいない世帯），**単独世帯**（世帯員が1人だけの世帯）の3つに分けられます。

　家族と世帯は必ずしも一致するわけではありません。就労や就学，長期入院，

入所などの理由で別居している家族は別世帯で扱われる場合があります。一方，法的には家族でない関係でも，同居し生計を共にする者は同一世帯として扱われる場合もあります。このように世帯と家族は概念的に全く異なるものではありますが，社会統計上では世帯が家族の代替指標として扱われています。

2　家族関係の変容

（1）世帯の変動

　国勢調査では，一般世帯を核家族世帯，その他の親族世帯，単独世帯，非親族世帯に分類します。戦後，世帯数は増加の一途をたどりましたが，それは世帯人員数の減少，具体的にいえば，核家族世帯や単独世帯の増加によるものでした。ここでは，世帯が時代とともにどのように変化してきたのかを確認しましょう。

　まず，**三世代世帯**が減少傾向にあります。厚生労働省による「国民生活基礎調査」によれば，1975年にはその割合は全世帯の16.9％でしたが，2019年には5.1％まで下がっています。特に，高齢者を含む世帯における三世代世帯の減少は著しく，65歳以上の人がいる世帯のうち三世代世帯の割合は，1975年には54.4％と最も多い世帯構造でしたが，2019年には9.4％まで大幅に低下しています（図3-1）。ちなみに，都道府県によっても割合には大きく違いがあり，全国で三世代世帯割合が最も低く，単独世帯割合が最も高いのが東京です。とはいえ，三世代世帯は北西欧諸国ではあまりみられない家族形態であり，国際的にみれば日本はなお親子同居の多い国であるということは押さえておくべきでしょう。

　次に単独世帯の増加です。1920年に実施された第1回「国勢調査」では，単独世帯割合はわずか6.0％でしたが，2010年の「国勢調査」では31.0％とおよそ5倍となりました。これに伴い世帯人数も縮小しています。1920年の平均世帯人員数は4.99人でしたが，2010年には2.46人となっています。背景の1つに未婚化の進行があります。50歳時において一度も結婚経験のない人の割合を**生涯未婚率**といいますが，1970年の国勢調査では男性1.7％，女性3.3％に過ぎな

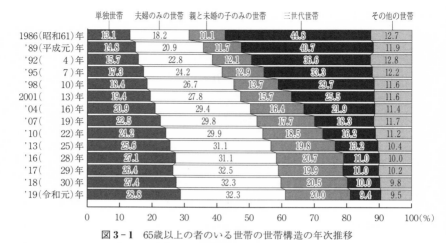

図3-1　65歳以上の者のいる世帯の世帯構造の年次推移

注：1）1995（平成7）年の数値は，兵庫県を除いたものである。
　　2）2016（平成28）年の数値は，熊本県を除いたものである。
　　3）「親と未婚の子のみの世帯」とは，「夫婦と未婚の子のみの世帯」及び「ひとり親と未婚の子のみ
　　　の世帯」をいう。
出所：厚生労働省（2020）「2019年国民生活基礎調査」。

かったのが，2015年には男性が23.4％，女性は14.1％まで大幅に上昇していま
す。2035年には男性29.0％，女性19.2％になるとも推計されています。これま
で，家族形態の変化では「核家族化」に注目が集まりましたが，近年ではシン
グル化の進行も重要だといえ，「誰もが一生に一度は結婚する」という皆婚社
会は終焉したといえるでしょう。

　また，65歳以上の人が1人だけの世帯のことを**高齢単独世帯**と呼びますが，
近年その割合が増加しています。厚生労働省の「国民生活基礎調査」では，
2015年に65歳以上の人がいる世帯が全世帯の47.1％を占め，そのうち単独世帯
は26.3％という結果が出ています。2030年には37.7％と全体の4割近くに達す
ると推計されています。未婚率の上昇や少子化の進行により，家族と世帯を共
にしない高齢者が増えていることがわかります。

（2）離　婚
　次に離婚についてみていきましょう。日本の離婚率（人口1000人あたりの離婚

件数）は戦前期に比較的高く，戦後は徐々に減少を続けました。1963年の離婚率0.73を底に再び上昇に転じましたが，高度経済成長期は比較的低い数値を維持していました。急激に上昇したのは，1970年代半ばから1990年代にかけてのことで，最近の離婚件数は，その年の婚姻届出件数の3分の1にあたる数値となっています。

　離婚の増加に伴い，ひとり親世帯，特に母子世帯の貧困が社会問題となっているのも事実です。2011年のデータでは，日本の母子世帯数の推計は約123万8000世帯，父子世帯は約22万3000世帯でした。子どものいる世帯の12％，すなわち8世帯に1世帯はひとり親世帯ということになります。特に，母子世帯の平均世帯年収は低く，OECD が公表した2000年代半ばのデータによれば，子どものいるひとり親世帯の相対的貧困率は，OECD 平均が30.8％の中，日本は58.7％であり，比較可能な30か国中で最も高い数値となっています(2)。ひとり親世帯の8割以上が母子世帯であり，この数値は母子世帯の状況を反映したものとなっています。父親から養育費を受け取っている母子世帯はわずか19％に過ぎず，子どもの教育達成が低いことや，貧困の世代間再生産の問題も指摘されます。

　ただし，離婚の増加を単に否定的にとらえることには注意が必要です。離婚の増加をしばしば「家族の崩壊」あるいは「社会の崩壊」の兆候とみなす傾向があります。しかし，戦後の離婚が抑制されてきた要因には，強固な性別役割分業社会の存在がありました。すなわち，妻の夫に対する経済的な依存関係があり，女性は経済的自立の困難ゆえにたとえ家庭内に問題が生じていても離婚の選択ができない状況にあったのです。1970年代以降の離婚増加の要因としては，女性の経済的自立の可能性が高まったこと，あるいは，ドメスティック・バイオレンス（DV）や児童虐待などの家庭における暴力の社会的認知や法整備が進んできたことも挙げられます。重要なのは，離婚の増加それのみを過剰に問題視するのではなく，ひとり親世帯への生活・教育支援や女性の就労支援を充実化させることだといえるでしょう。

（3）ステップファミリー

　現在，日本の結婚のおよそ４分の１が男女両方またはどちらかが再婚のケースであり，**ステップファミリー**が増加傾向にあります。ステップファミリーとは，「親の再婚あるいは新たなパートナーとの生活を経験した子どものいる家庭」を指します。⁽³⁾多くは再婚によって形成されますが，たとえば結婚せずに出産・子育てをしてきた母親が新しいパートナーとステップファミリーを築くなど多様なパターンがあるため，決して「再婚家族」とイコールではありません。共通するのは，子どもと親の新たなパートナーとの間に「継親子」関係が生じるという点です。

　ステップファミリーは，継親子関係の形成・維持をめぐる困難に直面します。異なる家族経験の衝突によるストレス，継親が継子を我が子のように愛せないこと，パートナーをめぐって嫉妬が生じるなどが例として挙げられます。血縁のあるもう一人の「親」が存在することによってどちらが「本当の親」なのか，「良い親」なのかといった意識・葛藤によるストレスが生じることもあります。

　しかし，これらはいわゆる「標準」とされる家族関係から外れた関係性に対する制度的支援や文化がないことに起因するとも指摘されます。現代日本の制度は「初婚家族」を前提として組み立てられているがゆえ，そこから外れた人たちは過度のストレスや困難にさらされるのです。たとえば，子どもに対して「パパって呼びなさい」と言ってしまう，あるいは，継親が「実の親」になろうとして頑張りすぎてしまう，などの問題が指摘されます。「初婚の両親がそろった家族」を再現しようとする「初婚家族幻想」にとらわれず，「標準」にとらわれない柔軟な家族モデルを模索すること，そして，多様な家族を制度的に支援することが重要なのです。⁽⁴⁾

（4）多様化する家族の形──脱制度化／個人化

　近年の家族研究では，「標準モデル」に当てはまらない多様な家族への注目が進み，「脱制度化」や「個人化」といった概念が用いられます。

　まず，**脱制度化**からみていきましょう。脱制度化とは，家族や夫婦関係が支配的な社会規範や伝統に拘束される度合いが弱まる事態を指します。国外に目

を向ければ家族関係・パートナー関係が多様化しているのがわかります。まず，象徴的な現象の一つとして，同棲（cohabitation）の増加と婚外出生率の上昇を挙げましょう。2012年時点のデータによれば，日本の婚外出生率が2.2%であるのに対し，スウェーデンやフランスなどでは過半数を占めており，そのほかの国でも3割から5割を占めます[5]。これはつまり，「結婚している夫婦が子どもを産む」ことは決して当たり前ではなくなっているということです。先進国を比較してみると，法律婚にとらわれない多様なパートナー関係とその出生，子育てを承認・サポートする社会において家族形成が促進されているのがわかります。同棲の制度化に伴い結婚の脱制度化が生じているのです[6]。

　家族の多様化という点で，最も大きな世界的変化が同性婚の法制化であるといってよいでしょう。2000年のオランダを皮切りに，現在では世界30以上の国と地域において，同性カップルの結婚が異性カップルと全く同等の結婚として認められています。2014年には，国連も人権の観点から同性婚に異性婚と同等の権利を与えるべきという声明を発表しました。現在では，養子縁組や生殖補助医療を通じて，多くの国でレズビアンやゲイのパートナー関係による子育てが一般的なものになっています。

　次に「**個人化**」です。個人化にはいくつかの定義がありますが，大きくはさまざまな社会システムにおいて個人単位が拡大する事態を意味します。目黒依子によれば，「家族の個人化」とは「家族集団の中の個人」から個人そのものの社会生活単位への変化，すなわち家族生活は個人にとって選択されるライフスタイルの1つに変化したことを意味します[7]。家族にかかわる行為の決定が個人の意思に基づいて行われ，家族を形成する個人の「生き方」の選択性が増大したのです。社会学の領域で，「個人化」を精力的に論じてきたベックとベック＝ゲルンスハイムの表現を借りれば，個々人の人生の軌跡は，画一的で標準的な軌跡（Standard Biography）から自ら作り上げるもの（Do-it-yourself Biography）へと変化しているということになります[8]。

　家族社会学者の山田昌弘は，「家族の個人化」を2つに区別しています[9]。1つは「家族の枠内での個人化」であり，家族の選択不可能性や解消困難性を保持したまま，家族形態や家族行動の選択肢の可能性が高まるプロセスを指し，

目黒らの初期の個人化論と重なるものです。それに対して，もう１つの新たな個人化は「家族の本質的個人化」と呼ばれるものです。それは，家族関係自体を選択したり，解消したりする自由が拡大するプロセスであり，家族の「範囲」そのものの自明性も問い直される状況です。

　個人化論では家族の不安定化やリスク化，階層格差の進展が問題視されますが，個人化時代に対応した家族政策や福祉政策が構築されていかなければなりません。個人化は「家族の崩壊」ではなく，個人にとって必要な要素をもつ家族への転換が求められていることを意味しているといえましょう。

3　男女共同参画から考える少子化と子育て

　続いて，少子化問題に焦点をあてながら家族と福祉政策について考えてみましょう。戦後の先進諸国は女性就労率の上昇に伴って出生率が低下してきたという共通の歴史をたどりました。それゆえ，長らく日本でも，女性の就労率の上昇が少子化を引き起こしたという通説が流布してきました。しかし，現在では女性の就労率と合計特殊出生率に関するこのような通説が誤りであることが多くの国際調査で明らかになっています。1980年代以降，出生率が上昇に転じた国と低下の一途をたどる国に分離していきます。

（1）男女共同参画

　男女平等を達成することは世界共通の課題であり，1975年の国際女性年を契機として，国連を中心に国際的な取り組みが行われてきました。日本政府も国連の動きに連動し，1975年に政府内に婦人問題企画推進本部を設置，初めて行動計画を策定しました。1979年に国連で採択された女子差別撤廃条約では，政治・経済・社会・文化・市民生活の分野での性差別の撤廃が規定され，日本も1985年にこの条約を批准し，この年に男女雇用機会均等法が制定されました。

　こうした国際的潮流に呼応する中で，1999年には男女共同参画社会基本法が制定されました。基本法では，男女共同参画社会とは，「男女が，社会の対等な構成員として，自らの意思によって社会のあらゆる分野における活動に参画

する機会が確保され，もって男女が均等に政治的，経済的，社会的及び文化的利益を享受することができ，かつ，共に責任を担うべき社会」（第2条）とされています。「参画」という言葉には，単に差別撤廃や不平等の是正だけでなくさまざまな領域の政策や方針の決定に女性が主体的な立場で参加することが不可欠だという意味が込められています。

　しかしながら，今なお日本は男女平等社会には程遠い状況にあります。各国の男女間格差を示す指標の1つに世界経済フォーラムが毎年発表する「ジェンダー・ギャップ指数（gender gap index）」がありますが，日本は最新2019年発表のランキングで153か国中121位です。特に政治分野と経済分野での男女格差が著しい状況であり，国際的にはきわめて男女間格差の大きい国だと認識されているのです。

（2）少子化とジェンダー

　デンマークの福祉研究者エスピン＝アンデルセンは，EU のデータに基づいて，女性の就労が普及した国ほど出生率が高くなる傾向を明らかにし，就労率と出生率にはむしろ相関関係さえ存在すると指摘します[10]。出生率は，社会全体が男性稼ぎ主社会から男女平等社会に移行する初期段階では低下するものの，男女平等社会が成熟するにつれて上昇するという見方が示されているのです。

　日本では，出産・育児期の20代後半から30代後半にかけて女性の就労率が低下する「M字型就労」が根強くみられます。結婚を機に退職するいわゆる「寿退社」は少なくなりつつあるものの，第一子出産を機に6割から7割の女性が仕事をやめるという調査結果も示されています。2015年度に内閣府が実施した「少子化社会に関する国際意識調査」において，自分の国が「子供を生み育てやすい国だと思うか」という問いに対し「とてもそう思う」と答えた人の割合は，日本が対象4か国で最も低い8％にとどまりました。

　子育て支援の不足が女性の就業中断をもたらし，その後の再就職においても固定的な労働市場によって不利益を被ります。大半の女性は正規雇用との格差が著しいパートタイマーとして再就職することになります。女性の能力や経験を社会全体が有効に活かすことができていない状況なのです。企業福祉の衰退

や母子世帯の増加，未婚者の増加などに鑑みても，家族の経済機能を男性一人
で担う男性稼ぎ手モデルの限界は顕著になっているといえるでしょう。女性の
就労率も出生率も高い国は，家庭と仕事の両立を政策的に推進しているのです。

（3）子育て支援とワーク・ライフ・バランス

　現在，子どもの減少が社会問題になっているにもかかわらず，その一方で，
保育園に入りたくても入れない「待機児童」の増加が問題になっています。一
体どういうことでしょうか。それは，これまでの日本が男性稼ぎ手モデルを前
提に，女性の継続的就労を全く考慮に入れない社会・制度を作ってきたことに
起因します。
　「子どもが3歳になるまでは母親が常に子どものそばにいて育児に専念すべ
きだ」という考えを3歳児神話と呼びますが，この神話が高度成長期に広がり，
多くの人びとの考えや行動を拘束してきました。私的領域で担われる育児など
のケア労働はシャドーワーク（アンペイドワーク）として労働の一形態である
ことが自覚されずにきました。こうした背景から，長らく保育政策は母親の家庭
責任を前提に保育の拡充を抑制してきました。保育園はやむを得ず就労しなけ
ればならない女性のための福祉施設とされ，以前は差別的にみられることさえ
ありました。近年になって女性の就労の増加に対応しようと保育サービスの整
備を進めていますが，追いついていないという状況なのです。今日では保育所
に子どもを預けることは子どもに良くないとする通念は消えつつありますが，
働く母親の罪悪感や不安はなくなっていません。
　共働き世帯は年々増加傾向にあり，1997年に専業主婦世帯を上回りました。
2019年時点では，専業主婦世帯575万世帯に対し，共働き世帯は1245万世帯と
なっています。働く女性の子育て支援の重要性が認識されるようになり，2007
年に「仕事と生活の調和（ワーク・ライフ・バランス）憲章」が策定され，2008
年は「仕事と生活の調和元年」と位置づけられました。ここでめざされている
社会像は，「国民一人ひとりがやりがいや充実感を感じながら働き，仕事上の
責任を果たすとともに，家庭や地域生活などにおいても，子育て期，中高年期
といった人生の各段階に応じて多様な生き方が選択・実現できる社会」です。

　企業が取り組むべきことは，「健康で豊かな生活」をするための時間を確保するのに，長時間労働を抑制し，有給休暇の取得を促進すること，さらに，育児や介護の負担を抱えている人たちのために，育児・介護休業や短時間勤務，テレワークなど，個人の置かれた状況に応じた柔軟な働き方ができるように制度を整備することです。労働時間の選択の自由度を高め、希望に沿った形で多くの人が働く社会でこそ，個人は子育てやスキルアップなど自分の人生設計に合わせて労働時間を調整することができ、ワーク・ライフ・バランスをとることが可能になるのです。

（4）男性の育児

　エスピン＝アンデルセンは「男性の育児」が出生率上昇の鍵を握るといっています。国際比較データからは，男性の家事・育児に費やす時間の多い国，そして育児休業取得率の高い国が高い出生率を示しています。「男性の女性化」こそ重要だと比喩的に表現し，男性が育児や介護等のケアの担い手になることが欠かせないと主張します。

　そこで重要なのは，仕事と育児を両立できる諸制度の導入と，父親の育児を推進するための育児休業制度の仕組みづくりです。父親の育児関与の度合いが子どもの出生に大きな影響を及ぼすことはすでに多くの研究で実証されています。たとえば，日本の専業主婦世帯では，男性の労働時間が長いと第二子が生まれにくく，共働き世帯では，父親の家事・育児時間が長いと第二子が生まれやすいことが明らかになっています。第二子出生の鍵は男性の労働時間と家事・育児時間が握っているのです。

　厚生労働省の「雇用均等調査」によれば，日本における男性の育児休業取得率は，2018年度に6.16％と過去最高を記録しました。育児・介護休業法が改正された2005年時点で0.5％，2010年まではわずか2％にも満たなかったことを考えればこれは「進歩」だといえなくもありません。しかし，国際的にみればその水準はきわめて低く，男性の育児時間も先進諸国では最も短いという結果が出ています。専業主婦世帯だけではなく，共働き世帯においても男性の家事・育児時間はきわめて短く，子育てが母親一人の責任になっている状況は依

然として変わっていません。ホックシールドが「**セカンド・シフト**（第 2 の勤務）」という言葉で示したように，就業する女性は家庭の内と外の二重の労働を強いられる状況です。⁽¹⁴⁾職場では長時間労働する者を優遇する傾向はなお強く，育児休業を取る男性が否定的にみられる傾向もあり，制度があっても利用されない現状があります。

　男性をケアの担い手にするには何が必要でしょうか。厚生労働省の「今後の仕事と家庭の両立支援に関する調査結果」によれば，過半数の男性は「男性も家事・育児を行うことは当然である」と回答し，約 3 割の男性が育児休業を取得したいと考えています。ところが，実態としては父親の子育て参加は低調のままで，育児休業取得率は低率にとどまっています。

　1990年代以降に北西欧諸国で男性が育児休業を取得することが一般化した契機が「**パパ・クオータ制度**」の導入でした。この制度は1993年にノルウェーで開始されたもので，子ども一人につき育休を最長で59週取得でき，うち10週間は配偶者が交代して取得することを義務づけるという内容です。結果的に，導入前には 5 ％に過ぎなかった取得率が90％以上まで向上し，出生率も上昇しました。クオータ制度の詳細は国によって異なりますが，格差是正のために積極的に「**ロールモデル**」を生み出し，次世代の意識・行動を変革することは非常に効果的な手法といえます。

4　高齢社会と介護問題

（1）高齢社会とは

　少子化とともに高齢化も進行しています。社会の高齢化は，労働力人口の減少，社会保障費の拡大，消費の停滞など社会経済的に大きな影響を与えます。

　高齢化率とは，総人口における65歳以上人口の割合を指します。国際的な定義では，高齢化率が 7 ％を超えると高齢化社会（aging society），14％を超えると高齢社会（aged society），さらに21％を超えると超高齢社会（super aged society）と呼ばれます。日本では，1970年に 7 ％，1994年に14％，2007年に21％を超えました。日本は高齢化率が世界一高く，2013年の高齢化率は25％に

達し，人口の4人に1人が高齢者となりました。2030年には32％，2050年には40％にまで達すると推測されています。

　日本は高齢化の速度がきわめて速いことも特徴です。高齢化率が7％から14％に達するまでの所要年数は，フランスでは115年，スウェーデン85年，アメリカ72年，イギリス46年に対して，日本はわずか24年なのです。日本以外のアジア諸国も，韓国18年，シンガポール23年，中国23年など急速に高齢化が進んでいます。

（2）介護をめぐる状況

　高齢化が進む中，社会全体の課題となっているのが介護問題です。ここでは，高齢者介護の状況を2019年の厚生労働省の「国民生活基礎調査」をもとに確認しましょう。日本における介護の特徴としては，おおよそ3点を挙げることができます。

　まず主な介護者をみると，要介護者等と「同居」が54.4％で最も多く，次いで「別居の家族等」が13.6％となっています。「同居」の主な介護者の要介護者等との続柄をみると，「配偶者」が23.8％で最も多く，次いで「子」が20.7％，「子の配偶者」が7.5％です。このように家族が介護の主要な担い手であることが1つ目の特徴だといえます。介護保険制度の制定等により，以前に比べ介護の社会化が進んだとはいえ，今なお介護を家族が担うことが一般的であるといえます。

　次に，「同居」の主な介護者を性別にみると，男性35.0％，女性65.0％となっています。圧倒的に女性に偏っていることが2つ目の特徴として挙げられます。これは育児と同様，ケアが「女性にふさわしい仕事」とみなされてきたことに起因するといえるでしょう。とはいえ，近年では男性介護者が増加している傾向も確認できます。男性介護者の中心は配偶者（夫）と子（息子）であり，最近では息子の割合が増加し，男性介護者の過半数を占めています。背景には，「夫婦のみの世帯の増加」と「配偶者のいない子と同居の世帯」の増加があります。夫婦のみの世帯では妻が要介護状態になった場合に夫が，親が要介護状態になった場合には未婚の息子が介護の担い手になるというパターンが

増えているのです。

　次に，同居の主な介護者と要介護者等の組み合せを年齢階級別にみると，「70〜79歳」の要介護者等では，「70〜79歳」の者が介護している割合が56.0%で最も多くなっています。すなわち，介護者・被介護者の双方が高齢者である**老老介護**の割合がきわめて高くなっていることが3つ目の特徴として挙げられます。老老介護の場合，肉体的・精神的な限界により，介護者本人も第三者のサポートがないと生活できない「共倒れ」状態になることも考えられます。また，強いストレスは認知症を引き起こす原因になり得るという研究結果もあり，「認認介護」に陥りやすいという指摘もあります。

　「家族を介護すべき」という規範やジェンダー規範は，家族や女性が介護することを理想化し，介護をしたくない人やできない人にまで介護を強制したり，公的に担うべき部分の介護までを押しつける危険があります。

（3）介護にまつわる問題と政策

　介護をめぐってはさまざまな家族問題が生じています。

　まず，介護離職の問題があります。介護離職とは，家族等の介護に取り組むために本業を離職することです。高齢者本人の意向や経済的理由で在宅介護を選択した場合には，介護の担い手は配偶者や子どもになります。中高年の退職が多くなる傾向にあり，時間的・金銭的・精神的な介護負担は，介護者一人の大きな負担となります。こうした介護離職を減らすため，仕事をもつ人が介護の必要な家族のために休業することができる制度が，1991年に制定された育児休業，介護休業等育児又は家族介護を行う労働者の福祉に関する法律（**育児・介護休業法**）です。

　高齢者虐待の増加も問題視されています。2006年に制定された高齢者虐待防止法では，高齢者虐待は，身体的虐待，心理的虐待，性的虐待，経済的虐待，介護等の放棄の5つに分類されています。被虐待高齢者は，女性が75.6%で，年齢では80歳代が最も多くなっています。虐待の加害者は，息子が40.7%で最も多く，以下，夫17.5%，娘16.5%の順です。介護者は圧倒的に女性が多いにもかかわらず，虐待者は男性に多いことがわかります。

　これらの介護問題の解決のためには，ケアの社会化・脱家族化を推進することが重要だといえます。日本では，介護保険制度が1997年12月に国会で成立し，2000年4月から施行されました。介護の社会化は着実に進められてきましたが，まだまだ家族主義の傾向は制度的にも規範的にも根強い状況にあります。

　日本の「家族主義」を示す一例としてはこういう話もあります。公的介護保険制度ができた当初は「介護サービスの送迎の車を自宅近くにとめないでくれ」という要求が多くあったといいます。親の介護は子どもが行うべきという規範の存在を示しており，外部に委託することへの罪悪感，近隣に知られたら「恥ずかしい」といった感情の表れといえるでしょう。

　しばしば未婚者に対して，「老後の親の面倒をどうするのか」が話題になることも家族主義の表れといえるでしょう。しかし，子どもが親の介護をすることは歴史的にみても国際的にみても決して自明のことではありません。北欧では「子どもに，老後の世話をしてもらうなんてありえないことだよ。そんなこと考えられないよ」という反応が返ってくるともいいます。ケアの社会化が制度化されている国では子の成人後も親子二世代または三世代で同居するということはきわめて稀なのです。未婚化や離婚の増加など「標準」的な家族関係が崩れる中で，ケア労働の家族への依存を軽減していくことはますます重要になっています。

5　多様な家族と福祉政策

　以上，本章では家族をめぐる基本概念とその変容についてみてきました。現代社会のキーワードの1つに「ダイバーシティ」がありますが，家族やその支援においても多様性を受け入れることが重要となっています。従来の専業主婦家庭と共働き家庭の違いだけではなく，ひとり親家庭やステップファミリー，事実婚，里親家庭などの非血縁家族，同性パートナー関係，国際結婚，トランス・ナショナル家族など，「標準」の家族モデルを設定することは不可能に近い状況です。未婚率・離婚率の上昇により家族関係から離れて生活する単身世帯も増加し，社会的孤立や貧困が問題となっています。

　現代社会において，家族と福祉を考える上でキーワードになるのが「家族主義」です。ここで「家族主義」と呼ぶのは，世帯がそのメンバーの福祉に主要な責任を負うべきとするシステムを指し，育児や介護などのケア責任が，規範的にも制度的にも家族に押しつけられている状況を意味します。エスピン＝アンデルセンは，福祉を家族に依存する「家族主義」，そしてジェンダー不平等を脱することこそが「家族の絆」を強化するのだという逆説を示しています。

　従来の家族関係が変化したとしても，人びとのつながり方や協力関係はさまざまに存在しえます。実際，歴史的にみても家族関係や共同生活はさまざまに変化してきました。現代社会では，多様なニーズをもった人・多様な困難を抱えている人を，従来の家族の枠組みを超えてつないでいくことに注目していかなければなりません。多様性を受け入れ，多様性を活かした社会を形成していくことが重要なのです。

注

(1) Parsons, T. & Bales, R. F. (1956) *Family : Socialization and Interaction Process,* Routledg and Kegan Paul. (＝1981，橋爪貞雄ほか訳『家族』黎明書房。)

(2) 赤石千衣子 (2014)『ひとり親家庭』岩波書店。

(3) 野沢慎司編 (2018)『ステップファミリーのきほんをまなぶ——離婚・再婚と子どもたち』金剛出版。

(4) 菊池真理 (2014)「離婚・再婚とステップファミリー」長津美代子・小澤千穂子編『新しい家族関係学』建帛社，105〜120頁。

(5) 阪井裕一郎 (2017)「多様化するパートナー関係と共同生活」永田夏来・松木洋人編『入門家族社会学』新泉社，133〜149頁。

(6) Cherlin, A. (2004) "The Deinstitutionalization of American Marriage," *Journal of Marriage and Family,* 66, pp. 848-861.

(7) 目黒依子 (1987)『個人化する家族』勁草書房。

(8) Beck, U. & Beck-Gernsheim, E. (2001) *Individualization,* Polity Press.

(9) 山田昌弘 (2004)「家族の個人化」『社会学評論』54 (4)，341〜354頁。

(10) Esping-Andersen, G. & Bruno P. (2008) *Trois leçons sur l' État-providence, Document Transcript,* Seuil. (＝2008，林昌宏訳『アンデルセン，福祉を語る——女性・子ども・高齢者』NTT 出版。)

⑾　舩橋恵子（2009）「３歳児神話」神原文子ほか編『よくわかる現代家族』ミネルヴァ書房。

⑿　独立行政法人労働政策研究・研修機構「早わかり　グラフでみる長期労働統計」（https://www.jil.go.jp/kokunai/statistics/timeseries/html/g0212.html　2021年1月18日閲覧）。

⒀　Nagase, N. & Brinton, M.（2017）"The Gender Division of Labor and Second Births : Labor Market Institutions and Fertility in Japan," *Demographic Research,* 36（11），pp. 339-370.

⒁　Hochschild, A. R.（1989）*The Second Shift : Working Parents and the Revolution at Home,* Viking Press.（＝1990，田中和子訳『セカンド・シフト』朝日新聞社。）

⒂　内閣府（2017）『高齢社会白書　平成29年版』。

⒃　厚生労働省（2011）「高齢者虐待の防止，高齢者の養護者に対する支援等に関する法律に基づく対応状況等に関する調査」。

⒄　上野千鶴子・古市憲寿（2011）『上野先生，勝手に死なれちゃ困ります』光文社。

⒅　田中正一（2008）『北欧のノーマライゼーション』TOTO 出版。

参考文献

森岡清美・望月嵩（2007）『新しい家族社会学　四訂版』培風館。

Esping-Andersen, G.（2009）*The Incomplete Revolution : Adapting to Women's New Roles,* Polity Press.（＝2011，大沢真理監訳『平等と効率の福祉革命——新しい女性の役割』岩波書店。）

Fineman, M. A.（2004）*The Autonomy Myth : A Theory of Dependency,* The New Press.（＝2010，穐田信子・速水葉子訳『ケアの絆——自立神話を超えて』岩波書店。）

まとめ ━━━━━━━

• 家族制度は**直系家族制**と**夫婦家族制**の２つに分類される。直系家族制は，家族の世代的な継承や跡取りを重視する伝統的な制度である。夫婦家族制度は，夫婦の結婚とともに家族が誕生し，基本的には夫婦一代ごとに家族をとらえる制度である。

• **核家族**とは，一組の夫婦と未婚の子どもから構成される家族，あるいは夫婦のみで構成される家族である。**拡大家族**は，２つ以上の核家族が含まれる家族形態である。別居していても親密な関係を保持している拡大家族は**修正拡大家族**と呼ばれる。

• 男女が結婚して子を産み育てることで成立する選択的な家族を**生殖家族**と呼ぶ。一方，子どもの立場からみると核家族は父・母・きょうだいなどで構成される。このような選択の余地のない家族を**定位家族**と呼ぶ。

- パーソンズは，核家族は普遍的に「子どもの一次的な社会化」と「成人のパーソナリティの安定化」という２つの機能を果たすと論じ，その後フェミニストらに批判された。
- 世帯とは，「住居と生計を共にする人びとの集まり」を意味する。世帯は，「一般世帯」と「施設等の世帯」の２つに分けられ，一般世帯はさらに**親族世帯，非親族世帯，単独世帯**の３つに分けられる。
- 三世代世帯が減少し，**単独世帯**が増加している。背景には未婚化の進行があり，50歳時において一度も結婚経験のない人の割合（**生涯未婚率**）が近年大幅に上昇している。
- 現在，日本の結婚のおよそ４分の１が男女両方またはどちらかが再婚のケースで，**ステップファミリー**が増加している。ステップファミリーとは，「親の再婚あるいは新たなパートナーとの生活を経験した子どものいる家庭」のことである。
- 近年の家族研究では，多様な家族への注目が進み，「**脱制度化**」や「**個人化**」といった概念が用いられる。脱制度化とは，家族や夫婦関係が支配的な社会規範や伝統に拘束される度合いが弱まる事態を指す。個人化は，さまざまな社会システムにおいて個人単位が拡大する事態を意味する。
- 女性の人生をめぐるキーワードを押さえたい。出産・育児期の20代後半から30代後半にかけて女性の就労率が低下することを**M字型就労**と呼ぶ。「子どもが３歳になるまでは母親が常に子どものそばにいて育児に専念すべきだ」という考えを**3歳児神話**と呼ぶ。就業する女性が家庭の内と外の二重の労働を強いられる状況はホックシールドによって「**セカンド・シフト**」と名づけられた。
- **高齢化率**とは，総人口における65歳以上人口の割合を指す。国際的な定義では，高齢化率が７％を超えると**高齢化社会**（aging society），14％を超えると**高齢社会**（aged society），さらに21％を超えると**超高齢社会**（super aged society）と呼ばれる。
- 日本の介護の特徴として以下３点を押さえておきたい。第一に，家族が介護の主要な担い手であること，第二に担い手が女性に偏っていること，第三に介護者・被介護者の双方が高齢者である老老介護の割合がきわめて高いこと。

第 4 章

「働くこと」を通して見えてくるもの

　本章では，人生の中で重要な位置を占める「働く」ことを通して，社会について考えていきます。日本の労働を取り巻く環境，制度やそれを支える社会的な価値観などのデータを基盤としてとらえ，現在の労働や雇用分野の問題について考える構成になっています。読み進めるときには，「性差・年齢・国籍など自分を含めたさまざまな人たちにとって働きやすい条件とは何か」，そして「何を大切に働いているのか」を考え，ワーク・ライフ・バランスをはじめとした諸概念の理解を深めていきましょう。

1　働き方の多様化

（1）仕事や職業のあり方

　皆さんは将来就きたい職業，やってみたい仕事はありますか。この本を読んでいる人の中には，すでに働いている人もいるかもしれません。もう1つ質問です。今，皆さんが興味・関心がある仕事を知ったきっかけはどういうものでしょうか。身近にその仕事をしている人もいれば，テレビや新聞などのメディアを通じてその仕事を知ったという経験を持つ人もいるでしょう。本章では，人生の中で重要な位置を占める「労働（働く）」ということに焦点をあてますので，自分が働く，あるいは働いている姿をイメージしながら考えていただくと，理解が深まります。

　では最初に，日本にどれだけの仕事の種類があるのか，考えてみましょう。独立行政法人労働政策研究・研修機構が2011年に「第4回改訂厚生労働省編職

表4-1　職業名の数

大分類	2011年改訂	2008年改訂	1999年改訂
A　管理的職業	328	395	798
B　専門的・技術的職業	2,381	3,079	4,230
C　事務的職業	534	821	1,162
D　販売の職業	425	589	932
E　サービスの職業	854	626	925
F　保安の職業	227	208	339
G　農林漁業の職業	529	465	770
H　生産工程の職業	9,646	—	—
I　輸送・機械運転の職業	771	—	—
J　建設・採掘の職業	913	—	—
K　運搬・清掃・包装等の職業	601	—	—
H　運輸・通信の職業	—	459	792
I　生産工程・労務の職業	—	11,936	18,327
計	17,209	18,578	28,275

出所：独立行政法人労働政策研究・研修機構（2011）「第4回改訂厚生労働省編職業分類　職業名索引」。

業分類　職業名索引」というものを作成しています。これは職業安定所において職業指導や職業相談などの職業紹介業務（これ自体も仕事ですね）を行う際に共通して使用する職業分類です。これによると，この台帳に職業名として記載されている職業名の数は約1万7000もあることがわかります（表4-1）。どれだけの職業が頭に浮かぶでしょうか。全ての職業を把握することは非常に困難ですが，たくさんの職業があり，それだけ多様な仕事内容や働き方があるということを理解しておきましょう。

　次にこれだけ職業がたくさん存在することの理由について**分業**という観点からみていきます。近代経済学の父といわれるアダム・スミスは『国富論（諸国民の富)』の中で，分業によって国民の生産力が増大すると述べています。近代以前の社会だと，集落のように限られた社会の中で働いていた者は，個人で複数の業務を行っていました。しかし，近代社会においては，他人と特定の場所に集まって一緒に働いたり，作業を分担したりして行う形態が増えていきます。これらを社会学的に整理すると，個人が単独で行っていた業務を複数労働に分割して，その後に再度統合して全体として1つの作業を行う**個別的分業**，

社会で必要とされている生産物をそれぞれが異なる経済主体が生産する形態の**社会的分業**に分けることができます。ここで，ラーメン屋を例に挙げて考えてみましょう。店の中にはスープを作る人，麺を茹でる人，チャーシューやネギなどをトッピングする人，完成したラーメンをお客の座っているテーブルまで運ぶ人などがいて，ラーメン屋という1つの店の中でそれぞれが業務を分けて行っているので，個別的分業といえます。では，ラーメン屋で使っている麺，肉類，野菜，お箸などを全てラーメン屋だけで作っているかというと，そうではありません。農家などの生産者，お店に運ぶ流通業，食べ終わった後に出るゴミの廃棄など，1つの場所だけではなく，それぞれの業務を異なる経済主体が行っています。これを社会的分業と考えることができます。これらの分業が進展していくと，産業構造は変化していきますし，分業した業務はより専門性を増していきます。分業の進展は医師，弁護士やソーシャルワーカーといった知的職業や専門的職業の増加につながり，先に述べた多種多様な職業の増加の要因として考えることができます。さらに，専門分化や社会的分業は普段の生活様式や家族機能にも影響を与えています。

（2）働き方──正規・非正規雇用に焦点をあてて

「何のために働くか」と問われれば，「生活するためのお金を稼ぐため」という答えが頭に浮かぶ人が多いのではないでしょうか。「労働」という言葉はもともと生産物を作り出す，生み出すことを意味していましたが，現在の社会では金銭と交換されるという意味合いが強く，経済学でいうところの「賃労働」という言葉とほぼ同じ意味に解釈されるようになっています。雇われる側を雇用者といい，雇用者の労働力を商品として提供し，その見返りとして資本家や経営者（以下，特に断りがない限り「企業」「会社」と表記）から賃金の支払いを受けるという雇用関係が一般的です。

この雇用のあり方もたくさんの種類がありますが，まずは企業の採用方法についてみていきましょう。採用とは，企業が自社で働いてもらう人材を募集し，選考の上で雇用契約を結ぶ活動のことをいいます。日本の多くの企業は高校や大学等の新規卒業者を採用する「新規学卒一括採用」を取り入れています。新

規に入職した社員を集めて入社式を行うことが一般的ですが，日本独特の儀式であるといわれています。新入社員の多くはアルバイトの経験などはあるかもしれませんが，基本的には就労の経験がないため，各社で必要となる能力を育成していく必要があります。この他，学校を卒業した後に，他企業などですでに就業経験のある人を雇う「中途採用」があり，これまでの就業経験で培った経験・技能が重視されて採用されます。

　もう1つ，日本の労働システムの本質に関する指摘を紹介します。それは，「ジョブ型」と「メンバーシップ型」という見方です。前者は「仕事」をベースとして，それに合致した人を選ぶという「仕事に人を付ける」という方法です。自分自身の持っている専門的な知識・技能を活かして，職務や勤務場所を絞り込むことができる働き方を指します。諸外国が主に採用している雇用契約です。企業としては，専門性の高い優秀な労働者を確保できます。日本においても医療分野やシステムエンジニアのように特定の専門業種では採用されています。

　後者のメンバーシップ型は，「人に仕事を付ける」という方法で，日本の労働の特徴として指摘されています。職務範囲や勤務地を限定しないことが特徴といえます。たとえば，Aという会社に就職した際，希望した分野に配属されるかもしれませんが，どんな仕事をするかは勤務先が確定してから知ることになりますし，人事異動や転勤によってそれまでの勤務経験とは全く違う分野の仕事をすることになる可能性があります。この方法には，大きな前提があります。それは**正規雇用**（**正社員**）としての雇用保障を重視する点です。正規雇用として採用した人材については長期の雇用関係を維持しようとする方針をとっている企業が多く，長期雇用の形として**終身雇用**を日本的雇用慣行の代表として挙げることができます。終身雇用とは，新規卒業者として採用されてから，定年を迎えるまで同じ企業に雇用され続ける慣行を指します。生活を保障されているので，働く側は会社に信頼を寄せて勤務をすることができます。この他，「コース別雇用管理制度」と呼ばれる複数の採用枠を設けて正規雇用者を採用し，業務と処遇の違いによって異なるキャリアの育成を図る人事制度があります。代表例としては，企業活動の中心となる高度な判断を求められる業務を担

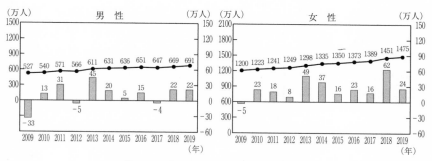

図 4 - 1　非正規の職員・従業員数の推移

注：折れ線グラフ（左目盛）は実数，棒グラフ（右目盛）は対前年比増減。
出所：総務省統計局（2020）「労働力調査（詳細集計）2019（令和元年）平均（速報）」。

い，異動や転勤が発生しやすい「総合職」，総合職の業務をサポートする事務
仕事を中心とした「一般職」の区分が挙げられます。

　日本は1973年のオイルショック以降，先進諸国と同様に経済の低成長期へと
突入していき，これまでの雇用形態や終身雇用に変化がみられるようになりま
した。雇用形態としては正規雇用から**非正規雇用**（非正規社員）への転換がみ
られるようになりました。非正規雇用は，正規雇用以外を指す言葉で，パート，
アルバイト，嘱託，契約社員，派遣社員などがあり，1か月や半年といった**有
期雇用**であることが特徴です。勤務時間も正規雇用よりも短い勤務となってい
ます。総務省統計局が2019年に行った「労働力調査」によると，正規雇用者が
3494万人で，昨年から18万人増えていますが，非正規雇用は2165万人で昨年か
ら45万人増えています。非正規雇用労働者の割合は，役員を除く雇用者の約
38％を占めていることがわかります。図4-1のように男女でみてみますと，
男性の非正規雇用者は約690万人，女性は約1475万人であり，女性が圧倒的に
多いことがわかります。加えて，2012年以降，日本の労働市場において，男女
ともに非正規雇用の労働者が増加しています。

　補足として，「**フリーター**」についても説明をしておきます。若者の非正規
雇用労働者という意味合いで使われる言葉で，もともとは明確な定義は存在し
ていませんでしたが，総務省統計局は調査上，フリーターを「年齢は15～34
歳」と限定し，①現在就業している者については勤め先における呼称が「アル

バイト」または「パート」である雇用者で，男性については継続就業年数が1
〜5年未満の者，女性については未婚で仕事を主にしている者，②現在無業の
者については家事も通学もしておらず「アルバイト・パート」の仕事を希望す
る者と定義しました⁽¹⁾。これからみる非正規雇用の話には，このフリーターも含
まれるものと考えてください。

（3）非正規雇用のメリット，デメリット

　本書においても，非正規雇用の問題について言及していきますが，その前に
メリットについても目を向けてみましょう。多様な働き方があるということは，
個々のライフステージに合わせて働き方を変えられることにもつながります。
また，それを「意識的に選択した」ことと「選択せざるを得なかった」という
視点の切り替えによりメリットやデメリットが逆転するような状況が見て取れ
ますので，労働条件について考える余地がたくさんあります。まず，メリット
ですが，企業側と雇用者側双方で考えることができます。企業側のメリットと
しては，業務量に合わせて人手を調整しやすいことが挙げられます。その業務
が集中する時間に非正規社員の勤務時間を設ける，あるいは業務量が多くなる
時間に有期雇用で人材を雇ったり，逆に閑散期には人員を減らすことで，企業
として効率よく業務を遂行することができます。また，非正規社員の賃金は，
正規社員と比べて低く設定されていることが多く，企業内コストの削減にもつ
なげることができます。

　今度は非正規雇用者側のメリットに目を向けてみましょう。非正規雇用のメ
リットとしては，大きく3つ考えられます。1つ目は，自分のライフスタイル
に合わせた働き方が可能であることです。たとえば，皆さんの中で将来チャレ
ンジしたい夢があり，その準備に充てる時間を確保したいとか，家族等の育児
や介護のために自宅での時間を優先しなければならないような環境の場合に，
決まった曜日や時間帯に勤務をする形態はとても役に立つでしょう。また副業
を禁止しない契約が多いため，業種を問わず，いろんな経験をしてみたいとい
う人にも適しています。まだ少ないですが，正規雇用者でも副業として非正規
で働くことを認めている企業もあります。2つ目として，責任の範囲が正規雇

用者と比較して軽いということもいえます。仕事の遂行や給与の支払いがあれ
ば，会社に多くを期待しないという意識の人もいるでしょう。3つ目としては，
職務範囲が明確であることが挙げられます。非正規雇用の職務範囲は，限定的
なことも多く，また異動も基本的にはないので，自分の得意な分野や好みの仕
事を選んで働くことができます。このように非正規雇用は，後に述べるワー
ク・ライフ・バランスにかかわる重要な議論にもつながる可能性，メリットを
持っているのです。

　では，今度は非正規雇用のデメリットについてみていきましょう。企業側と
しての主なデメリットは，雇用者が必ずしも長期的な勤務を希望しているとは
いえず，雇用者が退職した後に高度な専門技術が企業内に残らない可能性があ
ります。雇用者側のデメリットは主に3つ考えられます。1つ目は，雇用期間
が不安定であるということです。本人がいくら長期での勤務を希望していたと
しても，契約期間の満了で終了となります。2つ目は，企業内訓練が充実して
いる正規雇用社員に比べて，非正規雇用社員には**能力開発**の機会が少ないこと
が挙げられます。自身の知識，能力を高める機会を自分で確保しなければなら
ないため，企業外研修を見つける量力や費用面を含めて，自己負担が大きいと
いうことがあります。3つ目としては，正規雇用社員と非正規雇用社員では，
収入面において大きな差があることです。2000年代半ばからワーキングプア
（働く貧困層）という新しい貧困と呼ばれる問題が顕在化してきていて，正規雇
用社員も含めた全体的な賃金の低さが語られることもあるものの，非正規雇用
社員の低賃金問題がやはり多く語られています。皆さんの中には，仕事の内容
が異なるので，その差が生まれることに疑問がない人もいるかもしれませんが，
最近では正規雇用社員と非正規雇用社員が同じ労働内容をしている「同一労
働」に注目が集まっています。2016年の厚生労働省「平成28年度版パートタイ
ム労働者総合実態調査」によると，正規雇用社員とパートの両方を雇用してい
る事業所のうち，正規雇用社員と職務が同じパートのいる事業所の割合は
15.7％という結果があります。企業にとっては非正規雇用社員に都合よく働い
てもらうことができるため，企業側のメリットが雇用者にとってのデメリット
に転化しているといえます。

　これらの課題については，是正に向けて社会が動いています。同じ仕事をしているにもかかわらず正規雇用社員と非正規雇用社員の間で処遇に格差が生じることに対して，処遇の均等化をめざす考えを**均等処遇**といいます。そして，2018年に働き方改革関連法が成立して，**同一労働同一賃金**の原則が2020年 4 月より導入されています。このように正規雇用社員と非正規雇用社員の労働条件についてはこれからも大きな変化があることが予想されます。

2　ライフスタイルと仕事

（ 1 ）女性の社会進出

　先述した「労働力調査」には，男女別の労働人口についても記載がされていて，男性は3733万人と昨年に比べて16万人の増加，女性は2992万人と昨年に比べて46万人の増加となっています。これは女性の社会進出を要因として考えることができますが，少し丁寧にみていくと，日本ならではの課題がみえてきます。労働政策研究・研修機構が作成した年齢階級別女性労働力率のグラフ（図 4 - 2 ）をご覧ください。この年齢階級別労働力率をみると，2016年のデータでは日本は20代後半から30代にかけて比率が落ち込んでいます。いわゆる **M字カーブ**を描いていることが特徴的であるといえます。結婚で離職する女性は少なくなったものの，出産・育児等のために多くの女性が離職しています。その後，育児が落ち着いた後に仕事へ復帰しているという状況が M 字カーブに反映されています。どこの国も同じではないかと考えるかもしれません。確かにアメリカやヨーロッパにおいても1970年代にはみられた現象でしたが，今日では仕事を中断することなく，継続的に仕事をしていて，**台形型**（「逆 U 字カーブ」ともいいます）となっています。日本においても1970年代に比べると M 字カーブの底の位置が上昇していて，離職の多い M 字の底を追っていくと，1976年は25～29歳が44.3％と多かったものが，このデータでは，35～39歳が多くなっていることがわかります。これらは，**晩婚・非婚化傾向**の進行によって長期的に仕事を継続する女性や**共働き世帯**の増加といった要因が考えられますが，M 字カーブの傾向が続く現状だと，女性は男性に比べると生涯所得が少

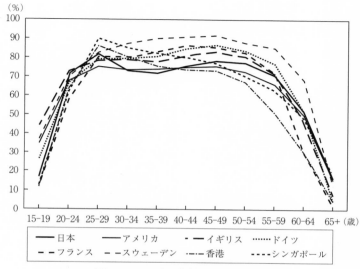

図 4 - 2 2016年の年齢階級別労働力率

出所：労働政策研究・研修機構「データブック国際労働比較2018」（https://www.jil.go.jp/
kokunai/statistics/databook/2018/documents/Databook2018.pdf　2020年 8 月20日閲
覧）。

ないといった影響があります。

　現状は改善されてきているとはいえ，依然として子育て期に離職する傾向が
あることは，日本の社会に性別役割分担意識が色濃く残っていることを表して
います。金谷千慧子は，ジェンダーと労働の問題について，次のように言及し
ています。「近代産業社会成立以後の社会では，男の仕事は，家庭外での生産
労働が中心になってきた。（中略）男性の労働の多くは賃金をもらえる有償労
働であり，社会的にも『意義ある』とされる『公的』な労働であった。その意
味で，ジェンダーによる『男は外，女は家庭』という分業の仕組みは，圧倒的
に男性優位の社会をつくりだした」(2)。

　家事・育児や介護といった家庭内の役割のほとんどを女性が担ってきました。
皆さんはどのように考えますか。共働き世帯の数が増加している現在では，意
識的な変化はみられます。2019年の内閣府「男女共同参画社会に関する世論調
査」の中で，一般に女性が職業を持つことについての考え方を問う質問を行っ

ています。その中では，「子供ができても，ずっと職業を続ける方がよい」と就業継続を支持する回答が61.0％と最も多い結果となりました。次いで「子供ができたら職業をやめ，大きくなったら再び職業をもつ方がよい」が20.3％となっています。男女別でみてみますと，就業継続を支持する回答は，女性が63.7％，男性が58.0％となっていて，女性の方が多いとはいえ，男性も6割近くが就業継続を支持しています。もちろん，この数字を多いと考えるか，少ないと考えるかは意見が分かれますし，意識を持っていたとしても，現実との間にギャップがあるととらえることができます。

　総務省が2017年9月に公表した「社会生活基本調査」によると，子どもがいる共働き世帯の妻の家事関連時間は1日あたり4時間54分に対し，夫は46分と約6.5倍もの開きがあります。この調査は5年ごとに実施しており，20年前と比べると夫の家事時間は20分から46分へと倍以上になっているものの，妻の家事時間との開きは依然として大きくなっています。女性の社会進出は進んでいるものの，夫婦の役割分担は変わらず，家事負担が女性に偏っている現状があるといえます。最近では育児を積極的に行う男性を「イクメン」と表現することがありますが，男性が育児に参加するというだけで称賛に値すると認識すること自体が「男性は育児をしない」という意識があり，めずらしいから注目されているということの表れかもしれません。

（2）男女の雇用機会均等

　労働の場において基礎となる法律には労働基本法がありますが，第4条として男女同一賃金の原則が規定されているものの，労働条件や企業文化の中で不平等な扱いを受けた女性もいました。世界的に大きな動きをみせたのは1972年12月に国連が採択した女性差別撤廃条約で，女性に対するあらゆる差別を撤廃することがめざされました。また1990年代半ばには，社会的・文化的に形成される性別を意味する「ジェンダー（gender）」が男女平等をめざす政策の視点として展開されるようになってきました。これらの影響を受けて，日本では**1986年雇用の分野における男女の均等な機会及び待遇の確保等に関する法律**（**男女雇用機会均等法**）が施行されました。この法律は企業の事業主が募集・採

用や配置・昇進・福利厚生，定年・退職・解雇にあたり，性別を理由にした差別を行うことを禁止することなどを定めています。

　さらに，1999年に**男女共同参画社会基本法**が施行されています。この法律は，男女共同参画社会の形成に関する基本理念として，①男女の人権の尊重，②社会における制度または慣行についての配慮，③政策等の立案および決定への共同参画，④家庭生活における活動と他の活動の両立，⑤国際的協調を掲げています。

　また，国，地方公共団体や国民の責務をそれぞれ定め，制度や慣行が男女の社会における活動の選択に対して及ぼす影響をできる限り中立にするように配慮することが定められています（同法第4条）。この社会における慣行とは，たとえば来客者へお茶を提供したり，書類のコピーなどを女性にのみ担わせたりするような習慣などが頭に浮かびますね。性別を連想させるような職業表記の見直しがなされてきたのも，この時期です。たとえば，1999年に児童福祉法施行令が改正され，「保母」「保父」から「保育士」へ，2001年に「保健婦助産婦看護婦法」が「保健師助産師看護師法」へと名称変更し，2002年3月より「看護婦」から「看護師」と統一されています。

　また同法の影響を受け，2001年に内閣府の中に男女共同参画局を設置し，**男女共同参画基本計画**を作成して，さまざまな分野での男女共同参画の推進を掲げています。

（3）ワーク・ライフ・バランスを支援する環境

　女性の社会進出，雇用機会均等をみる中で，賃労働の機会を得るためには，賃労働とそれ以外の生活環境にも目を向ける必要があることが確認できました。その鍵となるのが，**ワーク・ライフ・バランス**という考え方です。文字通り，仕事と生活の両立を表す言葉で，欧米で重要視されている政策です。内閣府が2007年に策定した「**仕事と生活の調和（ワーク・ライフ・バランス）憲章**」の中では，「国民一人ひとりがやりがいや充実感を感じながら働き，仕事上の責任を果たすとともに，家庭や地域生活などにおいても，子育て期，中高年期といった人生の各段階に応じて多様な生き方が選択・実現できる社会」と定義し

ています。具体的には，①就労による経済的自立が可能な社会，②健康で豊かな生活のための時間が確保できる社会，③多様な働き方・生き方が選択できる社会とされています。

　もともとは仕事と家事労働のバランスを図ることに力点が置かれていましたが，上記の憲章の定義をみてみると，絶対的な答えとなるライフスタイルを求めているのではなく，個人や家族等の個々に適したライフスタイルを受容できる社会をめざしていることがわかります。佐藤博樹は，ワーク・ライフ・バランスが実現できていない職場を「働く人々が，会社や上司から期待されている仕事上の責任を果たそうと努力すると，仕事以外の生活でやりたいことや，やらなくてはならないことに取り組めなくなり，いわゆる『ワーク・ライフ・コンフリクト』状態が生じる(3)」とし，ワーク・ライフ・コンフリクト状態にある社員は，仕事に意欲的に取り組めなくなることに言及しています。つまり，企業にとっても従業員に意欲的に働いてもらうためには，ワーク・ライフ・バランスを充実させることが重要となります。昨今では職場から離れた場所で情報ネットワークを使用しながら勤務するテレワークにも注目が集まっていて，家事や育児を行いながら仕事ができる環境の整備が進む可能性があります。ワーク・ライフ・バランスに必要な支援内容はライフステージによっても変化するため，育児・介護休業法をはじめとした法制度や具体的な支援メニューが求められます。

　そして，このワーク・ライフ・バランスが崩れて生じる代表的な問題として**過労死**が挙げられます。海外においても「KAROSHI」とローマ字で表記されたり，辞書に掲載されたりしていて，日本の問題として取り上げられています。「過労」という言葉が表すように，長時間の労働や過酷な労働環境などが要因と考えられます。2020年版の『男女共同参画白書』の「週間就業時間60時間以上の雇用者の割合の推移」（図4-3）をみると，子育て期にあたる30代および40代の男性が，女性や男性の全年齢平均と比べて高い水準となっていることがわかります。これまでにみてきた性別役割分担を支えてきたのは，男性が妻や子どもを養うことができる，家族の中での大黒柱として存在できる環境があったからです。つまり，かつては頑張って長時間会社のために働くほど評価され

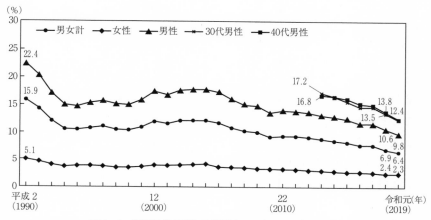

図 4-3 週間就業時間60時間以上の雇用者の割合の推移

出所：内閣府男女共同参画局（2020）『令和２年版男女共同参画白書』。

　賃金にも反映されていましたが，経済が低調になると，長時間労働が必ずしも高賃金に直結しない状況にもなってきます。

　2018年の厚生労働省の「過労死等の労災補償状況」によると，「脳・心臓疾患に関する事案の労災補償状況」の請求件数は877件で，前年度比37件増，「精神障害に関する事案の労災補償状況」の請求件数は1820件で前年度比88件増となっています。いずれの労災認定についても，圧倒的に男性が多く，追い詰められている男性社員の問題が明らかになっています。また，請求者のうち，未遂を含む自殺件数は前年度比21件減の200件であるものの深刻な状況に変わりはありません。そして，近年ではセクシャルハラスメント，パワーハラスメントなどによる精神的なストレスにも注目が集まってきています。管理職の中には，「部下を怒鳴ってはいけない時代になった」という声もありますが，もともと禁止されていたものに対して，声をあげられる時代になってきたとみる方が適切です。

3　労働にかかわる諸課題

（1）失　業

　希望した仕事を続けられると良いですが，失業というライフイベントを経験することも考えられます。まずは，「失業」という言葉を押さえておきます。たとえばみなさんが仕事をしていて，「海外に語学留学に行きたい」と思い，語学の勉強をするために仕事をやめたとします。この場合も仕事をしていない状態といえますが，これは自発的失業といい，下記に記す完全失業者にはあてはまりません。完全失業者とは，以下の3つの条件を満たす者とされています。①就業者ではない，②仕事があればすぐに就くことができる，③求職活動をしている。

　つまり，もともと仕事を探していない人は条件にあてはまっていないといえます。大学在学中に就職活動を行うも，内定を得られずに卒業し，求職活動をしている場合は，定義にあてはまります。失業は，発生する原因によって，主に次の3つに分けることができます。1つ目は，景気後退期に労働需要（雇用の受け皿）が減少することにより生じる**需要不足失業**，2つ目は，企業が求める人材と求職者の持っている特性（職業能力や年齢）などが異なることにより生じる**構造的失業**，3つ目は企業と求職者の互いの情報が不完全であるため，両者が相手を探すのに時間がかかる**摩擦的失業**があります。この中で，構造的失業と摩擦的失業は厳密に区分することが難しいため，2つを合わせて「構造的・摩擦的失業」と呼ぶこともあります。失業に至る経緯として代表的なものは，企業の業績悪化による倒産や解雇があり，このような企業の都合による失業を**非自発的失業**といいます。諸外国の完全失業率（15歳以上の働く意欲のある人のうち，完全失業者が占める割合）をみると，日本の失業率は低いことが確認できます。完全失業者を減らすことは困難な課題ですが，公的な職業紹介事業などを活用した情報提供による企業と求職者のマッチングが重要になります。

（2）アンペイドワーク

　ここまでの話は賃金という報酬が支払われる**ペイドワーク**を中心にみていきましたが，労働という観点でみると，**アンペイドワーク**について考えることも非常に重要です。アンペイドワークは市場の外部で行われる，賃金や報酬が支払われない労働のことを指します。先にみてきた内容でいうと，育児や介護が該当します。男性の長時間労働の課題については先述の通りですが，家事の時間を女性が担っている現状をみると，女性の労働時間は男性以上であるともいえます。この話はワーク・ライフ・バランスと合わせて語られることが多いので，ここではアンペイドワークそのものをもう少し掘り下げます。

　アンペイドワークは単純に家庭内の家事・育児等を指す概念ではありません。竹中恵美子は，北京世界女性会議の行動綱領をもとに，アンペイドワークには３つの側面があると述べています。[4] １つは，農業に代表される，商品や市場に出すための労働ではなくて，自らが消費するために作る自給のための労働です。これも賃金が発生していません。２つ目として，自営業の中で家族が担っている家族労働があります。農業，商業，工業などの分野においても，自営業主以外の家族に賃金が払われずに家族労働をしているケースです。３つ目は地域で行われているボランティアも賃金が支払われていない行為なので，アンペイドワークの範疇に入ります。このようにアンペイドワークは家庭の中，地域の中での労働であるといえます。日本国内だけだとイメージがわきにくいかもしれませんが，発展途上国の労働環境などを調べていくと，アンペイドワークに関する認識を深めることができます。

（3）外国人労働の課題

　日本における外国人労働者は，2019年10月では約146万人となり，2007年に届出が義務化されて以降，過去最高を更新しています。国籍別では，順に中国38万9117人（外国人労働者数全体の26.6％），ベトナム31万6840人（同21.7％），フィリピン16万4006人（同11.2％）となっています。労働者不足が問題視される中で，積極的に外国人労働者を採用する企業がある一方，日本人が敬遠しがちな，３K（キツイ・キタナイ・キケン）と呼ばれる職種への積極的な配置，過

酷な労働条件や違法就労といった問題がメディアで取り上げられています。母語と異なる言語を用いなければならないために，労働条件を充分に理解できないまま契約したり，積極的な求職活動ができなかったりする問題も指摘されています。

このような中，福祉の領域ではケアのグローバル化が進んでいるといわれています。背景には，高齢者が増加する中で，国内だけでは担い手が不足していることから，労働力を海外から動員しようとする流れが考えられます。具体的には政府間の協定により，東南アジアの看護や介護の資格を取得した学生を専門的労働者として受け入れています。ただし，日本の国家資格を取得する等，受け入れ条件や期間制限等があり，人材の定着や育成に関する根本的な考え方が問われるようになってきています。

外国人労働者数は今後，ますます増加することが予想されますが，「外国人」といってもさまざまなルーツを持つ人たちが来日しているので，彼らを単純に「人材」という側面だけでとらえるのではなく，「生活者」としてとらえ，ワーク・ライフ・バランスを考えながら，生活ニーズに合わせた支援をすることが，必要となってきます。

注
(1)　総務省統計局「16A-Q09　フリーターの人数」(https://www.stat.go.jp/library/faq/faq16/faq16a09.html　2020年8月20日閲覧)。
(2)　金谷千慧子 (1998)「働く——ジェンダーと労働」伊藤公雄・牟田和恵編『ジェンダーで学ぶ社会学』世界思想社，86頁。
(3)　佐藤博樹 (2011)「ワーク・ライフ・バランスと働き方改革」佐藤博樹・武石恵美子編著『ワーク・ライフ・バランスと働き方改革』勁草書房，2頁。
(4)　竹中恵美子 (1998)「家族責任とアンペイドワーク（無償労働）——アンペイドワークの評価をめぐって」高齢社会をよくする女性の会・大阪編『共倒れから共立ち社会へ——前進させよう介護の社会化』明石書店，17頁。

参考文献
小川慎一・山田信行・金野美奈子・山下充編 (2015)『「働くこと」を社会学する——産業・労働社会学』有斐閣。

上林千恵子編著（2012）『よくわかる産業社会学』ミネルヴァ書房。

厚生労働省「平成28年度版パートタイム労働者総合実態調査」（https://www.mhlw.go.jp/toukei/itiran/roudou/koyou/keitai/16/dl/gaikyou.pdf　2020年8月20日閲覧）。

厚生労働省「『外国人雇用状況』の届出状況まとめ【本文】（平成30年10月末現在）」（https://www.mhlw.go.jp/content/11655000/000472892.pdf　2020年8月20日閲覧）。

高齢社会をよくする女性の会・大阪編（1998）『共倒れから共立ち社会へ——前進させよう介護の社会化』明石書店。

総務省統計局「労働力調査」（https://www.stat.go.jp/data/roudou/sokuhou/nen/ft/pdf/index.pdf　2020年8月20日閲覧）。

総務省統計局「平成28年社会生活基本調査——生活時間に関する結果」（https://www.stat.go.jp/data/shakai/2016/pdf/gaiyou2.pdf　2020年8月20日閲覧）。

内閣府「共同参画　令和元年12月号」（http://www.gender.go.jp/public/kyodosankaku/2019/201912/pdf/201912.pdf　2020年8月20日閲覧）。

労働政策研究・研修機構「データブック国際労働比較2018」（https://www.jil.go.jp/kokunai/statistics/databook/2018/documents/Databook2018.pdf　2020年8月20日閲覧）。

まとめ

- 分業は個別的分業と社会的分業に分けることができる。
- 日本的雇用慣行の代表として終身雇用を挙げることができる。
- オイルショック以降，雇用形態は正規雇用から非正規雇用への転換がみられるようになった。
- 個々のライフステージで必要とする働き方が異なる。
- 2000年代半ばからワーキングプアという新しい貧困と呼ばれる問題が顕在化した。
- 均等処遇とは，正規雇用社員と非正規雇用社員間の処遇の均等化をめざすこと。
- 2020年4月より，同一労働同一賃金の原則が導入されている。
- 年齢階級別女性労働力率をみると，20代後半から30代にかけて比率が落ち込み，いわゆる M 字カーブを描いている。
- 子育て期に，日本社会にある性別役割分担意識が浮き彫りになる。
- 共働き世帯は増加し，家庭内の役割意識にも変化はみられるが，夫婦の家事時間には大きな開きがある。
- 1990年代半ばには，ジェンダーが男女平等をめざす政策の視点として展開されるようになった。
- 「保母」「保父」から「保育士」，「看護婦」から「看護師」のように性別を連想させるような職業表記が見直されてきている。
- 1999年に男女共同参画社会基本法が施行され，男女共同参画社会の実現のため，国，

　　地方公共団体や国民の責務をそれぞれ定めている。
- ワーク・ライフ・バランスが崩れると，**過労死**を代表とするさまざまな問題が生じる。
- **失業**は発生する原因によって**需要不足失業**，**構造的失業**，**摩擦的失業**に分けられる。
- **アンペイドワーク**は市場の外部で行われる，賃金や報酬が支払われない労働をいう。
- **外国人労働者**は今後も増加が予想され，生活ニーズに合わせた支援が求められる。

第Ⅱ部

私たちが出会うかもしれない
困難と，その向き合い方

第5章

格差社会と社会的孤立の諸問題

　わが国は1950年代半ばから高度経済成長を体験し，1970年代の安定成長期には「一億総中流社会」といわれたように，国民が「中流意識」を共有できる比較的平等な社会を形成していました。1980年代後半のバブル経済とその崩壊を経て，「失われた20年」と呼ばれる経済停滞の期間が長く続くと，2005年頃から「格差社会」という言葉がひんぱんに登場するようになり，人びとはさまざまな格差を感じるようになりました。ひきこもりや8050問題といった問題にも直面するようになります。本章では日本社会が抱える格差社会の諸問題やそれと深いつながりを持つ社会的孤立に焦点をあてます。

1　拡大する経済格差と増加する貧困層

（1）一億総中流社会から格差社会へ

　日本社会は1970年代から1980年代前半にかけての安定成長期には「**一億総中流社会**」と呼ばれていました。1950年代半ばから1970年代はじめまで日本経済は高度経済成長と呼ばれる目覚ましい発展を遂げました。内閣府の「生活に関する世論調査」では「お宅の生活の程度は，世間一般からみて，どうですか」という質問に対して60％前後が「中の中」と答え，「中の下」「中の上」という回答と合わせると90％前後が自分の暮らしは中程度と考えていたのです。しかし，1980年代後半から1991年はじめまで続いた**バブル経済**が崩壊し，日本経済は「失われた10年」「失われた20年」と呼ばれる停滞期に入りました。リストラが相次ぎ，失業者も増え，就職難から正社員ではなくフリーターやパート，

契約社員といった非正規の仕事に就く人も増えました。世間一般と比べ生活が
苦しいと考える人も増えていきました。世論調査をみる限り国民の**中流意識**そ
のものが消えたわけではありませんが，2005年頃から「**格差社会**」という言葉
がひんぱんに登場するようになります。

　格差社会の確たる定義はありません。所得や資産の多い・少ないにより社会
の構成員の間で階層化が進む一方で，階層間の移動はほとんどなく，格付けが
固定している閉鎖的な社会が格差社会です。市場経済において売り手である企
業は価格や品質，サービス面で同業他社と競争を繰り広げ，勝者と敗者が生ま
れます。「勝ち組」の企業で働いている人たちは所得が増えるのに対して，「負
け組」の企業で働いている人たちは所得が減ります。このため，所得や資産の
格差が生まれ，社会を構成する人たちが上の階層と下の階層に分かれることに
なります。経済の停滞が続く状況では，ひとたび下の階層に陥ると上の階層に
上がるのは容易ではなく，社会全体に閉塞感や不満がマグマのようにたまって
いきます。

（2）経済格差拡大の実態

　個人や世帯の**経済格差**には**所得格差**と**資産格差**があります。所得格差を表す
指標は種々ありますが，最も有名でよく用いられるのが**ジニ係数**です。ジニ係
数はイタリアの統計学者であるジニが考案したもので，0から1までの値を取
ります。ジニ係数が大きければ大きいほど，所得の格差が大きいことを示しま
す。各人の所得が均等であればジニ係数は0となり，逆に世の中でたった1人
が所得を独占する状態ではジニ係数は1になります。

　図5-1は厚生労働省「所得再分配調査」による，日本における当初所得，
再分配所得それぞれのジニ係数の推移です。当初所得は所得税や社会保険料を
支払う前の，そしてまた公的年金の現金給付や医療・介護などの現物給付を受
け取る前の所得です。再分配所得は当初所得から所得税や社会保険料の支払い
分を引き，公的年金や医療などの給付を加えた所得です。日本の所得税は税金
を課される所得が高くなるにしたがってその所得にかかる税率が段階的に高く
なる**累進課税制**がとられています。また，個人や企業の所得にかかる税金は公

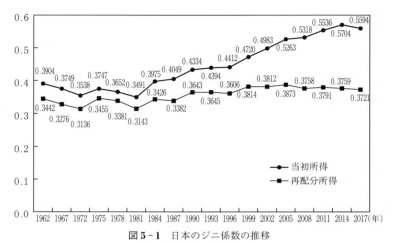

図5-1　日本のジニ係数の推移

出所：厚生労働省「所得再分配調査」より筆者作成。

的年金や医療サービス（社会保険）あるいは生活保護（公的扶助）といった社会
保障を通じて再分配されます。これが政府の役割の1つである**所得の再分配**で
す。当初所得と再分配所得のジニ係数の差は所得の再分配による所得格差の改
善度合いを示しています。

　当初所得でみた日本のジニ係数は1980年代はじめまでは低下傾向にあり，比
較的平等な社会が実現していましたが，1980年代半ばから大きく上昇し，所得
格差が広がっていきました。再分配所得でみたジニ係数についても1980年代半
ばから2000年代半ばまでゆるやかに上昇し，それ以降は横ばいで推移しており，
所得格差の拡大が窺えます。

　次に総務省「全国消費実態調査」を用いて資産格差に注目してみましょう。
資産のうち住宅・宅地資産のジニ係数はバブル経済の崩壊により地価（土地の
値段）が下落したことを反映して，1989年の0.680から1999年は0.577，2014年
は0.565と低下傾向にあります。しかし，貯蓄現在高のジニ係数は1989年の
0.563から1999年は0.542に低下したものの2014年は0.597と住宅・宅地とは逆
に上昇傾向にあり，貯蓄現在高でみた資産格差は拡大する傾向にあります。

　ところで世界的ベストセラーになった『21世紀の資本』（原著は2013年，邦訳は2014年刊行）の著者であるフランスの経済学者ピケティは**トップ１％の人の所得占有率**（所得シェア）という指標を編み出しました。これは上位１％に相当する高額の所得を受け取っている人たちの所得が全ての人たちの所得に占める割合を計算したものです。少し古いデータですが OECD（経済協力開発機構）の推計ではわが国のトップ１％の人の所得占有率は1981年の7.2％から2012年には9.5％に拡大しています。この点からも日本における所得格差の拡大を見て取ることができます。

（3）貧困の拡大

　ただ，日本の経済格差は富裕層の増加よりもむしろ貧困層の増加で引き起こされている面があります。貧困には**絶対的貧困**と**相対的貧困**という２つの概念があります。絶対的貧困とは生命を維持していく上で必要最小限の基準を下回る生活状態にあることです。具体的には三度の食事にも事欠く，生活必需品すら買えない，病院で診察を受けることもままならないくらい所得が低く困窮している状態です。これに対して相対的貧困とは国や地域社会の平均的な生活水準に比べ著しく低い水準に置かれている状態です。所得水準が世間一般の水準をかなり下回っており，世間並みの平均的な暮らしが充分に営めない状態です。

　相対的貧困を示す指標が**相対的貧困率**です。OECD や厚生労働省では世帯の所得が「**貧困線**」に満たない世帯数の全世帯数に占める割合を相対的貧困率と定義しています。世帯の可処分所得（所得から年金などの社会保険料や所得税を差し引いた所得）を世帯人数の平方根で割ったものを「等価可処分所得」と呼びますが，貧困線とはこの等価可処分所得を上から並べたときにちょうど真ん中になる値（中央値）の半分に相当する額を指します。

　全国の世帯を対象に前年の生活や所得状況について調査する厚生労働省の「国民生活基礎調査」（調査開始は1986年）で日本の相対的貧困率の推移をみると，1985年は12.0％でしたが，その後傾向的に上昇して2012年は16.1％を記録し，2018年は15.4％と低下しているもののなお1980〜90年代よりも高い水準にあります（図5-2）。相対的貧困率が上昇傾向で推移してきたという事実は所得水

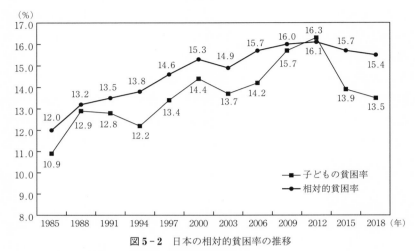

図5-2　日本の相対的貧困率の推移
出所：厚生労働省「国民生活基礎調査」より筆者作成。

準が低い層が相対的に増加してきたことを示しており，低所得の階層が一段と
増加する「貧困の拡大」が原因となって日本の所得格差は拡大しているといえ
ます。
　等価可処分所得が貧困線に満たない子どもが子ども全体の何％を占めている
かを示すのが「**子どもの貧困率**」です。1985年に10.9％だったわが国のこども
の貧困率は，2012年には16.3％まで上昇しました。その後低下し2018年は
13.5％となっているものの1980〜90年代よりも高い水準にあります。将来の日
本社会を担っていく大切な存在である子どもの貧困が拡大することは日本社会
にとって大きな問題です。
　日本国憲法は第25条第1項で「すべて国民は，健康で文化的な最低限度の生
活を営む権利を有する」と国民の**生存権**を保障しています。社会保障の公的扶
助にあたる**生活保護制度**はこの生存権を保障するための制度です。厚生労働省
「被保護者調査」によると**生活保護受給者数**（月平均）は1995年度に88.2万人で
あったのが，翌年度から増加しはじめ，特に2008年のリーマンショック後に急
増し，ピークの2014年度には216.6万人となりました。その後減少に転じてい

ますが, 2018年度も209.7万人となっています。病気や怪我のため働けないなどの理由で申請される生活保護の受給者数が増加していることからも日本における貧困の拡大が窺えます。

　なお, 貧困の概念として近年注目されているのが「**時間貧困**」です。これはフルタイムの共働き子育て世帯やシングルマザーが仕事や家事に追われるあまり育児や自分のことに使える時間がほとんどない状況を指す言葉です。後述する健康格差を引き起こす要因ともなり, 働き方改革が求められている日本社会では時間貧困の解消も1つの課題です。

（4）国際比較でみる日本の所得格差

　さて, 日本は他国と比べ所得格差の大きい国だといえるでしょうか。OECD. Stat によると日本のジニ係数は0.339であり, アメリカ（0.390）, イギリス（0.366）, あるいは同じアジアの中国（0.514）, 韓国（0.354）, インド（0.495）といった国を下回ってはいますが, ドイツ（0.289）やフランス（0.301）, デンマーク（0.264）を上回っており, OECD 加盟国（一般的に先進国を意味する）の平均（0.317）よりも大きくなっています（2018年もしくは利用可能な直近の値）。

　OECD が発表する相対的貧困率（2018年もしくは利用可能な直近の値）については, 日本は15.7%であり, アメリカ（17.8%）や中国（28.8%）, 韓国（17.4%）, インド（19.7%）より小さいものの, ドイツ（10.4%）, イギリス（11.7%）, フランス（8.5%）, デンマーク（6.1%）よりも大きく, OECD 平均（11.5%）を大きく上回っています。

　これらの点から, 日本はアメリカや中国, 韓国より所得格差は小さいものの先進国の中では所得格差がむしろ大きい国に位置づけられるといえます。

（5）所得格差拡大の背景

　今度は日本の所得格差が拡大していった背景を考えてみましょう。まず, 総人口に占める65歳以上人口の割合（高齢化率）が上昇する「**高齢化の進展**」という人口構造面の要因が指摘できます。日本は1970年に高齢化率が7.1%と

なって「高齢化社会」（高齢化率7％以上）となり，1994年には14.1％を記録して「高齢社会」（同14％以上）に入りました。さらに高齢化率は2007年に21.5％となり，「**超高齢社会**」（同20あるいは21％以上）に到達し，日本は2019年時点の高齢化率が28.4％の世界一の超高齢社会になっています。

　普通の会社員を考えると若い頃は同期の間で給料の差は大きくありませんが，定年が近づくにつれ差は大きくなります。また，65歳以上の世代は年金のみに頼る無職者や，再就職で現役時よりも低い給料を受け取る者がいる一方，社長や会社役員として高い年収を得る者もいます。したがって世代内での所得格差が小さい若年層の割合が減り，格差が大きい高齢者の割合が高まる高齢化の進展は国全体の所得格差を拡大させることになります。

　また，厚生労働省の「国民生活基礎調査」によれば65歳以上の**高齢単独世帯**（一人暮らしの老人）は1986年の128万世帯から2018年は683万世帯と急増しており，65歳以上の者がいる世帯の27.4％を占めています（構成比が最も高いのは「夫婦のみの世帯」で32.3％）。2018年の高齢単独世帯のうち67.4％が女性です。年金や生活保護に頼るしかない一人暮らしのおばあさんが増えており，これも貧困率を引き上げる一因になっています。

　最近の日本で所得格差が拡大しているもう1つの原因は若年世代内での所得格差の拡大です。これはパートやアルバイト（フリーター），嘱託社員，契約社員といったいわゆる正社員以外の雇用形態である**非正規雇用**が就職氷河期に若年世代の間で増えているためです。いうまでもなく非正規雇用の賃金水準は正規雇用（正社員）と比べ低く，25〜34歳では正社員のおおよそ70〜80％です。総務省「労働力調査」によれば25〜34歳の労働者全体に占める非正規労働者の割合は1988年の10.7％から2000年には15.8％まで上昇し，2019年は24.8％となっています。正社員の比率が低下し，非正社員の比率が高まることによって若年世代での所得格差が拡大し，これが国全体の所得格差の拡大にもつながっていることが指摘できます。

2　教育格差と健康格差
——経済格差がもたらす「格差の再生産」

（1）教育格差の問題

　教育格差とは親の SES の差によって子どもが受ける教育に生じる格差のことです。SES は Socio-economic Status（社会経済的地位，社会経済的背景）の略語であり，社会学，政治学，教育学，経済学などの社会科学の分野でよく使われる言葉です。具体的には教育水準や学歴，収入，職業あるいはパソコンの保有や蔵書の数など，社会的，経済的，文化的な側面を考慮した個人や家庭あるいは集団の地位・背景を示します。親の学歴や収入，就いている職業や職業上の地位，家庭で保有する本の冊数などの違いによって子どもが受ける教育にも格差が生じるというのが教育格差の問題であり，わが国では2006年頃から盛んに論じられるようになりました。

　最近の研究では次のようなことが明らかになっています。⁽³⁾たとえば幼児の習い事の利用率は「両親ともに非大卒」「一方の親のみが大卒」「両親ともに大卒」の順に高くなっています。小学校でも同様です。両親がともに大卒の家庭ではそうでない家庭よりも多種多様な習い事を早い時期から始める傾向がありますし，塾に通う率も高くなります。幼児期や小学校の段階で親の SES の違いによる**習い事格差**や**通塾格差**があるということです。

　人間の能力には**認知能力**と**非認知能力**があります。認知能力とは検査や試験などによって測定することができる目に見える能力のことであり，具体的には知能指数（IQ）や国語，算数，英語などの基礎学力，さまざまな分野における専門知識などを指します。これに対し，非認知能力とは検査や試験などによっては測ることのできない能力のことであり，具体的には意欲，協調性，忍耐力，計画性，自制心，創造性，社会性，コミュニケーション能力，自尊感情，計画力などが非認知能力に相当します。最近の研究では非認知能力は幼児期に形成され，親の SES が影響することがわかっています。⁽⁴⁾たとえば家に本が多い，親が子どもに読み聞かせを行う，家事を手伝わせるといった家庭で育った子どもは学習意欲や協調性，計画力などの非認知能力も高くなる傾向があります。

　中学校における授業参観や運動会・音楽会などの学校行事に対する親の参加率は高い順に「両親ともに大卒」「一方の親のみが大卒」「両親ともに非大卒」となっています。「平成29年度全国学力・学習状況調査」を活用したお茶の水女子大学による研究では，小学6年生，中学3年生ともに SES が高い家庭ほど国語や算数（数学）の正答率が高くなるという**学力格差**が生じている分析結果が示されました。

　子どもにはいかんともしがたい親の学歴といった事情により義務教育の段階で生じた格差は高校への進学結果という形で高校での格差に引き継がれていきます。入試偏差値の高い高校に通う生徒の家庭は SES も高いことが明らかになっています。その結果，SES の高い家庭で育った子どもが難関大学に進学するということになります。もちろん，両親が大卒でなくても，本人の地道な努力により，難関大学に合格する子どももいます。しかし，傾向としては親のSES によって子どもの教育に格差が生じているのが日本の現状です。

　親の所得水準が高い子どもは高い教育を受けることで，成人後も高い収入が得られる仕事に就きやすくなります。他方，親の所得水準が低い子どもは充分な教育が受けられず，成人後に得られる収入も低くなりがちです。親の所得格差は子どもの教育格差（典型的には学力格差）を招き，それがさらに子どもの成人後の所得格差につながります。前節で取り上げた経済格差は教育格差を通じて親子間で再生産されることになり，「**格差の再生産**」という社会的に深刻な問題を発生させています。

（2）健康格差の問題

　経済格差がもたらす格差は教育格差だけではありません。経済格差は**健康格差**という人の命にもかかわる問題をもたらします。健康格差とは所得や学歴あるいは職業上の地位といった SES の違いによって自らの健康や受ける医療に差が生じることです。日本では1961年に**国民皆保険制度**が確立し，全ての国民が何らかの医療保険制度に加入することにより誰もが医療費を一部負担するだけで安く医療サービスが受けられるようになりましたが，そのような日本においても2005年頃から健康格差の問題が盛んに指摘されています。

　日々の暮らしにも困窮する絶対的貧困では，充分な栄養摂取がままならず，スポーツやレクリエーションにもほとんどお金がかけられませんので，運動不足やストレスの蓄積に陥りやすく，身体面，精神面ともに状態を悪くしがちです。健康を害してからもお金がないという理由で充分な医療サービスが受けられず，最悪の場合は生命を失いかねません。

　絶対的貧困だけでなく相対的貧困も健康格差をもたらします。世間一般の生活水準や文化水準を大きく下回る暮らしが続くと，所得や資産が少ないこと，低学歴であること，仕事が不安定であることなどからくる経済的，心理的なストレスが健康格差を生みます。他者と比べ自分は豊かではない，劣っているという負の認識が心理面でのストレスとなり，健康をむしばむのです。こうした負の認識を「**相対的剝奪感**」と呼びます。健康格差の問題を経済格差や教育格差との関連でとらえ，相対的剝奪感に着目して論じるのが「相対的剝奪論」あるいは「相対的剝奪仮説」と呼ばれる考え方です。

　学歴の差は健康に関する知識や意識の差にもつながることから，教育格差が健康格差の原因になっている面もあります。一般に SES が低い人たちほど健康に悪い生活習慣を持つ傾向があり，健康を害しやすい環境にあります。子どもの貧困は単に子どもの健康阻害にとどまらず，子どもの成人後も SES が低いことによる悪影響を健康に及ぼします。

　健康格差の問題は所得が多く，健康な生活を送っている人にとっても決して無縁ではありません。なぜなら，健康格差の拡大は政府が負担する医療費の増加や生活保護受給者の増加といった形で国家財政を圧迫し，最終的には消費税率の引き上げなどによる増税の形で国民の負担が増えることにもなり得るからです。

　日本の健康格差をデータでみてみましょう。2018年の厚生労働省「国民健康・栄養調査」では20歳以上の男女について所得と生活習慣等に関する状況をまとめています。体型，食生活，運動，喫煙，飲酒，健診，歯の本数など全ての項目で世帯所得が200万円未満の人が600万円以上の人に劣るというわけではありませんが，たとえば喫煙者の割合は600万円以上が男性27.3％，女性6.5％に対し，200万円未満が男性34.3％，女性13.7％となっています。歯の本数が

20本未満と回答した人の割合は600万円以上が男性18.9%，女性21.6%に対し200万円未満は男性30.2%，女性29.8%でした。健康診断未受診者の割合も600万円以上が男性16.7%，女性26.1%に対し200万円未満は男性40.7%，女性41.1%です。総じて所得が低い人ほど健康管理に対する意識や行動が低いという結果になっています。

　また，国立社会保障・人口問題研究所による「2017年　社会保障・人口問題基本調査　生活と支え合いに関する調査」では過去1年間に病院や診療所での受診や治療が必要と思われるほどの病気や怪我をしたと回答した9389人のうち7.1%にあたる662人が必要な医療機関の受診，治療をしなかったことがあると回答しています。この662人に受診，治療をしなかった理由を尋ねたところ，「仕事など多忙で時間がなかったから」という回答が全体の64.8%の429人で最も多い結果となりました。背景には前節で述べた時間貧困があるとみられます。次に多い理由が「お金が払えなかったから」という経済的理由で，19.9%にあたる132人が選んでおり，貧困層には医療費が重い負担となっています。

　先に述べた通り，健康格差の背後には経済格差や教育格差があります。しかし，健康を害することは「失業する」「正社員になれない」「学業を断念する」ということにもつながり，健康格差は経済格差や教育格差の原因にもなっています。このようにみてくると経済格差，教育格差，健康格差は互いに因となり，果となることで，それぞれの格差の再生産につながり，社会問題をより複雑化させていることがわかります。

3　諸外国と比べ大きい日本の男女格差

　日本社会に根強い**男女格差**も大きな問題です。2019年末に世界経済フォーラムが発表した「ジェンダー・ギャップ報告書2020」ではジェンダー・ギャップ指数で日本は153か国中121位，OECD加盟の先進国中では最下位という厳しいランキングになりました。[8]分野別の順位をみると，「健康と生存」では40位であるものの，「教育」では91位，「経済的参加と機会」では115位，「政治的エンパワーメント」では144位となっています。閣僚の男女比が139位，国会議員

の男女比が135位，管理的職業従事者の男女比が131位，専門・技術職の男女比が110位，推定勤労所得の男女比が108位という結果が物語るように，諸外国と比べ政治・経済の分野における格差が著しいのが日本の実情です。

　男女間の賃金格差を厚生労働省の「賃金構造基本統計調査」でみてみると，男性の賃金（残業手当やボーナスなどを含まない所定内給与額）を100とした場合の女性の賃金は1964年では53.5でしたが，2019年には74.3となり，男女間の賃金格差は以前に比べれば縮小しました。内閣府男女共同参画局の『令和2年版男女共同参画白書』によれば民間企業の役職者に占める女性の割合も部長級，課長級，係長級それぞれ1989年は1.3％，2.0％，4.6％でしたが，2019年はそれぞれ6.9％，11.4％，18.9％となっており，男女格差は縮小しています。しかし，賃金・役職面での日本の男女格差は依然として大きいままです。

　日本政府は1999年6月施行の男女共同参画社会基本法に基づき2000年から5年ごとに4次にわたって男女共同参画基本計画を作成するなど，男性も女性も意欲に応じてあらゆる分野で活躍できる「**男女共同参画社会**」の構築に向け取り組んできました。しかし，日本の場合，「男性は会社で仕事，女性は家庭で家事・育児」といった**性別役割分業観**が依然強く，女性差別的な雇用慣行や雇用制度も根強いため，男女格差の解消が進みません。

4　社会的孤立の問題
──ソーシャル・キャピタルの欠如に起因

（1）ソーシャル・キャピタルと社会的孤立

　アメリカの社会学者コールマンやアメリカの政治学者パットナムらが用いた概念に「**ソーシャル・キャピタル（社会関係資本）**」というものがあります。ソーシャル・キャピタルの明確な定義はありませんが，社会・地域における人びとの信頼関係や規範，ネットワークなどを表す概念であり，人びとの持つ人間関係，信頼関係などの多い・少ない，社会的ネットワークの構築状況を示す概念です。ソーシャル・キャピタルの蓄積が進むと，相互の信頼が高まり，協調関係も強化されるため，政治，経済，教育などさまざまな分野で活発な活動や円滑な運営が可能になり，社会の効率性も高まります。

　社会との交流がないままに生活を送っている「社会的孤立」は，ソーシャル・キャピタルが欠如していることにより社会のさまざまなネットワークからもたらされるはずの利益を失い，社会における自分の居場所を喪失した状態です。これまで述べてきた経済格差や教育格差，健康格差は人びとを上位層と下位層に振り分け，**社会的弱者**を増やすことで社会的に孤立する人たちを多く生みます。資産や所得が少ない一人暮らしの老人，親の SES が低く充分な教育が受けられず仕事が見つからない若者，健康を害し働けない中高年など，社会的孤立は老若男女を問わず重大な社会問題となっています。

（2）ひきこもり

　社会的孤立の１つに「ひきこもり」があります。この言葉は1993年頃から精神医学や心理学分野で用いられるようになり，2000年頃から世間一般でもよく使われるようになりました。厚生労働省では，さまざまな要因の結果として社会的参加を回避し，原則的には６か月以上にわたっておおむね家庭にとどまり続けている状態というようにひきこもりを定義しています。学校や仕事に行かず自宅を中心とした生活を送っており，家族以外との交流がほとんどない状態が半年以上続いている者がひきこもりということになります。

　内閣府が2015年度に満15〜39歳を対象に実施した「若者の生活に関する調査」では，この年齢層の1.57％にあたる54.1万人がひきこもり状態にあると推計されています。同じく内閣府が2018年度に実施した「生活状況に関する調査」では，全国の満40〜64歳人口の1.45％にあたる61.3万人がひきこもり状態にあると推計されました。この調査では専業主婦や家事手伝いでひきこもり状態の者も存在することや，ひきこもり状態になってから７年以上の者が半数近くにも及ぶこと，初めてひきこもりの状態になった年齢が全年齢層に大きな偏りなく分布していること，若い世代と異なり退職したことをきっかけにひきこもり状態になった者が多いことなども明らかになりました。

　また，一般社団法人ひきこもり UX 会議が2019年に行った「ひきこもり・生きづらさについての実態調査」では「現在ひきこもり」と回答した940人（調査対象の65％）のうち92.4％が「現在『生きづらさ』を感じる」と回答し，

48.4％が「現在，生活費に困っている」と回答しています。ひきこもりは経済的困窮を招きがちです。

　ひきこもりの原因は，不登校，就活がうまくいかなかった，職場になじめなかった，人間関係がうまくいかなかった，ゲームやインターネットへの依存，といった家庭外の要因もあれば，両親の不和，親からの過度な期待といった家庭内の要因もあり，さまざまです。誰しも家にひきこもっていたいと思うような経験をすることはあり，一概にひきこもりが悪いとはいえませんが，ひきこもりの長期化は経済的困窮に陥るといった問題の他にときとして精神疾患等の発症や犯罪，自殺の原因ともなり，さまざまな問題を生みます。

（3）8050問題

　信頼関係や社会のネットワークが充分でなく，子どものひきこもりが長期化していったがために2018年頃から顕在化してきた問題が「8050問題（はちまるごうまる問題）」です。「8050」とは80歳台の親と50歳台のひきこもりの子どもを表しています。

　子どものひきこもりが長期化することにより50歳台のひきこもりの子どもと80歳台の高齢者が同居する世帯が経済的困窮に陥り，地域社会からも孤立するといった問題が生じています。2018年1月に北海道で，52歳のひきこもりの娘とその82歳の母親がアパートで餓えと寒さにより衰弱し孤立死した姿で発見されるという事件が起きました。この親子は生活保護は受けておらず，母親の年金が唯一の収入であり，娘は学校卒業後就職したものの人間関係に悩んで退職してからはひきこもりになっていたと報じられています。

　この事件は社会のネットワークから外れてしまい，誰にも頼ることがないままひっそりと死を迎えた親子の悲劇ですが，これはまさにソーシャル・キャピタルが欠如することで起こった問題です。日本社会では高齢化の進展や経済格差，教育格差，健康格差などの拡大とともにひきこもりの長期化が進んでおり，ひきこもりや8050問題といった社会的孤立の問題にどのように取り組んでいくのかが大きな課題となっています。

注

(1)　世界経済全般について協議することを目的とした国際機関。

(2)　OECD "FOCUS on Top Incomes and Taxation in OECD Countries : Was the crisis a game changer ?," May 2014, p. 1（http://www.oecd.org/social/OECD2014-FocusOnTopIncomes.pdf　2020年 4 月12日閲覧）。

(3)　松岡亮二（2019）『教育格差――階層・地域・学歴』筑摩書房，98～101頁，124～129頁。

(4)　樋口美雄・石井加代子・佐藤一磨（2018）『格差社会と労働市場――貧困の固定化をどう回避するか』慶應義塾大学出版会，169～173頁。

(5)　(3)と同じ，154～155頁。

(6)　国立大学法人お茶の水女子大学「文部科学省委託研究『平成29年度全国学力・学習状況調査を活用した専門的な課題分析に関する調査研究』」（https://www.mext.go.jp/b_menu/shingi/chousa/shotou/130/shiryo/__icsFiles/afieldfile/2018/06/27/1405482_9_2.pdf　2020年 4 月14日閲覧）。

(7)　(3)と同じ，202～207頁。

(8)　「ジェンダー」という言葉については本書94頁を参照。

参考文献

池上正樹（2018）「ダイヤモンド・オンライン発　82歳母親と52歳引きこもり娘が孤立死，顕在化する『8050問題』とは」ダイヤモンド社『週刊ダイヤモンド』106（12），92～93頁。

石尾勝（2017）「貧困・社会格差と健康格差への政策的考察」日本医師会総合政策研究機構『日医総研ワーキングペーパー』389。

NHK スペシャル取材班（2017）『健康格差――あなたの寿命は社会が決める』講談社。

樋口美雄・石井加代子・佐藤一磨（2018）『格差社会と労働市場――貧困の固定化をどう回避するか』慶應義塾大学出版会。

松岡亮二（2019）『教育格差――階層・地域・学歴』筑摩書房。

森口千晶（2017）「日本は『格差社会』になったのか――比較経済史にみる日本の所得格差」『Discussion Paper Series A』No. 666。

まとめ

・日本社会はかつて「**一億総中流社会**」と呼ばれていたが，2005年頃から「**格差社会**」と呼ばれるようになり，**経済格差**，**教育格差**，**健康格差**など深刻な格差問題を抱えている。

・**所得格差**や**資産格差**といった経済格差をみていく上で重要な指標にジニ係数があり，

この値が大きければ大きいほど格差が大きいことを示す。

- 日本のジニ係数は1980年代半ばから上昇しており，OECD のデータでみても先進国の中で日本は**所得格差が大きい国**に位置づけられる。

- 日本では**相対的貧困率**も上昇しており，**高齢化の進展**や**非正規雇用の拡大**を背景に，所得水準が世間一般の水準を下回る**貧困層**が増大することにより所得格差が起こっている。

- **教育格差**とは，教育水準や学歴，収入，職業上の地位など親の SES（社会経済的地位）の違いによって子どもが受ける教育に生じる格差のことであり，小中学校における学力格差は親の SES の格差によって生まれている。

- 親の所得格差が子どもの教育格差を招き，それがまた成人してからの子どもの所得格差につながるといった「**格差の再生産**」が起こることに格差社会の問題の深刻さがある。

- **健康格差**は SES の違いによって健康や医療に差が生じることであり，所得の低い人ほど健康に対する意識や行動が低いという調査結果も出ており，経済格差が所得格差を招いている。

- 健康を害することは失業することや学業を断念することにもつながるため，健康格差は所得格差や教育格差を招き，それがまた所得格差にもつながり，**格差の再生産**が起こる。

- 日本社会では諸外国と比べ**男女格差**が大きく，特に政治や経済の分野における格差が著しいのが特徴であり，性別役割分業観は依然強く，男女格差の解消が進んでいない。

- 人びとの持つ社会的ネットワークや信頼関係等の多寡を示す**ソーシャル・キャピタル**が欠如することで起こる問題が**社会的孤立**であり，ひきこもりの長期化やさらに近年では**8050問題**が顕在化している。

第 6 章

差別と偏見について考える

　本章では，社会における差別や偏見が，人と人との相互作用によって，どのように生じてくるのかを「ラベリング理論」「逸脱」「スティグマ」という概念から理解していきます。特に，個人の特徴をもとに逸脱行為が生じるのではなく，人と人との相互作用により逸脱やスティグマが生じるというのがポイントです。ハンセン病患者・元患者や女性，性的マイノリティが置かれてきた状況を確認しながら，差別や偏見のもたらす生きづらさについても理解を深めましょう。

1　「ラベリング理論」を通して逸脱を考える

（1）「ラベリング理論」とは
　芸能人やミュージシャンなどの著名人の薬物所持や使用の発覚により，当該者が出演する CM，ドラマや映画，音楽などが配信されなくなったり，サブスクリプションサービスから除外されるということがあります。ここでいう薬物とは，覚醒剤やコカイン，MDMA，大麻などの，摂取により抑制・興奮作用や幻覚作用をもたらすもののことです。一度でも用いると「乱用」となり，所持しているだけでも法律違反となります。これらの薬物には依存性があるため，一度逮捕された人が再び同じ行為によって逮捕される，ということもよくあります。こうした違法行為は誰が行ってもニュースとして報道されますが，特に芸能人などの著名人は，テレビや新聞，ネット上で大きく取り上げられ，薬物乱用に至った経緯や動機がまことしやかに取りざたされます。

　私たちは日常的に，薬物乱用の報道に接して，薬物乱用者を自分たちとは全く異なる存在とみなして，自身にはあたかもそうなる原因や根拠がないかのように，薬物乱用者の動機を詮索することがあります。私たちの社会では，薬物乱用や殺人，窃盗など，法律に違反したり，社会的な規範に外れる行為を行った人を「逸脱者」とみなしています。薬物乱用や殺人などの行為は法律や社会の規範からの逸脱であり，少年の非行も「逸脱」に含むことができるでしょう。しかし社会学では，逸脱の原因を個人に求めるのではなく，社会における集団間の相互作用という観点から逸脱をとらえます。

　社会学者のベッカーは，**逸脱者**（アウトサイダー）とみなされるプロセスと，逸脱者であるという烙印に対する逸脱者の反応，反作用（リアクション）に着目します。逸脱について「社会集団は，これを犯せば逸脱となるような規則をもうけ，それを特定の人びとに適用し，彼らにアウトサイダーのラベルを貼ることによって，逸脱を生みだす」と述べています。あらかじめ逸脱と決まっている行為があるのではなく，他者によって逸脱となる規則が設定，適用されることによって逸脱者が生み出されるということです。この，他者の行動に「逸脱者」というラベルを貼ることによって「逸脱者」は生み出されるという考え方のことを，逸脱の相互作用論，**「ラベリング理論」**といいます[(1)]。

　社会での相互作用において逸脱者が決まるため，他者のどのような行動が「逸脱」のラベルを貼られるかは，あらかじめ決まっていません。薬物乱用や殺人，窃盗などの法律違反となる犯罪も逸脱行為といえますが，社会における集団間の相互作用により逸脱が生み出される，つまり「ある行為の当事者とそれに反応する人びととの間の相互作用に属する性質」としてとらえるならば，法律のようにあらかじめ決まった規則に違反することは，厳密にはここでいう逸脱ではないということになります。

（2）「逸脱者」はどのように生み出されるか

　逸脱者とラベリングされた人の共通点は，逸脱者というラベルが貼られたことと，その烙印を押された経験があるという2つだけです。この共通点には，その人個人の特徴は一切含まれません。ある行為が逸脱行為とみなされるかど

うかは，他者の反応によって決まります。しかし，他者からの反応は常に一定のものではありません。同じ行動に対する他者からの反応は，激しいときもあれば，それほどでもないときもあります。同じ逸脱行為でも，誰が逸脱行為を行ったか，それによって誰が被害を受けたかによって，逸脱行為として扱われる度合いが異なったりもします。ベッカーの例によると，スラム地区の少年が逮捕され法的な手続きを受けるような違反行為と同じことを中産階級の少年が行った場合，同じように逮捕されても法的手続きを受けることがない場合があります。また，黒人と白人でも法律の適用が異なり，白人に対する暴行の嫌疑を受けた黒人は，白人よりも重い刑を科せられがちであるといわれています。こうした例からも，逸脱者に固有の性質があるのではなく，その行為の性質や他の人びとの行為への反応によって逸脱者が生み出されることがわかります。

　こうしてみると，他の人びとが逸脱行為にどのように反応するかは，女性，男性，黒人，白人などの特定のカテゴリーが，社会的にどのようにみなされているかと関連しているように思われます。特定のカテゴリーに対する偏見や差別によって，その逸脱行為に対する反応が過激化する可能性がありそうです。たとえば，同性愛者は逸脱者としてラベリングされ，偏見や差別にさらされてきましたが，もちろんほかならぬ同性愛者にラベリングを行うという規則は，同性愛者を含む社会構成員全体からの普遍的な承認を得ているわけではないのです。この点においてラベリングによる規則は，「社会の政治的過程の一領域」といえます。

（3）逸脱行動の類型とラベリング

　ベッカーは，逸脱行動の類型を行動の性質とそれに対する反応をクロス分類することで表しています（表6-1）。規則に違反しない，順応的行動を行っていても，行動を逸脱と認定されてしまうと「誤って告発された行動」となります。本来は，規則違反行動を行い，それが逸脱と認定された行動のみが「逸脱」に該当するので，これが「正真正銘の逸脱」と呼ばれます。順応的行動を行い，逸脱と認識されない行動は「同調行動」となります。しかし，実際には規則違反行動を行っているにもかかわらず，逸脱と認識されない行動は「隠れ

表6-1　逸脱行動の類型

	順応的行動	規則違反行動
逸脱と認定された行動	誤って告発された行動	正真正銘の逸脱
逸脱と認定されない行動	同調行動	隠れた逸脱

出所：ベッカー，H. S.／村上直之訳（2019）『完訳 アウトサイダーズ——ラベリング理論再考』現代人文社より筆者作成。

た逸脱」と呼ばれます。

　社会集団間での相互作用によって，規則違反者を逸脱者とする「**ラベリング過程**」が生じますが，この表をみると，実際には逸脱者と認識されるべきであるにもかかわらず，「隠れた逸脱」としてラベリングされなかったり，逸脱行為をしていないにもかかわらず誤って逸脱者とラベリングされてしまう場合があることがわかります。こうした場合に，「逸脱者」とみなされた人に共通するのは，逸脱者というラベルと，逸脱者の烙印を押された経験があるということだけになります。

　ベッカーはこの逸脱行動の類型により，さらに社会における相互作用としての分析を進めました。逸脱者が逸脱者とラベリングされる行動を個人の特性ではなく，「逸脱の継時的モデル」として分析していきます。具体的には，逸脱者として，マリファナ使用者がどのようにマリファナを常用することになり，社会がどのように反応しそれを規制することになるかを説明していくのです。他方，同じ社会学者のゴフマンは，「**スティグマ**」という概念を用いて社会的な相互作用を分析しました。ゴフマンは「逸脱」について，「ある種の『体系』を共有し，行為ならびに個人的属性に関する一組の社会的基準を遵守する人びとからなる集団というごく一般的な概念から出発すると，そのような基準を遵守しない成員を逸脱者，また彼の特異性を逸脱行為と称してよかろう」と述べています。逸脱者の種類としては，内集団逸脱者と集団的逸脱者，そして少数者集団の成員，下層階級の人びとを挙げています。[2] 逸脱者は，他者と接する際に「スティグマ」のある者としての「自己」に気づくことになるといわれます。この「スティグマ」は，どのようにして生まれてくるのでしょうか。

2　「スティグマ」を通して差別や偏見を考える

（1）「スティグマ」とは

　ゴフマンは，「スティグマ」という言葉を用いることで，「常人」がスティグマを持つ者を差別したり，その人の人生の機会を狭めるようなことを行う構造を説明しています。「スティグマ」とは「人の信頼をひどく失わせるような属性」のことです。スティグマの種類としては身体的な特徴によるもの，性格上の欠点，人種，民族，宗教などの集団にかかわるものの3つがあります。スティグマを持つことは，他者が「期待していたものとは違う望ましくない特異性をもっている」ことと言い換えられます。本節では，ハンセン病者に対する根深い差別と偏見，社会的排除への理解を通して，ゴフマンの提示した「スティグマ」について理解を深めていきます。

　「ハンセン病」は，「らい菌」に感染し，発症すると手足などの末しょう神経の麻痺，皮膚に病的な変化をもたらす病気です。昔は「らい病」と呼ばれていましたが，1873年にらい菌を発見した医師アルマウェル・ハンセンの名前をとって「ハンセン病」と呼ばれるようになりました。長期にわたり，治らない病気とされてきましたが，1943年にハンセン病の治療薬としてプロミンという薬が海外で報告され，1949年から国内でも広く用いられるようになりました。現在では，早期に発見し，薬の服薬などの適切な治療を行えば後遺症が残ることはありませんが，有効な治療法がない時期に発病した場合には，治癒後に顔面や手足の変形などの後遺症が残ることがあります。スティグマという観点でみると，ハンセン病の治癒後の差別や偏見は，後遺症による身体的な特徴によるスティグマともいえますが，後でみるように政策的な側面が大いに影響を与えました。

　社会学の観点から提示される「スティグマ」は，差別する側，される側の特徴のみを分析するのではなく，社会における相互作用として説明する概念です。ゴフマンは，「スティグマ」を持つとみなされた立場に置かれた者が一般的にどのように振る舞うことになるかという構造，社会において「スティグマ」を

持つ者と「常人」とがどのように社会的な相互行為を行っているかということ
を「アイデンティティ」という概念を用いて説明します。アイデンティティは，
自己同一性と言い換えることもできますが，ゴフマンは，「社会的アイデン
ティティ」「個人的アイデンティティ」などを区別して，重層的にスティグマ
の分析を行います。

（2）スティグマと「パッシング」

　私たちが他者とかかわる際には，他者のアイデンティティをどのように理解
しているでしょうか。私たちが他者とかかわる際には，多くの場合，相手の外
見から，その人のカテゴリーや属性，つまりその人がどのような人であるかを
理解しています。たとえば，社名の入った制服を着ているという外見からその
人を店員とみなし，お店の商品について尋ねたりするわけです。ゴフマンはこ
れを「社会的アイデンティティ」と呼び，対他的なものと即自的なものとを区
別しています。「対他的アイデンティティ」は，相手に対して，その人が行っ
て当然だと思われるものを期待し，要求するカテゴリー，属性のことです。
「即自的な社会的アイデンティティ」は，その人が求められれば持っているこ
とを示すことができるものです。相互のかかわりにおいて，他者が期待される
属性ではなく，望ましくない属性を持っているとわかったとき，その人を「常
人」ではない人とみなします。この「望ましくない属性」は私たちの誰もが
持っているような些細な欠点ではなく，あるカテゴリーの人が持っているべき
ではない，想定と合致しない属性を持つことが問題となります。しかし，ス
ティグマは「属性ではなく関係を表現する言葉」であり，同じ属性が別の人と
の関係ではスティグマとなったり，ならなかったりするようなものです。ゴフ
マンは，暴露されれば信頼を失うことになる自己のスティグマについての情報
管理や操作として「パッシング」を説明します。たとえば，夫が精神疾患をも
つことを隣近所にわからないように，病院に入院しているとだけ伝える妻は，
夫が精神疾患者であるという，暴露されればスティグマが露わとなる情報を操
作して，「常人」であるかのように振る舞います。(3)これがパッシングです。

（3）スティグマとしてのハンセン病

　ハンセン病は，患者だけでなくその家族，元患者・回復者も，差別・偏見の対象となってきました。なぜハンセン病患者である・あったという属性がスティグマとして機能してしまったのでしょうか。厚生労働省からの依頼により日弁連法務研究財団が作成した「ハンセン病問題に関する検証会議最終報告書」（以下「最終報告書」）では，その原因として，ハンセン病患者に強制隔離政策がとられたことを挙げています。まず国の政策として，1907年に「放浪患者を隔離する」ことを目的とした「癩予防に関する件」が制定されました。さらに1931年には「癩予防法」が制定され，ハンセン病患者の療養所への隔離が可能になります。[4] 国立療養所開設は1931年の長島愛生園に始まり，ハンセン病と診断された人は全国各地の療養所に隔離されることになりました。

　ハンセン病患者に対する現在にまで至る差別や偏見を引き起こすことになった強制隔離政策は，「無らい県運動」を発端としています。「無らい県」とはハンセン病患者を隔離し，放浪患者や在宅患者が一人もいなくなった県のことです。「無らい県運動」とは，「癩予防法」以後，「無らい県」を実現するため，「患者を摘発して療養所に送り込もうとする官民一体となった運動」のことです。[5]「最終報告書」の第6章「ハンセン病に対する偏見・差別が作出・助長されてきた実態の解明」では，差別，偏見のより具体的な原因として，ハンセン病が隔離が必要な伝染病として扱われ，診断を受けると強制的に療養所へ隔離されたこと，保健所による自宅への消毒が行われたことを挙げています。自宅への消毒が近隣住民やコミュニティの人びとの目にどのように映る事態であったかは，家族の一員がハンセン病と診断されたため自宅への消毒を通達された家族が一家心中を行うという事件が1951年に起きていることからもわかります。家を消毒し，コミュニティから隔離することは，ハンセン病患者と診断された者がいることを近隣住民に知らしめ，患者とその家族に対するスティグマを強烈に植えつけたといえます。「最終報告書」では，これを「隔離と消毒への恐怖」がもたらした悲劇であると伝えています。

　隔離政策だけでなく，ハンセン病患者とその配偶者に対しては，1948年の「優生保護法」で断種が明記され，患者対象の堕胎も認められていたといいま

す。隔離によって一緒に住んでいた家族から引き離されただけでなく，子ども
を持つことがハンセン病患者には認められなかったという差別的処遇があった
のです。また，患者が隔離された国立療養所においては，プロミンなどの治療
薬によりハンセン病から回復した患者についても退所を認めないという厚生省
による「生涯隔離」の方針がとられていました（実際には「軽快退所」が行われ
ていたそうです）。療養所を出て社会で働くハンセン病回復者は，根強い差別が
あるため，自身がハンセン病回復者であることを隠さざるを得ませんでした。
ハンセン病の家族を持つということも差別，偏見の対象となるスティグマとし
て機能していたため，どちらであってもパッシングを行う必要がありました。
「最終報告書」の別冊「ハンセン病問題に関する被害実態調査報告書」におい
ては，ハンセン病の両親，近親者を持つ者が，学業，就業，結婚の機会におい
て偏見や差別にさらされ，ハンセン病患者の肉親がいることを隠して生きるつ
らさが詳細に語られています。

（4）ハンセン病患者に対する社会的排除のその後

　1949年からハンセン病治療薬が普及したにもかかわらず，国は1953年の「ら
い予防法」（「癩予防法」に一部変更を加えたもの）制定により隔離政策を継続し，
ハンセン病患者に対する**社会的排除**を行ってきました。ハンセン病患者に対す
る隔離政策が終了したのは，1996年の「らい予防法の廃止に関する法律」の制
定によってです。同年に優生保護法も母体保護法に改正され，断種に関する法
律も削除されることになりました。1998年には，熊本地裁に，星塚敬愛園，菊
池恵楓園の入所者ら13人が「らい予防法」違憲国家賠償請求訴訟を提起し，
2001年，熊本地裁は原告勝訴の判決を行います。国は控訴せず，内閣総理大臣
談話を出し，衆参両院で謝罪決議が行われました。「ハンセン病療養所入所者
等に対する補償金の支給等に関する法律」が成立し，和解に関する基本合意書
が締結され，厚生労働大臣，副大臣が各療養所を訪問し謝罪しました。
　それでは，国による謝罪と補償が行われたことにより，ハンセン病は差別や
偏見をもたらすスティグマではなくなったのでしょうか。話はそのように簡単
ではありません。2003年には，ハンセン病元患者であることを理由に，ホテル

による宿泊拒否がなされるという「アイスターホテル宿泊拒否事件」が起こりました。宿泊予定者がハンセン病療養所入所者であることをホテル側に伝えたところ，ハンセン病元患者であることを理由にした宿泊拒否が県に伝達されたのです。結局，ハンセン病元患者たちは別の宿泊施設を利用することになりました。アイスターホテル側は謝罪に訪れるのですが，ハンセン病元患者たちが謝罪を受け入れなかったことにより，世間から元患者たちに激しい誹謗中傷が寄せられました。残念ながら，依然としてハンセン病元患者であることは，隠さざるを得ないスティグマとして社会的に機能してしまっているのです。

　「最終報告書」では，「福祉界の責任と課題」についても触れています。療養所の人びとに寄り添って仕事を行った職員やボランティアの苦労を認めながらも，福祉界の責任として，「大部分の国民が療養所の存在さえ知らぬままに経過するという事態をつくりだしたことの責めを逃れることはできないであろう。多くの社会問題に関して発言し，実践的，研究的にそれにかかわり，もっとも弱いものの理解者であるべきことの大切さを表明している職業集団から全く忘れ去られた存在であることが，どれほど重い事実であるか，それは受け手にとって，ほとんど迫害に近い行為であることを，どこから指弾されるよりも，まず自らが痛みをもって自覚しなければならない」と記しています。社会学の観点から，社会における集団間の相互作用から差別や偏見が生じる過程を構造的にとらえることは，ソーシャルワーカーとして，差別・偏見に苦しむ人の置かれている状況に寄り添い，対人援助やソーシャルアクションを行っていく上で，必要不可欠な視点をもたらすといえるでしょう。

3　「ジェンダー」を通して差別や偏見を考える

（1）身近にある差別

　ハンセン病患者や元患者，その家族に対する差別だけでなく，私たちの周りにはさまざまな差別や偏見があります。たとえば，外国人差別，性差別などです。ゴフマンのスティグマについての分析からすると，他者によって期待される属性ではなく「望ましくない属性」を持っているとわかったとき，「常人」

ではない人とみなされ，差別の対象となります。「望ましくない属性」は，常
に誰かにとって望ましくない属性であり，この「誰かにとって」の「誰か」は
コミュニティの多数派が持つ属性を備えている人であることが多いでしょう。
たとえば，日本における多数派（マジョリティ）として日常生活を送る日本人
よりも，日本で少数派（マイノリティ）として暮らす外国人は，日常生活にお
いて偏見にさらされることが多いはずです。私たちが海外で暮らす場合は逆の
立場となることもあるでしょう。

　本節では，女性差別と性的マイノリティへの差別に焦点をあて，「ジェン
ダー」という概念への理解を通して性の多様性について考えていきます。歴史
的に女性は，財産権や私的所有権，参政権が男性と同様には認められていない
時期がありました。日本において女性が参政権を獲得したのは，1945年の選挙
法改正によってです。1947年施行の日本国憲法第14条では，「すべて国民は，
法の下に平等であつて，人種，信条，性別，社会的身分又は門地により，政治
的，経済的又は社会的関係において，差別されない」という文言により，性別
を含む属性による差別の禁止が明確に定められています。しかし，性別による
差別という観点からみると，社会で暮らす男女の数に圧倒的な不均衡がないに
もかかわらず，特定の職業において男女比の不均衡がみられます。たとえば，
男性の保育士や看護師，女性の医師の割合は圧倒的に少なくなっています。女
性差別に焦点をあてると，2018年には東京医科大学で女子合格者数を調整する
という差別的な扱いにより，本来合格となるべき女子学生を不合格としている
ことが発覚しました。報道をきっかけに，東京医科大学だけでなく他の大学医
学部でも大学入試において点数を操作する差別的な扱いを女子受験者や浪人生
に対して行っていることがわかりました。

　社会においては，「女性らしく」「男性らしく」あらねばならないという規範
があり，男性は働いて家計を支えるべきだ，女性は家事と子育てをすべきだと
いう**性別役割分業**と結びついています。女性が社会で働くことが一般的ではな
い中で，1985年に男女雇用機会均等法，1991年に育児・介護休業法，1999年に
男女共同参画社会基本法が制定され，女性が家庭の外で働くという環境が整備
されたことにより，性別役割分業に基づく規範は以前よりも随分弱まったよう

に思えます。しかし，世界経済フォーラム（WEF）が毎年発行している「世界ジェンダー・ギャップ報告書2020」をみると，日本の「ジェンダー・ギャップ指数」は121位という結果です。「ジェンダー・ギャップ指数」は，社会において男女が同等の位置を占めているか，平等であるかをみるための指標です。報告書では，「ジェンダー平等」という観点から「経済的参加と機会 Economic Participation and Opportunity」「教育 Educational Attainment」「健康と生存 Health and Survival」「政治的エンパワーメント Political Empowerment」の4分野の統計を出しています。特に「経済的参加と機会」は115位，「政治的エンパワーメント」は144位と，日本における男女間に経済格差があること，政治分野における女性の割合が圧倒的に低いことが読み取れます。2018年には，候補者男女均等法が施行され，政治分野に女性を増やす取り組みも政策として行われてはいますが，実効性があがっているとはいえません。

（2）「ジェンダー」とは

　男女にあてがわれてきた性別役割分業を問い直し，性別に紐づいた規範を疑うことを可能にしたのは「ジェンダー」という概念です。「ジェンダー」は，生物学的性（セックス）とは異なり，社会によって作り出されたものです。このことを表すために「社会的性別」と説明されたりします。「ジェンダー」はさまざまに定義される概念ですが，次の5種類の用いられ方があるといわれています。すなわち，①性別，②男女の性別の持つ特性のうち，生物学的な特性とは異なる社会的・文化的特性，③性別や性差についてその社会で共有されている知識一般，④③に基づくその社会の社会規範と社会制度，⑤③および④を前提とした場合生じる当該社会における男女間の権力関係です。[6]

　社会学では「ジェンダー」を，「日常生活における理論」の1つとして，「経験を参照するための『枠組＝理論』の中の，性別や性差に関わるひとまとまり」とみなします。[7]「ジェンダーの社会学」では，ジェンダーという概念を用いることで，「男性は男性らしく」「女性は女性らしく」という，生物学的な性によって割り当てられている社会的な規範や性別役割分業を問い直していきます。たとえば，「子どもは母親が育てるべきだ」という規範を考えてみましょ

う。生物学的には，女性が子どもを妊娠し出産するため，女性だけが育児を期待されがちですが，子どもの親は両親であり母親と父親の両方が育児を行うことができます。「男性が働き家計を支えるべきだ」という規範について考えると，男性が家庭外での労働，女性が家庭内でのケアワークを期待されがちですが，男性だけでなく女性も家庭の外で働き家計を支えることができるわけです。

（3）「ジェンダー」を通して性の多様性を理解する

　「ジェンダー」という用語は，生物学的な男女に割り当てられた性別役割分担に基づく社会的規範やそれに基づく男女差別を問い直すことを可能にするだけでなく，性の多様性を認識することをも可能にします。私たちは，ジェンダー・アイデンティティ（「**性自認**（Gender Identity）」）という言葉を用いて，戸籍に記された男女という性別よりも細かく自己の性について考えることができます。「性自認」は，自分自身の性別をどのように認識しているか，という自身のアイデンティティとしての性に関する自己認識であり，生物学的な男女の性とは異なる場合があります（一致する場合は，「シスジェンダー（Cisgender）」と呼ばれることがあります）。もう1つ，性の多様性を正確に認識するための概念に「**性的指向**（Sexual Orientation）」があります。これにより恋愛や性愛の対象が男性であるか，女性であるか，どちらでもあるか，どちらでもないかを表すことができます。「性自認」と「性的指向（Sexual Orientation）」との組み合わせによってとらえられる多様な性のあり方は，「**LGBT**」という語で表されます。これは，レズビアン（Lesbian），ゲイ（Gay），バイセクシャル（Bisexual），トランスジェンダー（Transgender）の頭文字をとった言葉です。レズビアンは，性自認が女性で性愛の対象が女性であり，ゲイは，性自認が男性で性愛の対象が男性です。バイセクシャルの性自認は，男性，女性のどちらの性自認であっても，異性と同性との両方を性愛の対象とします。トランスジェンダーは，性自認が生物学的性（生殖器による性）と異なる人であり，性愛の対象は，性自認に基づく異性となります。さらに多様性を表すために，LGBTだけでなくクィア（Queer），クエスチョニング（Questioning）の頭文字を加えた「LGBTQ」という用語も使われています。

　LGBT もまた，性的少数者（セクシャル・マイノリティ）として，差別や偏見にさらされてきました。LGBT がセクシャル・マイノリティであるのは，社会において異性愛者である人が大多数（マジョリティ）だからです。多数派の異性愛者にとっては，それが当たり前であるため，自身がシスジェンダーで異性愛者であることをあえて意識したり，性自認や性的指向を公にする「カミングアウト」を行う必要性は生じてきません。他方，少数派である LGBT は，自身の性自認や性的指向が社会で一般的に想定されているものとは異なることを自覚し，「パッシング」しながら社会生活を送ることになります。

（4）LGBT へのハラスメントをなくすために

　LGBT に対する差別や偏見があることにより，LGBT は「スティグマ」として機能します。そのため，自身の性自認や性的指向をカミングアウトする場合には注意が必要となります。2015年8月に一橋大学法科大学院生が校舎から転落死する事件が発生していますが，これは自身がゲイであるという性的指向をカミングアウトした同級生により，そのことを友人グループに暴露されたことがきっかけと報じられています。特定の誰かにカミングアウトをされたからといって，それを本人の許可なく第三者に公表してよいことにはなりません。本人の了解なしに，性自認や性的指向を第三者に勝手に暴露することを「**アウティング**」と呼びます。その後の2017年に一橋大学のある国立市では，「国立市女性と男性及び多様な性の平等参画を推進する条例」を市議会で可決し，2018年4月1日から施行しています。その第3条には，基本理念として，「性別，性的指向，性自認等による差別的取扱いや暴力を根絶し，全ての人が，個人として尊重されること」「性的指向，性自認等に関する公表の自由が個人の権利として保障されること」「全ての人が，性別による固定的な役割分担意識に基づく社会制度や慣行にとらわれることなく，その個性と能力を発揮し，自らの意思と責任により多様な生き方を選択できること」などが挙げられています。国の施策としては，2019年に「女性の職業生活における活躍の推進等に関する法律を改正する法律」，いわゆる「女性活躍・ハラスメント規制法」が成立しました。なかでも，改正労働施策総合推進法（パワハラ防止法）では，アウ

ティングをパワーハラスメントの「個の侵害」の例として挙げ，防止対策を企業に義務づけています（大企業では2020年6月より施行）。アウティングは，その人の「SOGI」，すなわち性的指向（Sexual Orientation）と性自認（Gender Identity）による属性を理由とするハラスメントであるため，「SOGIハラ」とも呼ばれます。加えて，セクシャルハラスメントやマタニティハラスメント等への防止対策も強化されています。職場におけるセクハラは，同性に対するものも含め，性自認，性的指向にかかわらず「性的な言動」であれば該当するとされています。現在では，女性差別だけでなく，多様な性のあり方も踏まえた差別や偏見，ハラスメントの防止を推進することが企業に要請されることを通して社会的な共通認識となりつつあるといえます。

　女性に対する差別的な取り扱いの禁止等を定めた男女雇用機会均等法は，成立の1985年以降，改正が行われてきました。1999年の改正では，事業主に対するセクシャルハラスメント防止措置の義務化がされましたが，これは女性を対象とするもののみが該当します。1999年の改正までは他の項目も含め，女性を対象とする差別のみを禁じていましたが，2007年の改正により，男女の両方を対象とする差別が禁じられるようになっています。女性差別の是正から，どのような性自認，性的指向であろうとも，差別やハラスメントの対象となってはならないという多様性を包括した施策に移行してきたことがわかります。今後さらに性の多様性への認識や理解が社会において進展することが期待されますが，ハンセン病元患者についてみたように，残念ながら差別や偏見は法律や対策が整備されたからといって直ちに解消されるわけではありません。そのため，差別や偏見にさらされたマイノリティへの支援は継続的に必要とされるといえます。

注
(1)　ベッカー，H. S.／村上直之訳（2019）『完訳 アウトサイダーズ——ラベリング理論再考』現代人文社。
(2)　ゴッフマン，E.／石黒毅訳（2001）『スティグマの社会学——烙印を押されたアイデンティティ』せりか書房。

(3)　(2)と同じ。

(4)　厚生労働省「ハンセン病問題に関するこれまでの動向」（https://www.mhlw.go.jp/topics/bukyoku/kenkou/hansen/kanren/1.html　2021年1月15日閲覧）。

(5)　財団法人日弁連法務研究財団ハンセン病問題に関する検証会議（2005）「ハンセン病問題に関する検証会議最終報告書」。

(6)　江原由美子（2006）「『ジェンダーの社会学』と理論形成」『社会学評論』57（1），74〜91頁。

(7)　(6)と同じ。

参考文献

伊波敏男（2007）『ハンセン病を生きて——きみたちに伝えたいこと』岩波書店。

宇都宮京子・西澤晃彦編（2020）『よくわかる社会学（第3版）』ミネルヴァ書房。

加藤秀一（2017）『はじめてのジェンダー論』有斐閣。

神谷悠一・松岡宗嗣（2020）『LGBTとハラスメント』集英社。

畑谷史代（2006）『差別とハンセン病』平凡社。

濱口桂一郎（2015）『働く女子の運命』文藝春秋。

前田健太郎（2019）『女性のいない民主主義』岩波書店。

松本俊彦（2018）『薬物依存症（シリーズ　ケアを考える）』筑摩書房。

森山至貴（2020）『LGBTを読みとく——クィア・スタディーズ入門』筑摩書房。

World Economic Forum（2019）"Global Gender Gap Report 2020"（http://www3.weforum.org/docs/WEF_GGGR_2020.pdf　2021年1月15日閲覧）。

まとめ

- ベッカーの「ラベリング理論」によると，**逸脱者**は，逸脱のラベルを他者から貼られることによって生み出される。
- ゴフマンの「**スティグマ**」は，「人の信頼をひどく失わせるような属性」のことであり，他者が「期待していたものとは違う望ましくない特異性」を持つこと。
- **スティグマ**となるかは，自己と他者との関係によって決まる。
- ゴフマンの「**パッシング**」は，スティグマを隠し，「常人」であるかのように振る舞うこと。
- ハンセン病患者に対する**社会的排除**は，治療薬普及後も1953年「らい予防法」制定により国の隔離政策として継続された。
- ハンセン病患者に対する隔離政策は，1996年「らい予防法の廃止に関する法律」の制定により終了した。
- 差別や偏見は，社会における集団間の相互作用から構造的に生じる。
- 社会的性別であるジェンダーは，女性差別だけでなく，性の多様性を考えるのにも

有効。

- ジェンダー・アイデンティティ（「**性自認**（Gender Identity）」）は，自身のアイデンティティとしての性についての自己認識。
- **性的指向**（Sexual Orientation）は，恋愛や性愛の対象が男性であるか，女性であるか，どちらでもあるか，どちらでもないかを表す。
- 性の多様性は，性自認と性的指向との組み合わせによってとらえられる。
- 性的マイノリティを表す **LGBT** は，レズビアン（Lesbian），ゲイ（Gay），バイセクシャル（Bisexual），トランスジェンダー（Transgender）の頭文字をとった言葉である。
- 「**SOGI ハラ**」とは，性的指向（Sexual Orientation）と性自認（Gender Identity）による属性を理由とするハラスメントのこと。
- **アウティング**とは，本人の了解なしに，性自認や性的指向を第三者に勝手に暴露すること。

第7章

家族と暴力

　本章では，家族をめぐる問題として，主に児童虐待と DV（ドメスティック・バイオレンス）の 2 つについて学んでいきます。なぜ加害者は親密な関係にあるパートナーや子どもに暴力をふるってしまうのでしょうか。「家族なら安心」といった家族をめぐる常識を相対化する視点が重要になります。ここでは，家族と暴力をめぐる現状とその背景を多角的な視点から理解し，どのような解決策が必要なのかを考えてみましょう。

1　家族の中の暴力

　もし仮に，あなたが今後殺人事件の加害者，もしくは被害者になるとすれば，その加害者もしくは被害者はどのような関係にあたる人になる確率が高いと思いますか？

　答えは家族です。殺人事件と聞くと，「通り魔」のような見知らぬ他人による事件を想起する人が多いと思います。しかし，警察庁『警察白書』において殺人事件の加害者と被害者の関係をみると，見知らぬ他人は 1 割程度に過ぎず，親子関係やきょうだい関係など圧倒的に「家族」が多いことがわかります。親族や恋人，元恋人なども含めればかなりの割合を占めます。もちろん，多くの人にとって家族は重要な存在であり，強い絆や感情で結ばれた信頼関係であるでしょう。それにもかかわらず，いや，それだからこそ家族は最も危険な暴力の温床にもなるのです。「夫婦なら安心」「家族なら安心」といった家族をめぐる思い込みを疑ってみることも大切なのです。本章では，「家族と暴力」とい

う問題を，児童虐待と DV の2つに焦点をあてて考えていきます。

　長らく家族は，暴力や犯罪から切り離されて考えられてきました。それまでも家庭内の暴力は存在していたにもかかわらず，近年まであまり問題とされることはなかったのです。それは，「法は家庭に入らず」という「民事不介入の原則」（家庭内のトラブルに警察権が介入することを抑制する）を背景としていました。1980年代に日本で「家庭内暴力」という言葉が流行した際も，それは主に思春期や青年期の子どもが親に対して暴力をふるうことを指していました。家庭内の暴力としての児童虐待や DV 等が社会問題として広く認知されるのは，ようやく1990年代に入ってからのことであり，1999年にようやく警察が「民事不介入の原則」を見直したことで児童虐待や DV に対する新しい法制度が生まれていくことになったのです。[1]

2　児童虐待の現状とその予防のために

（1）児童虐待の相談件数

　まずは子どもに対する暴力からみていきましょう。図7-1をみれば，児童虐待は2000年代以降に急増していることがわかります。毎年，「過去最多」を更新している状況です。

　ただし，このデータをみる際には以下2点に注意してほしいと思います。1つは，このグラフが「相談件数」のグラフだという点です。つまり，「実数」ではなく認知された数だということであり，「児童虐待の増加」と「児童虐待の相談件数の増加」を区別して考える必要があります。2つ目に，「なぜ平成12（2000）年以降に急増しているか」という点に注意が必要です。2000年代から急に親たちは暴力的になったのでしょうか。おそらくそうではありません。2000年に何があったかといえば，児童虐待の防止等に関する法律（**児童虐待防止法**）が施行されました。虐待を取り締まる法律が日本で初めて登場した年なのです。つまり，法律の整備によって虐待を社会が以前より認知できるようになったと解釈すべきであり，面前 DV に関する通告が増えたことや，虐待に対する社会の意識が高まってきたことが指摘されています。相談対応件数が増

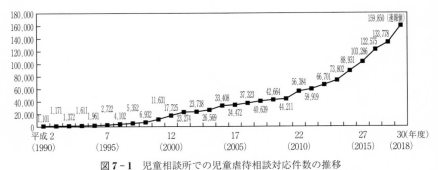

図7-1　児童相談所での児童虐待相談対応件数の推移

出所：厚生労働省（2019）「平成30年度の児童相談所での児童虐待相談対応件数（速報値）」。

え続けているのとは対照的に，虐待による死亡数は目立った増加傾向にないという現状もあります。子どもの最善の利益を保障するために，子どもの人権や暴力からの保護が明確化してきたことの帰結ともいえるのです。

　もちろん，増加し続ける相談件数を軽視してよいというわけではありません。重要なのはデータが何を示しているのかを正確に理解することです。誤った現状認識や歴史認識は誤った解決策や世論を生む可能性もあるゆえ，冷静な分析と解釈が求められるのです。

（2）児童虐待とは

　児童虐待は英語で「child abuse」といいます。abuse とは「乱用」を意味する言葉です。つまり，児童虐待は「子どもの乱用」の意味であり，「親が子どもの存在あるいは子どもとの関係を利用して，自分の抱える心理・精神的問題を緩和・軽減すること」を意味するのです。日本語の「虐待」という言葉はどうしても身体的な暴力のみを想起させてしまいますが，「子どもの乱用」という観点でとらえればより広範囲に及ぶことが理解できるでしょう。また，現在では大人の子どもへの不適切なかかわりを意味する「マルトリートメント」という言葉も使われていることを紹介しておきます。これは虐待より広い概念で，教師や施設職員，保育士による体罰を含む概念です。

　2000年に成立した児童虐待防止法では，虐待のタイプが以下４つ提示されています。それぞれ確認していきましょう。

　①　身体的虐待

　身体的虐待とは，児童の身体に外傷が生じる，または生じる恐れがある暴行を加えることを指します。2012年までは，相談件数では最も大きな比率を占めていましたが，2013年以降は心理的虐待に次いで２番目となっています。相談件数が相対的に多いのは外傷などにより発見しやすいことに起因しますが，暴力が日常的に繰り返され慢性化している場合には，子ども自身が暴力を受けるのを「当然」ととらえ異常なこととは考えなくなってしまう場合も多く，発見が遅れます。身体的虐待に限ったことではありませんが，暴力が日常化された家庭で育つ子どもは，暴力を「犯罪」や「異常」として認知する発想がそもそも生まれないこともあるのです。

　②　ネグレクト

　次に**ネグレクト**です。これは保護の怠慢や養育の放棄・拒否を意味します。具体例として，子どもを家に残して外出する，食事を与えない，病気や虫歯になっても病院で受診させない（医療ネグレクトと呼ばれます），衣服を不潔なまま放置するなどが挙げられます。つまり，子どもの心身の健康的な成長・発達にとって必要な身体的ケアや情緒的ケアを保護者が提供しないこと全般を指します。その他の虐待が「子どもに対して有害なことをすること」を意味するとすれば，ネグレクトは「子どもが必要とするものを親が提供しないこと」といえます。

　実は，厚生労働省が2006年に行った，１年間に全国で発生した虐待死亡事例の分析では，「虐待死亡事例」のうちネグレクトが原因となったものが39.7%と約４割を占めました。これは社会に衝撃を与えるものでした。虐待で死亡に至るケースと聞くと，身体的な暴力を想起しやすいかもしれません。しかし，実はネグレクトが４割をも占めているのです。必ずしも暴力をふるうわけではない，ネグレクトがいかに深刻な虐待であるかを理解する必要があります。

　「ネグレクト」に括られる虐待は2000年以前はきわめてあいまいにされてきました。虐待の中で身体的虐待のみが過剰に強調されネグレクトの問題を軽視

することを，「ネグレクトのネグレクト[2]」と表現したアメリカの研究者もいます。法律ができたことで，ようやく問題が問題として把握できるようになったともいえるでしょう。

③　性的虐待

次に**性的虐待**です。これは子どもに対し，セックスを強要する，性器や性行為を見せる，ポルノの被写体とするなどの性的な暴力を意味します。相談件数は4つの中で最も少ない比率ですが，それは児童虐待の中でも最も発覚しづらいことによります。

日本では性的虐待を受けたと認められる子どもの多くが思春期以降の年齢となっています。しかし，たとえばアメリカのあるデータでは性的被害の年齢分布で8歳が中央値になっていることから，日本では思春期以前の性的虐待が見落とされている可能性が高いともいわれます。「性被害は思春期以降の女の子」という誤った認識が幼少期の子どもの被害の実態を見落とす要因となるのです。性的虐待を行う親や大人の欲求は「性的」であるとは限らず，しばしば「支配」への欲求であるという点にも注意を払う必要があります。

性的虐待の早期発見はきわめて困難といわれますが，さまざまな取り組みがあります。近年の日本でも，「性犯罪・性暴力対策強化のための関係府省会議」が「性犯罪・性暴力対策の強化の方針」を決定しました。強化方針では，性犯罪・性暴力を根絶するため，加害者にならない，被害者にならない，傍観者にならないための教育と啓発を行うことが盛り込まれています。「学校等における教育や啓発の内容の充実」という項目には，性暴力の加害者や被害者にならないための施策として，被害に気づき予防できるよう，自分の身を守ることの重要性や嫌なことをされたら訴えることの必要性を記載しています[3]。

一例として，「水着で隠れる部分については，他人に見せない，触らせない，もし触られたら大人に言う」という，新しい啓発がなされています。これは性的な被害から自分の身を守るためのわかりやすい伝え方として，海外では児童向けの性教育に取り入れられてきたもので，日本もそれに倣っています。性暴力の加害者にも，被害者にも，傍観者にもしないための啓発や予防教育も重要です。

④　心理的虐待

最後に**心理的虐待**です。心理的虐待は，言葉による脅し（怒鳴る，汚い言葉を使う，馬鹿にする等），子どもを無視する，自尊心を傷つける言葉を繰り返す，他のきょうだいと著しく差別的な扱いをする，子どもの面前で配偶者など人に暴力をふるう，物にあたる，大事にしているものを壊す等の行為を指します。2013年以降は児童虐待の中で最も相談件数が多い虐待となっており，2018年には55.3％と過半数を占めるに至っています。

「お前は欲しくて産んだ子じゃない」「お前さえいなければ，私はもっと幸せなのに」などの子どもの存在価値を否定する言葉や，子どもに対して拒否感や嫌悪感を示すことは子どもの心にトラウマなどの深刻なダメージを与えるものです。心理的虐待は気づかれることがないまま長期にわたり持続的に行われる場合も多く，子どもの発達・将来に甚大な影響を及ぼすのです。

（3）加害者の特徴とその背景

続いて，児童虐待の加害者についてみていきましょう。まず，厚生労働省の集計からは虐待の加害者は「実母」の比率がおよそ5割を占め，最多であることがわかります（図7-2）。しかし，その背後には育児責任が女性に担わされていることも関係していると考えられます。また，望まぬ妊娠をさせた男性の責任も問われなければなりません。特に日本は父親が子育てにかかわる時間が短く，子どもに接する機会が限られていることが原因に挙げられます。生活の困窮や時間不足に陥りやすいひとり親世帯の8割以上が母子世帯であることも関係しているでしょう。虐待につながると思われる家庭の状況には，経済的困難，ひとり親，就労の不安定，育児疲れ，孤立などがあることが指摘されます。母親を孤立させない支援が重要なのです。

厚生労働省による「子ども虐待対応の手引き」には，虐待する親の傾向として，①多くの親は子ども時代に大人から愛情を受けていなかったこと，②生活のストレス（育児不安，経済不安，夫婦不和等）が積み重なり危機状況にあること，③社会的に孤立し，援助者がいないこと，④親にとって意に沿わない子であること（望まぬ妊娠，育てにくい子など）が挙げられています。また，心理学

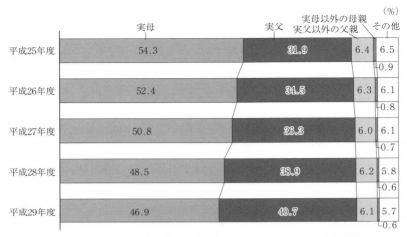

図7-2　児童虐待相談における主な虐待者別構成割合の年次推移

出所：厚生労働省（2018）「平成29年度 福祉行政報告例の概況」。

者の西澤哲は，虐待加害者のメンタリティとされる因子として，①体罰肯定観，②自己の欲求の優先傾向，③子育てに対する自信喪失，④子どもからの被害の認知，⑤子育てに対する疲労・疲弊感，⑥子育てへの完璧志向性，⑦子どもに対する嫌悪感・拒否感の７つを挙げています。[4]

（4）児童虐待を予防するために

　こうした状況を踏まえ，児童虐待を単に個人の「心の問題」とみなすのではなく，「社会の問題」として対応することが重要です。

　何よりも政府や地域コミュニティによる子育て支援や育児ネットワークの構築が重要です。児童虐待の加害者の多くが社会から孤立していたり，育児に対する自信喪失や不安を抱えています。親たちにとっては，家族外部のネットワークによる情報交換の場や共感しあう場はきわめて重要です。育児をめぐる不安やノイローゼの原因には，出産後の女性が「母」という一元的なアイデンティティに過度に縛られるということもあります（たとえば，幼い子どもを抱える父親が夜遅くまでお酒を飲みに行ったとしても咎められることは少ないですが，母親

の場合には批判的な言葉が投げられることが多いでしょう）。児童虐待の予防には，「母」というアイデンティティから解放される場が必要であり，関連して男性の育児へのかかわりも大切になってくるのです。

　児童虐待の事件が報道されると，家庭教育の重要性や伝統的な家族の見直しなどがいわれることがあります。しかし，家庭内での育児や教育責任，伝統的価値観を強調することは，問題の解決になるどころか，さらに母親へのプレッシャーを高め問題を深刻にする危険があります。世代間での「暴力の連鎖」を断ち切るという観点からも，「家庭のみが子育ての場である」という固定観念を払拭し，子育てを社会の責務として，安心して子育てできるサポート体制の構築が必要なのです。虐待の発生予防から早期発見・早期対応，さらには虐待を受けた子どもの保護・自立支援に至るまでの切れ目のない総合的な支援体制の整備がよりいっそう推進されていかなければなりません。

3　DV の現状とその解決のために

（1）DV とは

　続いて，DV について解説していきます。1993年に国連総会で「女性に対する暴力撤廃条約」が成立し，1995年には北京での第四回世界女性会議において各国が解決のために取り組むべき主要問題として DV が取り上げられました。日本では DV の社会問題化・顕在化が遅く，北京会議以降のことでした。DV被害者や支援団体，専門家，研究者等の尽力により，2001年に現在の配偶者からの暴力の防止及び被害者の保護等に関する法律（**DV 防止法**）が成立しました。近年では，「**デート DV**」として，結婚していない交際中のカップルにも適用されます。以前は被害相談の9割以上が女性で占められていましたが，近年男性の相談が急増し2019年には19.7％となっています[5]。

　DV も児童虐待と同様，身体的な暴力に限定されるものではありません。身体的暴力，心理的暴力，性的暴力，経済的暴力，社会的隔離など多岐にわたります。「経済的暴力」とは，稼いだお金を奪う，生活費を出さない，借金を背負わせる，借金を返さない，資産を奪うといった暴力を指します。社会的隔離

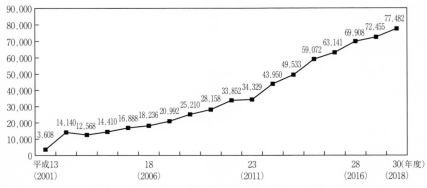

図7-3　警察における配偶者からの暴力事案等の相談件数

資料：警視庁調べ。
備考：1) 配偶者からの身体に対する暴力の相談等を受理した件数。
　　　2) 平成13年は，配偶者暴力防止法の施行日（10月13日）以降の件数。
　　　3)「配偶者」の定義及び法改正の関係は次の通り。①配偶者とは，婚姻の届出をしていないが，
　　　　事実上婚姻関係と同様の事情にある者を含む。②配偶者からの暴力の防止及び被害者の保護等
　　　　に関する法律（以下「配偶者暴力防止法」という。）の法改正を受け，平成16年12月2日施行
　　　　以降，離婚後に引き続き暴力等を受けた事案についても計上。なお，「離婚」には，婚姻の届
　　　　け出をしていないが事実上婚姻関係と同様の事情にあった者が，事実上離婚したと同様の事情
　　　　に入ることを含む。③法改正を受け，平成20年1月11日施行以降，生命等に対する脅迫を受け
　　　　た事案についても計上。④法改正を受け，平成26年1月3日施行以降，生活の本拠を共にする
　　　　交際（婚姻関係における共同生活に類する共同生活を営んでいないものを除く。）をする関係
　　　　にある相手方からの暴力事案についても計上。
出所：内閣府男女共同参画局（2019）「配偶者からの暴力に関するデータ」。

には，外出を制限する，友人や家族に連絡させない・会わせない，メールや電話のチェックをする，過度にスケジュールを管理する等が挙げられます。また，配偶者間にも「性的暴力」が存在するという点は重要です。意に反する性行為の強要，避妊に協力しないことも暴力です。これらは，自尊心や尊厳を傷つける性的自己決定権の侵害であり，夫婦であっても強姦罪は成立します。

　DVの相談件数は，2000年代に入り増加の一途をたどっていますが（図7-3），これは児童虐待や「セクハラ」などと同様，「DV」という概念が登場し法律ができたことに起因するといえます。これまで見過ごされてきた，あるいは，訴えることのできなかった特定の現象を「問題」や「犯罪」として人びとが認識することを可能にしたのです。DV防止法の施行により，接近禁止命令，

退去命令，子に対する接近の禁止命令といった「保護命令の発動」が可能になりました。

（2）暴力のサイクル理論と学習性無力感

　DV には一定のサイクルがあるといわれます。アメリカの心理学者レノア・ウォーカーが「**暴力のサイクル理論**」と呼んだもので，**蓄積期，爆発期，安定期**の3つの期間で構成され，この3つの期間を循環するうちにエスカレートしていきます。

　まず，蓄積期です。これは爆発期に向かってストレスを溜めている期間を意味します。些細なことで暴力が起こる危険があり，加害者が被害者をコントロールしたい，支配下に置いておきたいという願望が満たされないことに対してストレスを溜めている時期です。些細なことで怒るようになったり，神経質になっている状態です。

　次に爆発期です。溜め込んだストレスの限界がくると，暴力をふるいはじめます。多くは突発的で予測することが困難であり，暴力の衝動を抑制できなくなっている危険な状態です。相手の態度や行動，自分の身の回りの状況が思い通りにならないストレスを発散している期間であり，さまざまな暴力を駆使して自分の思い通りに行動するよう強要します。被害者に恐怖心や無力感を植えつける期間でもあります。

　最後に安定期です（ハネムーン期とも呼ばれます）。暴力によってストレスが発散された状態で，比較的安定した精神状態のため，安定期と呼ばれるのです。ストレスが発散されたことにより，急に優しくなってプレゼントを買ってきたり，「二度と暴力はふるわない」と約束したり，「自分が悪かった」と泣いて謝罪したりすることがあります。しだいに次の暴力に向かってストレスを溜め込む蓄積期に再び移行していきます。

　こうした循環の中で被害者は絶えることのない緊張と恐怖の状態に置かれます。暴力の目的は「支配」であり，相手を思い通りにコントロールすることにあるのです。ウォーカーは「**学習性無力感**（learned helplessness）」という理論を提示しています。これは，繰り返し暴力を受けることによって，自分の反応

が状況に対して結果をもたらすことができない（逆らっても無駄）という誤った考えが導入されて，逃れようという行動を起こす気力を喪失してしまうことを意味します。被害者がしばしば加害者を愛していると言ったり，関係の解消を怖れたりするのは，こうした学習された無力感に基づくというわけです。

（3）なぜ DV は顕在化しにくいのか

　DV はさまざまな理由から発見が遅れたり，問題化されないままとなりますが，その要因や背景には何があるのでしょうか。ここではおおよそ２点にまとめておきましょう。

　第1に，家族・夫婦関係の密室化・孤立化が挙げられます。被害者に対する調査では，多くの被害者が「家を出たら殺される」「誰も助けてくれる人がいない」と回答しています。夫婦関係や家族問題（私的領域，プライバシー）に外部の者が干渉すべきではないという社会意識や，先に述べた「法は家族に介入すべからず」という旧来の考えによって問題が潜在化してしまうのです。さらに，「夫婦関係＝愛情関係」という固定観念によって外部の人が暴力を感知しないということも挙げられます。「暴力をふるわれていることを外に知られたくない・恥ずかしい」「家族は一緒にいるべきである」という被害者の声が多くあるように，当事者が問題を自分で抑え込んだり隠そうとしてしまうこともあるのです。

　第2に，ジェンダー規範です。被害者の男性割合が上昇しつつあるとはいえ，DV 被害の多くは男性から女性への暴力によるものです。内閣府の「男女間における暴力に関する調査」によれば，夫からの暴力を受けても別れなかった妻の理由のトップに，「経済的な不安」が挙げられています。加害者は経済的上位にあるため，特に専業主婦の場合は夫への依存度が高くなります。

　とはいえ，ジェンダーの問題は経済的理由だけに起因するものではありません。暴力被害を誰にも相談しなかったという妻のその理由の上位には，「自分にも悪いところがある」「自分さえがまんすればやっていける」が挙がっています。被害女性が，妻役割や母役割に基づき「自分が悪いんだ」と自責の念にかられてしまうのです。他にも，調査結果には「結婚生活をうまく進めるのは

女性の役割だ」「男性とはある程度暴力をふるうものだから仕方がない」とい
う回答がありますが,「男性の女性に対する暴力」を正当化する社会意識や言
説の存在も一因です（「男だからある程度しょうがない」等）。たとえば, 被害者が
夫の親に相談に行った際に,「あなたの操縦が下手だからよ」「男の人は外で大
変なんだから, 奥さんはうまく家庭を切り盛りして休ませてあげるのが務めで
しょ」などと諭されるといった事例もあります(6)。結婚生活に対する女性差別的
な固定観念, そして, 警察, 医療, 法律の現場が男性中心的であるため女性へ
の暴力の深刻さが認識されにくいことも指摘されます。

　このように, DV は単発の暴力ではなく, ジェンダー不平等の縮図であると
いう認識が重要です。DV は社会的な構造の中で発生する社会問題として把握
されなければなりません。

（4）共依存

　ここでは DV を潜在化させる要因として指摘される 2 つの概念も紹介して
おきましょう。

　まず**共依存**です。共依存とはもともとアルコール依存症の患者の家族の分析
から提唱された概念です。しばしば, 繰り返し暴力をふるわれているにもかか
わらず一向に別れようとしない被害者がいますが, それは共依存の状態に陥っ
ているからです。共依存とは, 自分と特定の相手がその関係性に過剰に依存す
る, その「人間関係自体に囚われている」状態を意味します。共依存者は自己
愛・自尊心が低く, 相手から依存されることに無意識のうちに自己の存在価値
を見出し, 共依存関係を形成し続けることが多いといわれます。被害者の置か
れた状況としては, 自己尊重の気持ちを奪われている, 自分で自分のことを決
めるという自己決定権が奪われている, 自分のことよりもパートナーのことを
優先して考えるようになってしまう, パートナーから自分が加害者であるかの
ようなメッセージを受け取る, などが挙げられます。共依存状態の DV では,
しばしば「加害者」の側が強い被害者意識を,「被害者」の側が強い加害者意
識を持っていることも指摘されます。加害者は「なぜ自分を理解してくれない
のか」と考え, 被害者が「自分がしっかりしていれば……」と考える。このよ

うな客観的状況と主観的意識の転倒が DV の発見を遅らせる一因になります。

　こうした共依存の概念に対しては「被害者にも罪や責任があることを指摘するもの」だという批判，あるいは，心理主義的で社会構造的問題を看過するものだという批判があります。とはいえ，DV の有効な解決策を講じるためには DV の現状を共依存のような「関係性」の観点からとらえることには大きな意義があるといえるでしょう。というのも，心理的な共依存を成立させている背後には，①男女の役割分業のようなジェンダー規範，②夫婦関係ないし家族関係が外部社会から隔離され閉鎖的になっていることなど社会構造的な要因があるからです。パートナー間の関係が外に開かれたものになり，当事者が自らの関係性を相対化ないし客観化できるようにすることが重要なのです。

（5）家庭内ストックホルム症候群

　次に，家庭内ストックホルム症候群を紹介しておきましょう。被害者が加害者に対して愛情に似た気持ちを持ってしまうことを「ストックホルム症候群」といいます。1973年に起きたストックホルムでの銀行強盗人質立てこもり事件で，人質が犯人に協力して警察に敵対する行動をとり，解放後も人質が犯人をかばう証言を行ったほか，人質の一人が犯人と結婚する事態になったことからこう命名されました。あまりにも酷い目にあったり，恐怖が大きいとき，人は自分が生き続けるために相手を「好き」と思い込むことで加害者に対する態度や感情を調整しようとすることがあり，こうした自己防衛反応の表れだといわれます。家庭内における同様の現象をしばしば「家庭内ストックホルム症状群」と呼びます。DV 関係にある夫婦や虐待関係にある親子において生じるもので，極限状態において「生き残る戦略」として無意識に愛情を抱くというメカニズムがあるのです。

（6）DV と児童虐待

　DV がもたらす子どもへの影響も大きいことが明らかになっています。危険で恐怖にみちた家庭は子どもから情緒の安定を奪い，睡眠や自由な探索行動，心身の発達を妨げます。

　DV にみられる傾向として，何らかの無力感を抱えている加害者が，それを
補おうとして親密な関係にある被害者を支配しようとすることが挙げられます。
こうした加害者の多くは，自身が子どものころ，虐待やネグレクトを経験した
と語ることが明らかになっています。

　先にも述べましたが，子どもの虐待は「暴力による支配」です。慢性的に暴
力を受ける子どもは，否応なしに自らの身体的な無力さを味わうことになりま
す。そして，心理的虐待やネグレクトは，子どもにとって，親が自分に存在価
値を認めていないというメッセージとなります。こうした「無力感」や自己否
定の感情が成人期にまで持ち越されると，親密な関係にある他者を支配するこ
とでそれらの否定的な感覚を払拭しようとするケースが現れることもあるとい
います。⁽⁷⁾一般的な加害者のイメージと現実のギャップが指摘されることもあり
ます。もちろん，加害者の姿は多様ですが，「気が弱い」「腰が低い」などの性
格が指摘されます。

　こうして，子どもの頃の虐待の被害者が成長後に DV や児童虐待の加害者
になるというかたちで「暴力の連鎖」が生じるリスクが高まります。DV 家庭
に育つと，「力の強い者が弱い者を支配するのは当然」「力で押さえつければ相
手は思い通りになる」という価値観を植えつけられます。暴力が学習されてし
まい，他の大人のロール・モデルからコミュニケーション方法を学ぶ機会が得
られないために暴力の再生産が生じるのです。⁽⁸⁾子どもへの影響を抑止し，暴力
の連鎖を断ち切る方策が必要です。家庭を閉鎖的にせず，子どもの生育環境を
多元化していくことが大事なのです。

　DV を受けた子どもへのこうした深刻な悪影響が指摘されたことにより，
2004年の児童虐待防止法の改正では，「DV の目撃」や「DV 家庭で育つこと」
が「心理的虐待」に組み入れられました。

（7）DV 解決のために

　最後に DV 解決のために必要なことについて，論点は数多いのですが，こ
こでは簡潔に2点にまとめておきます。

　第1に，シェルターの整備など福祉制度の充実です。シェルターとは，「緊

急一時避難所」を意味し，その機能は，暴力という極限状態から逃れてきた被害者に安全な場所を提供すること，そして心理的なケアを施し将来の方針についての決定を手助けすることです。ウォーカーは，シェルターの存在は，単に被害者を守ることにとどまらず，夫婦や親密な関係において暴力が生じた場合でも「被害者は暴力に耐える必要はない」という社会のメッセージを意味し，被害者を守ることを表明するものだと指摘しています。2019年時点で，日本には各都道府県・政令指定都市が把握する民間シェルターを運営している団体が全国で122あります。被害者の安全の確保のため所在地は非公開になっていますが，シェルターの存在そのものがもっと認知される必要はあるでしょう。

　第2に，女性の就労支援など公的領域におけるジェンダー平等の実現です。一見遠回りに思われるかもしれませんが，男女の経済的不平等の是正は DV解決に必要不可欠なことです。すでに述べたように，DV を温存させてきた要因として女性が「離婚を選択できない」という構造的問題があったのです。

　先に DV は「ジェンダー不平等の縮図」といいましたが，家庭内の暴力を減らすためには経済領域のみならず公的領域全般でのジェンダー平等が推進されることが重要です。たとえば，次のようなインドの事例を紹介しましょう。インド政府は，1993年に憲法を改正し，農村における村議会の議員の3分の1を女性枠と定めました。政治の領域に女性が増えたことで生じたのは，虐待被害を通報する女性の増加だったそうです。女性に対する犯罪が通報されずに終わるケースがめずらしくなかった国で，警察が対応してくれると思えるようになったことがその理由に挙げられます。(9) これは一例に過ぎませんが，このように私的領域における女性への暴力を可視化していく上では，政治や経済，司法といった公的な領域でのジェンダー平等の実現が重要になるのです。

　近年，日本でも加害者更生プログラムへの関心が高まっていますが，加害者の更生の困難も指摘されています。欧米での加害者更生プログラムは司法制度と関連づけられ，裁判で有罪判決を受けた加害者は更生プログラムの受講を義務づけられています。とはいえ，更生プログラムだけでなく，予防策や啓発活動，被害者の救済と生活再建，法制度の整備などが不十分です。

　具体的支援にあたる公的な窓口として各都道府県に設置された配偶者暴力相

談支援センターがあります。支援センター設置以前から，多くの民間団体や男女共同参画センターが DV 被害者支援に取り組み大きな役割を担ってきました。こうした活動と支援センター，市町村の行政がより強い協力関係を結び，重層的な支援を提供していく必要があります。

　以上，本章では主に男性加害者・女性被害者という構図を前提に論じてきました。しかし，近年増加傾向にある男性被害者の存在も軽視してはならないでしょう。しばしば男性は被害を他者に訴えたり相談したりしにくいことや，警察等によりその「被害」が認められにくいことが指摘されます。そのほかにも，性的マイノリティのパートナー間で生じる DV の存在も近年ようやく認知されはじめました。背景には「男らしさ」をめぐるジェンダー規範や異性愛主義があるといえます。多様なパートナー関係の中で生じる暴力に今後はよりいっそう注目していく必要があります。

注

(1)　戒能民江編（2006）『DV 防止とこれからの被害当事者支援』ミネルヴァ書房。

(2)　Cowen, P. S. (1999) Child Neglect : injuries of omission, *Pediatric Nursing*, 25 (4), pp. 401-405, 409-418.

(3)　内閣府男女共同参画局（2020）「女性に対する性暴力被害者支援の現状と方向性」。

(4)　西澤哲（2010）『子ども虐待』講談社。

(5)　警視庁「配偶者からの暴力事案の概況」。

(6)　豊田正義（2001）『DV——殴らずにはいられない男たち』光文社。

(7)　(4)と同じ，96頁。

(8)　宮地尚子（2013）『トラウマ』岩波書店。

(9)　Bohnet, I. (2016) *What Works : Gender Equality by Design*, Belknap Press.（＝2018, 池村千秋訳『ワークデザイン——行動経済学でジェンダー格差を克服する』NTT 出版。）

参考文献

戒能民江ほか編（2012）『講座ジェンダーと法　第3巻　暴力からの解放』日本加除出版。

川崎二三彦（2006）『児童虐待——現場からの提言』岩波書店。

Walker, L. E. (1979) *The Battered Woman*, Harper & Row.（＝1997, 斎藤学監訳／

穂積由利子訳『バタードウーマン』金剛出版。)

まとめ ━━━━━━━━━━

- 児童虐待は英語で「child abuse」，つまり「子どもの乱用」の意味であり，「親が子どもの存在あるいは子どもとの関係を利用して，自分の抱える心理・精神的問題を緩和・軽減すること」を意味する。

- 2000年に成立した**児童虐待防止法**で，虐待は，**身体的虐待，ネグレクト，性的虐待，心理的虐待虐待**の４つに分類されている。

- 2001年に**DV 防止法**が成立した。近年では，「**デート DV**」として結婚していない交際中のカップルにも適用される。身体的暴力，心理的暴力，性的暴力，経済的暴力，社会的隔離など多岐にわたる。

- DV には一定のサイクルがあるといわれている。ウォーカーが「**暴力のサイクル理論**」と呼んだもので，**蓄積期，爆発期，安定期**の３つの期間で構成され，この３つの期間を循環するうちにエスカレートするという。

- 「**学習性無力感**（learned helplessness）」とは，繰り返し暴力を受けることによって，自分の反応が状況に対して結果をもたらすことができないという誤った考えが導入されて，逃れようという行動を起こす気力を喪失してしまうことを意味する。

- DV を潜在化させる要因として，「**共依存**」と「**家庭内ストックホルム症候群**」の２つの概念を押さえておきたい。共依存とは，自分と特定の相手がその関係性に過剰に依存する，その「人間関係自体に囚われている」状態を意味する。共依存者は相手から依存されることに無意識のうちに自己の存在価値を見出し，共依存関係を形成し続けることが多いといわれる。「家庭内ストックホルム症状群」とは，家庭内において，あまりにも酷い目にあったり，恐怖が大きいとき，被害者は自分が生き続けるために加害者を「好き」と思い込むことで加害者に対する態度や感情を調整しようとする現象を意味する。

- DV や虐待における世代間での「暴力の連鎖」に注目する必要がある。特に子どもにとって，暴力は学習されるものである。しばしば，親以外の大人のロール・モデルやコミュニケーション方法を学ぶ機会が得られない環境が暴力の再生産を引き起こす。暴力の連鎖を断ち切るためにも，家庭を閉鎖的にせず，子どもの生育環境を多元化することが重要となる。

第8章

災害と復興

　災害ときくと，一般的には地震や津波，台風などの自然災害がイメージとして思い浮かびます。『広辞苑』[(1)]でみると，「災害とは，自然現象や人為的原因によって，人間の社会生活や人命に受ける被害」とあります。つまり，地震や津波，台風そのものが災害なのではなく，人間に被害がもたらされる状況を災害と呼んでいます。現代社会における災害は，人びとに甚大な被害をもたらすことが多く，またその範囲も広範囲に及びます。本章では，近年日本で起きた大規模災害と社会の変化に注目しながら，災害を1つの社会的な事象ととらえ，その中で人びとが災害からどのように身を守り，地域で生活していくことができるのか考えていきたいと思います。

1　災害に関するいくつかのキーワード

（1）災害の定義
　災害の定義について，理工学系や医学系，社会科学系など研究領域によってそれぞれ異なった解釈があるため，あいまいなのが現実ですが，ここでは，次の3つを紹介します[(2)]。
　1つ目は，災害そのものが社会的な秩序や物を破壊し，人の命や生活の日常も破壊する出来事であるととらえる点です。言い換えれば，地震そのものが，その大きさや規模にかかわらず，災害であるという考え方です。
　2つ目は，地震や台風，危険物質や放射線などは，災害を発生させる要因ともいわれ，その要因が，人間社会を脅かすことによって災害が起きるととらえ

る考え方です。つまり，地震が起きても，耐震構造がしっかりした家が立ち並んだ地域で被害がない場合は，それ自体が災害にはならないとみなされます。ただ，災害について最近注目すべき点は，災害を発生させる要因が人間社会に被害をもたらしたとき，その社会がどのくらい脆弱なのかによって，災害の被害が大きく変わるといわれていることです。その社会が持つ脆弱性のことを「ヴァルネラビリティ」と呼んでいます。

　3つ目は，災害を社会的に構築される1つの社会現象ととらえる考え方です。社会が持つヴァルネラビリティによって被害の大きさが変わるだけでなく，人びとの行動様式や規範と呼ばれるルールまでもが大きく変わる，その社会の変化そのものを災害と定義しています。最近では，この3つ目の定義を用いて，災害について述べられることが多くなっています。

（2）災害の種類

　災害は，大きく自然災害と人為災害，そして人道的緊急事態としての災害の3つに分けることができます（表8-1）。

　自然災害は広域災害とも呼ばれており，代表的なものとして地震，津波，台風，竜巻などがあります。自然災害の中には，疫病やSARS，新型コロナウイルス（COVID-19）のような新興・再興感染症なども含まれますが，これら感染症の発生・拡大の原因には，人為的な要素が大きく関わっているともいわれています。

　人為災害は，人間が引き起こす事故，産業活動や科学技術の発達によってもたらされる災害のことをいいます。代表的なものには，化学物質などによる爆発，航空機や船舶，列車などの大型の交通事故のほかに，化学剤や放射性物質などを使ったテロなども含まれます。

　人道的緊急事態とは，社会的，経済的，政治的に極めて不平等な状況に置かれている国や地域で，人びとが社会生活を営むことが脅かされた状態で，人道支援上の介入が必要とされる事態のことで，これも災害に分類されます。主なものには内紛や紛争がありますが，それ以外に食糧危機や政治・経済危機，感染症などの感染拡大による公衆衛生危機なども含まれます。

表8-1　災害の種類

自然災害	地震，津波，台風，洪水，竜巻，土砂災害，山林火災，火山噴火被害，熱波，干ばつ，疫病，新興・再興感染症（SARS や COVID-19 など），飢餓など。
人為災害	列車事故，飛行機墜落事故，ガス爆発，火災，化学物質の放出，放射能漏れ，大量殺戮兵器を利用した CBRNE 災害（化学兵器 chemical，生物兵器 biological，放射性物質 radiological，核兵器 nuclear，爆発物 explosive），テロ，サイバー攻撃など。
人道的緊急事態（complex humanitarian emergency：CHE）	シリアやイエメンなどの内紛，政治危機のベネズエラ，エボラ出血熱による公衆衛生危機のコンゴなど。

出所：Rodríguez, H., Donner, W. & Trainor, J. E. (Eds.) (2018) *Handbook of disaster research 2nd Edition*, Springer より筆者作成。

（3）ヴァルネラビリティについて

　ワイズナーら[3]は，ヴァルネラビリティについて，一般的に「損害や損傷を受けやすいこと」と述べた上で，災害におけるヴァルネラビリティとは，「自然災害（極端な自然現象や被災過程）が与える被害を予測，対処し，また抵抗したりそこから回復したりする能力に影響を与える個人，もしくはグループの特性やその状況のことを指す」と定義しています。すなわち，人びとやその集団が，あらかじめ自然災害がもたらす被害の大きさを予測して，それに対応できるよう行動・対処し，そしてその後，回復するのに必要とされる能力がどの程度あるのかによって，ヴァルネラビリティを計ることができます。

　災害におけるヴァルネラビリティの中でも被害を受けやすいと想定される集団には，生活困窮者や女性，子ども，高齢者や障害者，外国人などの社会的マイノリティ層等が挙げられます。そしてこのような人びとが災害に巻き込まれた場合，生命やその後の生計が危機にさらされる可能性が高いとされています。このようにヴァルネラビリティは，災害のリスクに対する備えと，災害が起きたときに対処できるだけの資源や行政に対して，どの程度アクセスできるかによって大きく変わってきます。

表8-2　レジリエンスを構成する要素

社会資本	電気，水道，食糧供給などの社会的なインフラ 人間関係やネットワークなどの資本は，「社会関係資本」とも呼ばれる
経済資本	経済活動の能力，代替資源の供給（電気，水），政府からの償還
人的資本	学歴，健康，人口密度，人口増加，人口特性など
制度的資本	緊急時におけるインフラの整備，資源のバックアップ，緊急対応を行うための政府間による分業
政治的資本	機能しているガバナンス，資源の公平な分配，投票率，指導者や資源を分配する人びとへのアクセス
地域資本	地域におけるリスクへの理解，カウンセリングサービス，健康促進と生活の質の向上
即興性	適切な計画を見極めるスキル，新しい計画の必要性
自然資源	水，空気，良質な土壌，森林，沼地，公園
物理的／インフラ資源	家屋の数や質，居住地，産業，ライフライン，緊急時のインフラ

出所：Rodriguez, H., Donner, W. & Trainor, J. E. (Eds.) (2018) *Handbook of disaster research 2nd Edition*, Springer より筆者作成。

（4）レジリエンスについて

　ヴァルネラビリティの議論とは対照的に，被災した状況から立ち直る力に着目した概念を，レジリエンスといいます。もともとレジリエンスは，心理学や物理学などの分野で用いられてきた概念で，強靭性（はね返る力）という意味で使われてきました。

　レジリエンスは，9つの要素で構成されるといわれています（表8-2）。

2　自然災害と災害対策に関する法律について

　日本は世界でも類を見ない災害大国です。古くから多くの災害に見舞われながらも，それを克服していくための政策や法制度を整備し，必要な対策を講じてきました。日本の災害対策に関連した法律は，大きな災害が起きて解決すべき問題が発生する度に制定されたり，次なる災害への被害をできるだけ減らしたりするために整備されています。図8-1は，戦後に発生した主な災害と，その災害を契機に制定された法律についてまとめたものです。本節ではその中

でも，災害対策を進めていく上で重要とされる災害対策基本法と災害救助法について述べます。

（1）災害対策基本法

　1959年，多くの犠牲者が出た**伊勢湾台風**を契機に，1961年に制定された日本の災害対策の最も基本となる法律です。国土並びに国民の生命，身体および財産を災害から保護し，社会の秩序の維持と公共の福祉の確保に資することを目的としています。防災の責任の所在を明確にするとともに，防災計画の作成，災害予防，災害応急対策，災害復旧および防災に関する財政金融措置，その他必要な災害対策の基本を定めています。

　1995年に起きた**阪神・淡路大震災**では，緊急支援にあたる車両の通行が著しく停滞したり，駆けつけたボランティアを受け入れる体制が不充分だったりする事態が起きました。それを受けて災害対策基本法が一部改正されました。改正内容には，ボランティアや自主防災組織の活動環境の整備や，高齢者・障害者等に配慮して，行政が相互応援に関する協定締結に努めること，また，緊急災害対策本部を設置するための要件を緩和したり，市町村が都道府県知事に自衛隊の災害派遣を要請できることなどが盛り込まれました。

　また，この阪神・淡路大震災を受けて，生活基盤に著しい被害を受けた被災者を支援するための法律として，**被災者生活再建支援法**が策定されました。

　2011年の**東日本大震災**では，耐震補強された建物や構造物の倒壊被害が減った一方で，津波により建物やライフライン施設等に壊滅的な被害が発生しました。地方自治体の建物や職員の多くが被災し，救援活動や復興を進めていく行政機能にも影響が出ました。情報通信網が途絶えたことで，被災した市町村の機能が失われていること自体把握できないという状況にも陥りました。福島第一原子力発電所の事故なども重なって，被害がきわめて大きくかつ複合的で広範囲なものとなり，従来の災害対策基本法ではうまく機能しないことがわかってきました。このような課題が新たに出てきたことで，災害対策基本法が見直され，大規模で広域的な災害に対する即応力を強化することや，住民などの安全な避難，被災者支援の充実，地域での防災力を向上させ，平時からの防災対

法制度の導入・改正の契機となった災害等	災害対策に係る主な法制度	法制度の説明
1940年代		
1945（昭和20年）枕崎台風		
1946（昭和21年）南海地震		
1947（昭和22年）カスリーン台風	47　「災害救助法」	
1948（昭和23年）福井地震	49　「水防法」	
1950年代	50　「建築基準法」	
1959（昭和34年）伊勢湾台風		
1960年代	60　「治山治水緊急措置法」	
豪雪	61　「災害対策基本法」	・我が国の災害対策の最も基本となる法律
1961（昭和36年）	62　中央防災会議設置	・防災行政の責任の明確化
	63　防災基本計画	・総合的かつ計画的な防災行政の推進　等
	62　「激甚災害に対処するための特別の財政援助等に関する法律」	
1964（昭和39年）新潟地震	66　「豪雪地帯対策特別措置法」	
1967（昭和42年）羽越豪雨	66　「地震保険に関する法律」	
1970年代	73　「災害弔慰金の支給等に関する法律」「活動火山周辺地域における避難施設等の整備等に関する法律」（→昭和53年，「活動火山対策特別措置法」）	
桜島噴火・浅間山噴火		
1973（昭和48年）		
1976（昭和51年）東海地震発生可能性の研究発表（地震学会）	78　「大規模地震対策特別措置法」	
1978（昭和53年）宮城県沖地震	80　「地震防災対策強化地域における地震対策緊急整備事業に係る国の財政上の特別措置に関する法律」	
1980年代	81　「建築基準法施行令」一部改正	
1990年代	95　「地震防災対策特別措置法」「建築物の耐震改修の促進に関する法律」「災害対策基本法」一部改正	・新耐震設計基準（現行の基準）の導入　等
兵庫県南部地震（阪神・淡路大震災）		・ボランティアや自主防災組織による防災活動の環境整備
1995（平成7年）	96　「特定非常災害の被害者の権利利益の保全等を図るための特別措置に関する法律」	・内閣総理大臣が本部長となる緊急災害対策本部の設置要件緩和，自衛隊の災害派遣要請の法定化　等
	97　「密集市街地における防災街区の整備の促進に関する法律」	
1999（平成11年）広島豪雨・JCO臨界事故	98　「被災者生活再建支援法」	
	99　「原子力災害対策特別措置法」	
2000年代	00　「土砂災害警戒区域等における土砂災害防止対策の推進に関する法律」	・洪水予報河川の拡大，浸水想定区域の公表　等
2000（平成12年）東海豪雨	01　「水防法」一部改正	・浸水想定区域の指定対象河川の拡大　等
		・土砂災害ハザードマップ等による周知徹底　等

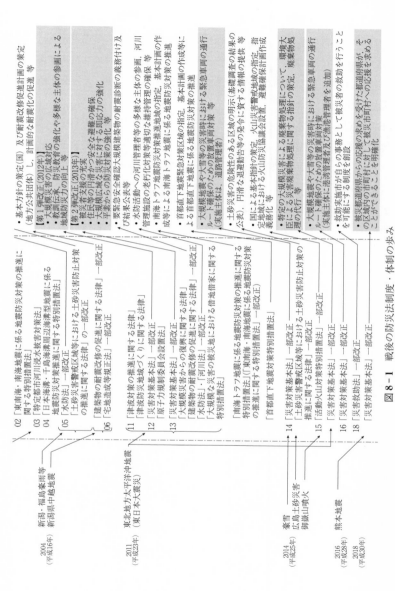

図8-1　戦後の防災法制度・体制の歩み

出所：内閣府『令和2年版防災白書』附属資料26の図を一部改変。

策を強化することなどが盛り込まれました。また，災害対策基本法の改正に加えて，大規模な災害を受けた地域が復興に向けた取り組みを迅速に図ることを推進し，住民が安心して豊かな生活を営むことができる地域社会の実現に寄与することを目的とした**大規模災害からの復興に関する法律**（大規模災害復興法）が制定されました。

　2016年の**熊本地震**では，関係省庁が集まって一元的に調整を行い，被災地からの要望がなくても物資を調達・輸送できる「**プッシュ型の物資支援**」が行われました。このプッシュ型支援は，東日本大震災の教訓を踏まえて改正された災害対策基本法に位置づけられており，法改正後初めて実施されました。一方で，広域的な支援を受けるとされる「受援」の具体的な運用方法や役割分担が不明瞭であったことから，地方自治体の受援体制がうまく整備されず，混乱したケースもありました。そこで2018年に改正された災害対策基本法では，都道府県知事が区域内での市町村の災害応急対策を円滑に行うことができるよう，必要に応じて災害応急対策の実施を求めたり，他の市町村長への応援を求めることができるようになりました。

（2）災害救助法

　1946年に起きた**南海地震**がきっかけで，1947年に，国が地方自治体や日本赤十字社等の団体と国民の協力のもと，災害時に応急的に必要な救助を行い，被災者の保護と社会の秩序の保全を図ることを目的に制定されました。1961年の災害対策基本法が制定された際，災害救助法の一部が災害対策基本法に移管されました。東日本大震災が発災した後に改正された災害対策基本法を受けて，災害救助法は，厚生労働省から防災，発災後の応急期対策，復旧・復興を一元的に管理する内閣府に移管されています。

　災害救助法の特徴は，まず，災害発生直後の被災者の救済を目的とした応急的，一時的な救助，すなわち「**応急救助**」である点です。反対に，被災者生活再建支援法は，災害発生後の復旧・復興を対象としています。次に，被災者への救済措置として，原則，必要とする物資やサービス資源を直接提供する対策をとっており（食料の調達や避難所，応急仮設住宅，医療サービスの提供など），金

銭の支給は行いません。災害救助法が適用されると，救助の実施主体が市町村から都道府県に移ります。また大規模な災害の場合は，現に救助を必要とする者に対して，都道府県が国の責任において法定受託事務を行います。

　熊本地震では，被害の規模が大きく，長期にわたる避難生活を余儀なくされる場合の応急対策が，従来の災害救助法では不充分だという指摘がありました。また，余震が長く続いたため，車中で寝泊まりした被災者に対しては適用されないなど，想定した事態とは異なった場合に対応できないなどの問題もありました。そこで，災害救助を円滑かつ迅速に進めていくため，市町村が自らの事務として被災者の救助を実施する「救助実施市」を指定都市の中から決めることを可能にする制度を創設し，災害救助法の一部を改正する法律が施行されました。

3　災害と福祉的支援

　災害は生活の延長線上にある社会的事象の1つととらえると，災害への対策には，災害が起きる前と起きたとき，そして起きた後のどの段階においても，社会福祉の観点からの制度，政策，サービスの拡充が重要となってきます。本節では，これまでの災害対策において，福祉的な視点からの支援にどのようなものがあったのか，またどのような課題があるのか，災害支援を円滑に進めていくための福祉的支援のあり方について考えていきます。

（1）避難行動要支援者への対策

　近年，大きな被害をもたらす大雨や台風，地震などの災害時に，**高齢者や障害者など自力で避難することが難しい人**（避難行動要支援者）をどのように支えることができるかが大きな課題となっています。たとえば，2018年7月に起きた**平成30年7月豪雨**で被害の大きかった岡山県倉敷市真備町では，命を落とした51名のうち，42名が避難行動要支援者でした。中には浸水した自宅の2階に上がることができずに亡くなる人もいました。最近の豪雨災害では，高齢者や障害者を中心に，逃げ遅れによる死者が増えています。

　災害対策基本法では，避難行動要支援者に対する避難支援を迅速に進められ
るよう，避難行動要支援者の名簿を作成すべきとありますが，個人情報保護の
観点から，情報の共有がうまくいかなかったり，個別の避難計画が思うように
進まない自治体もあります。そんな中，地域住民の相談，支援活動を行う民生
委員・児童委員が作成している避難行動要支援者台帳や災害福祉マップが活用
され，災害時に支援の手が届きにくい在宅避難者への見守りや，生活支援に大
きな役割を果たしてきました。
　その一方で，東日本大震災において，発災後直ちに要支援者の避難誘導にあ
たった民生委員が，津波によって命を落とすなど56名もの犠牲者を出しました。
また，多くの民生委員も被災し，民生委員の安全確保や災害時の役割，避難生
活に対する支援などの課題が明らかとなりました。このことから，民生委員も
地域住民の一人であり，災害時における要支援者への支援に対して，地域ぐる
みで対応すること，そのためには平時からの取り組みが重要であることが改め
て認識されることとなりました。

（2）福祉避難所の体制整備

　介護が必要な高齢者や障害者も避難できるように体制を整えた避難所のこと
を，「福祉避難所」といいます。阪神・淡路大震災において，「災害関連死」が
相次いだことをきっかけに設置されるようになりました。災害関連死とは，災
害の発生時に災害そのもので直接亡くなるのではなく，避難所での厳しい生活
環境や，病気や失業，生活困窮など，その後の生活状況によって亡くなること
をいいます。
　2004年に新潟県中越地震が発生した際，「福祉避難所」が初めて開設されま
した。しかしながら，一部ではうまく機能せず，自動車の中で過ごす被災者の
中に，エコノミークラス症候群になる人もいました。それを受けて，2006年に
内閣府より「災害時要援護者の避難支援ガイドライン」（2013年より災害時要援
護者から避難行動要支援者に名称を変更）が改訂され，災害時に，市町村があらか
じめ「福祉避難所」としての機能を果たす社会福祉施設を指定する取り組みが
始まりました。内閣府が2015年に福祉避難所として指定した社会福祉施設に対

して調査を行った「福祉避難所の運営等に関する実態調査」の結果をみると，避難者の介護や支援に対する人材不足，避難行動要支援者の情報が共有されていないこと，入所者および避難者，職員が必要とする物資等の備蓄の問題，情報や物流ルートが寸断された場合の対応など，実際に，社会福祉施設での避難者の受け入れに対する職員の不安や課題を抱えていることがわかります。

（3）「災害派遣福祉チーム（DWAT)」の派遣

　災害から逃れた先の避難所等で，高齢者や障害者，子ども等といった要支援者が，長期にわたる避難生活を余儀なくされて生活機能が低下したりするなどの二次被害が生じることもあります。このような状況を踏まえて，要支援者の福祉的ニーズに対応できるよう，一般避難所での福祉的な支援を行う「**災害派遣福祉チーム（DWAT）**」（以下「DWAT」）を都道府県で組成し活動を行うことができるようになりました。DWAT とは，Disaster Welfare Assistance Team の略で，災害派遣医療チームの DMAT とは区別されます。DWAT は，災害時における長期避難者の生活機能の低下や，要介護度の重度化などの二次被害を防止するため，一般避難所で要支援者への福祉的支援を行う民間の福祉専門職で構成されています。チームには，介護福祉士や介護支援専門員，社会福祉士，精神保健福祉士，保育士，看護師，理学療法士などが含まれます。

　医療・保健・福祉の分野横断的な支援体制が構築されているものの，課題も多く残されています。たとえば，都道府県の保健医療活動の統括を行う保健医療調整本部の中に，福祉関係の部署や DWAT が明記されておらず位置づけがあいまいです。さらに，福祉的な支援について災害救助法では明確にされていないため，災害救助法が適用された災害の度に，応援派遣等にかかる費用が災害救助費から支払われるのかどうかを内閣府と協議しなければならないといった課題もあります。

（4）生活支援相談員による被災後の生活支援事業

　災害時の「**生活支援相談員**」とは，仮設住宅で暮らす住民の生活相談にのる人のことを指します。生活支援相談員の活動は，東日本大震災以後，社会福祉

協議会等の関係団体の総合的な協力・連携を図ることを目的に策定された「大規模災害対策基本方針」に基づいて行われています。阪神・淡路大震災の応急仮設住宅に設置された「ふれあいセンター」を活動拠点に，生活支援アドバイザーを配置して相談事業を始めたのがきっかけです。のちの新潟県中越地震においても，社会福祉協議会が事業主体となり，応急仮設住宅に生活支援相談員が配置されました。東日本大震災後も，被災地域の岩手・宮城・福島の３県を中心に生活支援相談員が配置されました。相談員の中には，福祉専門職に携わったことのない人も多く，生活相談や支援内容のあり方，手法等にばらつきがあったり，相談業務を行う上で生じてくるストレスへの対処，社会資源の開発や連携などのコーディネート力を高めていくための研修の必要性などが課題となっています。2019年12月の閣議決定では，復興庁の設置期間が10年延長されました。これに合わせる形で「復興・創生期間」における東日本大震災からの復興の基本方針が変更され，コミュニティ形成や心のケア，生活相談支援等についても継続していくこととなりました。

　2018年の平成30年７月豪雨，2019年の令和元年東日本台風による被害でも，生活支援相談員の活動が展開されています。今後は，支援が長期化する中で刻々と変化する被災者へのニーズに対応した生活支援のあり方が求められます。

（5）日本で暮らす外国人への災害支援

　阪神・淡路大震災が起きたとき，約８万人の外国人や多文化的な背景を持つ人びとが被災地域で暮らしており，日本で暮らす外国人に対する災害支援のあり方が問題視されました。地震が起きた京阪神地区には多数の留学生も学んでいて，その多くが安価なアパートや下宿先に住んでいたため，地震で約４分の１以上の留学生が住まいを失ったともいわれています。[4] また，生活再建に必要な情報や社会資源にアクセスすることが難しい点も指摘され，社会的に不利な状況に置かれているマイノリティの視点で，災害支援を行うことの重要性も指摘されました。[5] その一方で，災害時における外国人住民の支援活動を行う多くの非営利組織（以下「NPO」）が，阪神・淡路大震災をきっかけに誕生しました。[6] 活動の中心メンバーは，オールドカマーや日本人の支援者で，外国人が主な支

援の対象者でした。滞日外国人が運営する学校やサロン等の施設，宗教的施設
（教会やモスクなど）は，避難所として被災者の受け入れを行ったり，安否の確
認，炊き出しや物資の提供も行ったりしました。

　東日本大震災は，阪神・淡路大震災と比較すると外国人人口が少ない地域で
起きたものの，国際結婚等で日本に移住してきた外国人が被災し，厳しい生活
状況にさらされました。また，食品製造や繊維，衣服製造，農業等に従事する
技能実習生も被災しました。そんな中で，阪神・淡路大震災での活動経験を生
かした取り組みもなされました。中でも大きな展開をみせたのが，1995年当時，
コミュニティとしてまだ脆弱だったニューカマーたちがボランティアネット
ワークを形成し，組織を立ち上げて同胞の被災者だけでなく，日本人被災者へ
の支援も行ったことです。さまざまな国をルーツに持つ多くの滞日外国人が，
日本社会が直面している震災という苦難を他人事としてとらえるのではなく，
日本社会の構成員の一員としてとらえ支援活動を行いました。

　外国人に対する災害支援を考える際，私たちが暮らす地域には，多文化的な
背景を持つ人びとも地域住民として存在し，そのニーズを把握する必要がある
こと，多言語支援のツールは多くあるものの，それを活用していくための工夫
が必要であること，そして滞日外国人を単なる支援される側としてみるのでは
なく，支援をする側としても活躍してもらうことができると考えることが大切
です。そのためには，平時からのつながりが大切ですが，そのつながりがうま
く作れないといった課題があります。なぜ，そのようなことが起きるのでしょ
うか。そこには，平時の滞日外国人による支援活動が地域住民から距離を置か
れていたり，滞日外国人自らが地域住民とのかかわりを持つのをためらったり
するので，互酬性が発揮されにくいことが関係しているとわかってきました。

4　災害ボランティアについて

　災害ボランティアは，阪神・淡路大震災を契機に，注目を浴びることとなり
ました。その後も一時期のブームで終わることなく，災害が発生する度に災害
ボランティアが駆けつけて，活動する様子がみられるようになりました。災害

ボランティアというと，住宅の片付けや清掃，土砂の搔き出し，ゴミ出しなどのイメージが強いのですが，そもそも災害ボランティアとは何かという原点に返って考えていく必要があります。ここでは多様化する災害ボランティアの活動について紹介するとともに，災害ボランティアが今の日本社会で，どのような役割を持っているのかについても考えていきます。

（1）「ボランティア元年」と呼ばれた阪神・淡路大震災での活動

　阪神・淡路大震災が起きたとき，全国から約150万人ものボランティアが被災地域に駆けつけました。そのような意味において，1995年は「**ボランティア元年**」とも呼ばれています。

　その当時の災害ボランティアの多くは初めてボランティアとなる人たちで，どこに支援をしにいけばよいのかわからず，マスメディアが報道した避難所等に集中してしまう事態も起きました。発災当初は，行政側のボランティアの受入体制も整っておらず，ボランティアコーディネーターがほとんど存在していなかったことも混乱のもととなりました。そこで，厚生省（現・厚生労働省）と全国社会福祉協議会，近畿地方の県社会福祉協議会，行政等が中心となって「社会福祉関係者救援合同対策本部」を設置して救援組織を立ち上げ，県外から来るボランティアの登録，コーディネートなどを行いました。これが，被災市町村の社会福祉協議会において設置される「**災害ボランティアセンター**」へとつながっていきます。また，災害救援専門ボランティアの登録・派遣制度も創設され，救急・救助，医療，介護，手話通訳，建物の危険度判定，情報・通信，ボランティアコーディネート，輸送などの専門家を登録し，県内外で起きた災害へ派遣できるようなシステムをつくりました。そして，この震災での経験を教訓に，1995年に改正された災害対策基本法において，ボランティアによる防災活動の環境整備を国や地方自治体が実施すべきであると明記されました。

　もう1つ，阪神・淡路大震災を契機に動きが活発化したものの中には NPO の存在があります。たとえば，神戸市は，震災時に活躍した NPO 法人に対して，自治体として全国で初めて在宅介護支援センターの運営を委託しました。これ以後，ボランティア団体や NPO 法人等に対して，地方自治体から公共事

業が委託されるようになり，その後押しもあって1998年に NPO 団体等の自主
的な活動を促進する**特定非営利活動促進法（NPO 法）**が制定されました。

（2）被災者と災害ボランティア

　被災地に駆けつけて災害救援活動を行うことから始まった災害ボランティア
ですが，その後は，復興支援や平時の防災活動に携わるボランティアのことも
災害ボランティアと呼ぶようになり，被災地における救援・復興・防災活動へ
の大きな力となっています。では，災害ボランティアは，被災地，あるいは被
災者にとってどのような存在なのでしょう。

　渥美公秀は，災害ボランティアの核心は，「**被災者本位**と社会に対して**新鮮
な代替選択肢を提示していること**」と述べています。つまり，災害ボランティ
アは，被災者の傍らにいて，常に被災者中心の視点で活動を行うことが大切な
のです。倒壊，浸水した家屋の片付けや，清掃といった従来のニーズだけにと
らわれず，被災者の見えないニーズを引き出しながら臨機応変に支援していく
ことが求められます。そうすることで，さまざまな支援活動が生まれてきます。
その新しいアイディア，プログラムこそが新鮮な代替選択肢となるのです。事
例として，2つの災害ボランティアの活動を紹介しましょう。

　① 被災者に足湯の提供

　被災者に足湯を提供する活動は，新潟県中越沖地震で注目されることになっ
た支援活動の1つです。お湯（足を
浸せるくらいの温度）を桶に入れ，入
浴剤も混ぜながら被災者に足を浸け
てもらいます。ボランティアはマッ
サージなどはしません。向き合って
座り，軽く足に触れたり，手を握っ
たり，腕をさすったりしながら20分
程度お話をしていきます。筆者も経
験しましたが，わずか20分ほどの時
間なのに，足湯があるだけで不思議

写真 8-1　足湯の様子
平成30年7月豪雨の仮設団地集会所で。日本災害救援
ボランティアネットワーク（NVNAD）提供。

写真 8-2　被災写真の洗浄
令和元年東日本台風で被災した写真の洗浄・乾燥の様子。筆者撮影。

と被災者と共に長い間過ごしている感覚になります。しばらくすると，被災者から被災した当時の様子や，今の状況などの話題に入ることがあります。足湯は，被災者の声（つぶやき）を聴くためのツールとして存在するのです。

②　被災写真の洗浄

被災写真の洗浄は，津波や豪雨災害などで水や泥などに浸かり破損してしまった写真を洗浄し，持ち主に返すという支援活動です。東日本大震災のときに始まり，その後の豪雨災害においても活動が続けられています。マスクとゴム手袋を用意し，水やアルコール，ウェットティッシュ等を使って丁寧に泥などをふき取っていきます。水に浸かって汚れてしまった写真はとても繊細なので，強くふき取ったり，勢いよく水で流したりすると，写像が全部取れて真っ白になってしまいます。被災した写真には，その人のこれまでの人生模様が映し出されています。結婚式の写真だったり，お子さん，お孫さんが生まれて撮影した集合写真などがあると，被災者としてでなく，一個人として語りかけてくれている，そのような気持ちになります。この活動の特徴は，被災地に行かなくてもできる活動であることです。だからこそ，被災した写真を通して災害被害の大きさに圧倒されたり，被災された人びとの思いを想起したりすることができるのです。

（3）災害と新型コロナウイルス感染症

2020年1月 WHO（世界保健機関）は，中国武漢市における新型コロナウイルス関連肺炎の発生状況が「国際的に懸念される公衆衛生上の緊急事態（PHEIC：Public Health Emergency of International Concern）」に該当すると発表し

ました。やがて日本にも感染が拡がり，2月には小・中・高等学校が一斉休校，4月7日には，新型インフルエンザ等特別措置法に基づき緊急事態宣言が発令されました。新型インフルエンザ等緊急事態宣言とは，季節性インフルエンザより重篤になる症例が発生，急速に蔓延することにより国民の生活や経済活動に甚大な影響を及ぼす場合に，期間や区域，事案の概要を宣言するものです。宣言を受けて都道府県知事は，より具体的な期間や区域を定め，不要不急の外出の自粛や施設の使用制限の要請といった緊急事態措置を具体的に講じることができます。しかし，この法律のもとでは自粛や要請はできても，それに伴う補償が充分でないため，災害対策基本法などのように，積極的な支援や措置ができないといった課題があります。現時点では，災害対策基本法において，新型コロナウイルス感染症の感染拡大が災害（異常な自然現象）であるとは解釈されていません（2020年9月現在）。

　2020年7月に九州や中部地方に発生した集中豪雨は，新型コロナウイルス感染症の感染拡大の問題と自然災害が重なる複合的な災害となりました。さまざまな支援が必要であるにもかかわらず，新型コロナウイルス感染症の感染拡大の影響を心配して，支援が思うように進まない事態が続いています。災害医療チームの派遣も行われましたが，派遣チームが集結することで，密な環境が生まれるのではないか，派遣チームが被災地で感染を拡大させないか，また感染しないかといったリスクが懸念されました。被災地の市町村社会福祉協議会も災害ボランティアセンターを開設し，災害ボランティアを受け入れ始めましたが，ボランティアの募集範囲を市町村内や同一県内の在住者に限るなど，新型コロナウイルス感染症の感染拡大の影響に配慮した対策となりました。災害ボランティアを市町村内の住民に限定すると，住民自身が被災しているため，ボランティアの数が足りないという問題が生じました。これらの問題は，いずれもまだ解決できていません。これまでの状況とは全く異なる活動のあり方を模索しながら，誰一人取り残されない災害支援を実現していかねばなりません。

5　誰もが「助かる」まちづくりを

　多くの災害に見舞われてきた日本社会では，災害を教訓にさまざまな対策が
とられてきましたが，同時に高齢者や障害者，女性や子ども，外国人，観光客，
あるいはペットを飼っている人等，さまざまな人びとへの支援対策の向上に，
あまり変化がみられないこともわかってきました。これに対応すべく，渥美ら
の研究グループでは，人びとを高齢者，障害者といったカテゴリーで考えるの
ではなく，あらゆる人びとの存在を承認することを「インクルーシブ」の概念
ととらえて，「地域コミュニティの〈インクルーシブ〉な防災力向上を推進す
るためには，〈助かる社会〉の創出に向けて，市町村が住民の潜在力を後押し
する取り組みを行えるようにし，取り組みの過程と成果を相互に学び合えるよ
うな仕組みを創設する」政策が必要であると提言しました。ここでいう「助か
る社会」というのは，行政が公助として支援することで，その意志と責任が問
われたり，反対に，住民が自助・共助として相互に支援したり支援を受けたり
することによって，その意志と責任が問われたりすることを回避するものです。
つまり，助けるのでもなく，助けられるのでもない，（中動態としての）助かる
まちづくりをめざしているのです。

　今回の新型コロナウイルス感染症の感染拡大の影響のもと，誰しも不確実性
の時代を生きているといえます。災害も似たようなところがあります。いつ，
どこで，どのような規模の災害が起きるのかということを確実に予測できる人
はいません。もちろん，ある程度の情報を集めて予知することはできますが，
不確実性を完全に取り除くことはできないのです。では，毎日，災害に怯えな
がら生活していかなければならないのでしょうか。それでは，日常生活が成り
立ちません。人は，不確実性をある程度認識しながら毎日を生きている，その
ようにとらえることができるのではないでしょうか。この不確実性を認識し，
受け入れることで，意志と責任を常に追及する世の中の構図から脱することが
可能となります。そのためには，相手を信頼し，共に行動する，その延長の先
に，みんなが助かる社会がつくられるのではないかと考えます。

注

(1)　新村出編（2017）『広辞苑　第七版』岩波書店。

(2)　Rodríguez, H., Donner, W. & Trainor, J. E. (Eds.) (2018) *Handbook of disaster research 2nd Edition,* Springer.

(3)　Wisner, B., et al. (2004) *At risk : natural hazards, people's vulnerability and disasters, 2nd Edition,* Routledge.（＝岡田憲夫監訳（2010）『防災学　原論』築地書館。）

(4)　瀬口郁子（1996）「阪神・淡路大震災と外国人留学生をめぐる諸問題」『神戸大学留学生センター紀要』3，1～28頁。

(5)　Takeda, J., Tamura, K. & Tatsuki, S. (2003) Life Recovery of 1995 Kobe Earthquake Survivors in Nishinomiya City : A Total-Quality-Management-Based Assessment of Disadvantaged Populations, *Natural Hazards,* 29 (3), pp. 567-585.

(6)　金千秋（2012）「阪神・淡路大震災から東日本大震災へ多文化共生の経験をつなぐ──地域における多言語放送が多文化共生社会構築に果たせる可能性（特集　災害復興における男女共同参画）」『GEMC journal : グローバル時代の男女共同参画と多文化共生 : Gender equality and multicultural conviviality in the age of globalization』7，36～47頁。

(7)　佐々木建（1995）「阪神・淡路大震災と外国人問題」『經營研究』46 (3)，105～114頁。

(8)　外国人地震情報センター編（1996）『阪神大震災と外国人──「多文化共生社会」の現状と可能性』。

(9)　李善姫（2012）「多文化ファミリーにおける震災経験と新たな課題──結婚移民女性のトランスナショナル性をどう捉えるか」鈴木江理子編／駒井洋監修『東日本大震災と外国人移住者たち』明石書店。

(10)　鈴木江理子（2012）「東日本大震災が問う多文化社会・日本」鈴木江理子編／駒井洋監修『東日本大震災と外国人移住者たち』明石書店。

(11)　寶田玲子・渥美公秀（2020）「在日外国人による災害支援活動と地域の互酬性についての一考察──在日外国人支援団体『シランダの会』事例より」『共生学ジャーナル』4，172～188頁。

(12)　矢守克也・渥美公秀・近藤誠司・宮本匠（2011）『防災・減災の人間科学──いのちを支える，現場に寄り添う』新曜社。

(13)　渥美公秀（2014）『災害ボランティア──新しい社会へのグループ・ダイナミックス』弘文堂。

(14)　渥美公秀（2019）「〈助かる〉社会に向けた災害ボランティア──遊動化のドライブの活性化」『災害と共生』3 (1)，49～55頁。

参考文献

公益財団法人ひょうご震災記念21世紀研究機構研究調査本部（2015）「災害時の生活
　　復興に関する研究──生活復興のための12講」。

公益財団法人ひょうご震災記念21世紀研究機構研究戦略センター研究調査部（2019）
　　「研究調査報告書　地域コミュニティの防災力向上に関する研究──インクルーシ
　　ブな地域防災へ」。

厚生労働省（2020）「令和 2 年（2020年） 7 月豪雨による被害状況等について（第55
　　報）令和 2 年 9 月 3 日13時00分現在」（https://www.mhlw.go.jp/content/102000
　　00/000667689.pdf　2020年 9 月18日閲覧）。

財団法人新潟県中越大震災復興基金（2005）「事業メニューの概要と補助対象者，申
　　請窓口，お問い合わせ先一覧」（2005年 5 月現在）。

社会福祉法人全国社会福祉協議会（2019）「災害時福祉支援活動に関する検討会」
　　（https://www3.shakyo.or.jp/bunya/saigai/fukushishiennkatudou_teigen.pdf　2020
　　年 9 月22日閲覧）。

特定非営利活動法人 Facilitator Fellows「生活支援相談員に対する支援のあり方とそ
　　の手法に関する調査」調査委員会（2012）「平成23年度社会福祉推進事業（厚生労
　　働省）生活支援相談員に対する支援のあり方とその手法に関する調査研究報告書」
　　（http://www.facili.jp/wp-content/uploads/2012/04/iwatecyousa2012.pdf　2020年
　　9 月18日閲覧）。

内閣府（防災担当）（2015）「福祉避難所の運営等に関する実態調査（福祉施設等の管
　　理者アンケート調査）結果報告書」（http://210.149.141.46/taisaku/hinanjo/pdf/fu
　　kushi_kekkahoukoku_150331.pdf　2020年 9 月18日閲覧）。

日本災害救援ボランティアネットワーク（NVNAD）ホームページ。

「広がれボランティアの輪」連絡会議（国際 PT（プロジェクト・チーム））（2019）
　　『災害時における在留外国人支援の視点』。

復興庁（2020）「復興・創生期間後に向けた主要な動き」（https://www.reconstructi
　　on.go.jp/topics/main-cat1/sub-cat1-4/f12fup/20200606_3shuyounaugoki.pdf　2020
　　年 9 月22日閲覧）。

まとめ ━━━━━━━━

- 社会科学における災害とは，自然災害がもたらす人間社会への被害に限らず，人び
  との行動や規範までもが変化する 1 つの社会現象ととらえている。
- 日本の災害対策に関する主な法律には，災害対策基本法と，災害救助法がある。
- 災害対策基本法は，1959年の伊勢湾台風を契機に1961年に制定され，平時からの防
  災対策に加えて，復興に向けた取り組みを迅速に図ることを推進しているのが特徴。
- 災害救助法は，1946年の南海地震がきっかけで1947年に制定され，災害発生直後の

被災者の救済を目的とした応急救助が特徴。

- 避難行動要支援者とは，災害時に，高齢者や障害者など自力で避難することが難しい人のこと。
- 福祉避難所とは，介護が必要な高齢者や障害者が避難できるように体制を整えた避難所のこと。
- 生活支援相談員とは，仮設住宅で暮らす住民の生活相談にのる相談員のことで，東日本大震災後に策定された「大規模災害対策基本方針」に基づいて活動が定められた。
- 災害ボランティアの登録，コーディネートなどを行う「災害ボランティアセンター」。
- 災害ボランティアや NPO 法人等の動きは，いずれも1995年に起きた阪神・淡路大震災を契機に活発化した。
- 1998年に NPO 団体等の自主的な活動を促進する「特定非営利活動促進法（NPO 法）」が制定された。

第 9 章

社会問題と政策

　英国の EU 離脱，西欧諸国の移民・難民問題，アメリカ市民の分裂に象徴されるように，世界各地でさまざまな分断が巻き起こっています。このような分断は，具体的な社会問題となって，私たちの目の前に現れます。所得格差，社会格差，貧困，虐待，暴力，マイノリティ排除など，日本を含む世界中に，さまざまな社会問題が山積しています。その背景には，自然災害，人的災害，経済危機，感染症の蔓延など，社会的リスクとされるさまざまな外的要因の影響もあります。これまで世界中の国々において，種々の社会問題に対し，それぞれの問題を別の性質の問題ととらえて，解決方法を模索してきました。その結果，多くの社会問題は解決するどころか，深刻の度合いを深めています。なぜこれらの社会問題は，時代が進み文明が発達しても消滅することなく発生し続けるのでしょうか。本章では，社会問題をどのように理解するのかに焦点をあて，考えてみたいと思います。

1　社会問題とは何か

　そもそも社会問題とは，いったいどのような性質の問題なのでしょうか。日本では，何を社会問題ととらえてきたのでしょうか。社会問題の定義については，これまでさまざまな論争が展開されてきました。

　図 9-1 および図 9-2 をみてみましょう。図 9-1 は，国立社会保障・人口問題研究所による高齢者人口の割合と推移を示したものです。図 9-2 は，2018年に厚生労働省が発表した人口動態の統計です。2018年の離婚件数は，20

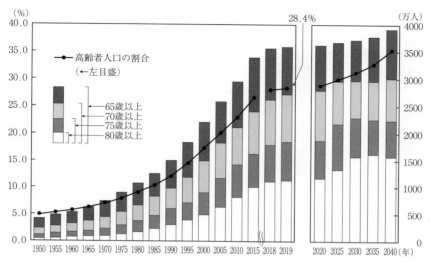

図 9 - 1　高齢者人口及び割合の推移（1950年〜2040年）

出所：総務省統計局（2019）「高齢者人口及び割合の推移」。

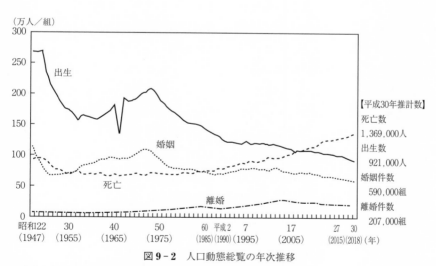

図 9 - 2　人口動態総覧の年次推移

出所：厚生労働省（2018）「平成30（2018）年　人口動態統計の年間推計」。

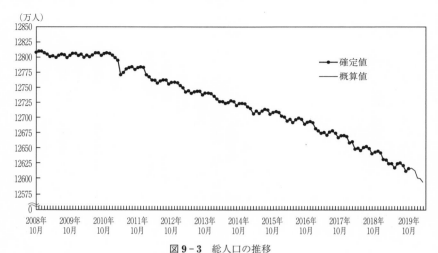

図9-3　総人口の推移

出所：総務省統計局（2019）「総人口の推移」。

万7000件でした。最も多い，2002年の離婚件数が28万9836件ですので，減少傾向にあるといえます。それでも長期的にみれば，緩やかではあるものの，上昇傾向にあることがわかります。しかし，今日では，離婚を予防することは，公共政策の主要課題とは考えられていません。離婚という現象そのものよりも，離婚の背景にある家庭内の問題（DVなど）や，離婚の結果として生じる貧困問題（特に，子どもの貧困）が問題とされています。離婚そのものは，生き方を自己決定したゆえの結果の1つとして，広く認識されるようになっています。このように，問題のとらえ方は，時代とともに変化するのです。

　図9-1および図9-2からは，もう1つの社会問題をみることができます。年々，出生数は減っているのに対して，死亡数が上昇しています。これは，日本社会が**人口減少社会**に突入していることを示しています。次に，図9-3をみてください。これは，総務省統計局から出されている総人口の推移を示すグラフです。人口が右肩下がりに減少していることがわかります。出生数も減少していますので，人口減少社会の中，現時点では，高齢化率は上昇している状態にあります。このような人口構造の変化により，さまざまな社会問題が生じることから，人口構造の変化に着目し，政策を講じる必要があります。

2　公　共

（1）公共とは

「公共」と聞くと，どのようなものを想起しますか。日本では，一般的に公共とは，何らかの公的な権力が絡むものと認識する場合が多く，政府や地方自治体が公共であると考える人もいるかもしれません。一方，アメリカなどの西欧諸国では，人びとが寄り集まって協力する空間を「公共」ととらえる場合が多いのです。public とは，誰にでも開かれている，という意味をもつため，日本でいうところの公共とは意味合いが異なります。

　日本では，「**公共**」や「**公共性**」という言葉は，日常的に使われる言葉です。そのため，公共のつく用語は社会にあふれています。公共政策，公共サービス，公共事業，公共施設，公共料金，公共財，公共団体，公共交通，地方公共団体，公共職業安定所，公共心，公共の福祉など，たくさんのものがあります。しかし，その意味は多義的であいまいなところがあり，定義もさまざまなものがあります。日本語辞典の『大辞林』では，「公共性」を「広く社会一般に利害・影響を持つ性質。特定の集団に限られることなく，社会全体に開かれていること」と定義しています。また，『広辞苑』では，「広く社会一般に利害や正義を有する性質」と定義しています。また，さきほど列挙した公共の用語を分類してみると，公共団体，公共政策などは「政府の」「行政の」という意味になりますが，それ以外の多くの用語は，「社会全体に関係する」という意味で「公共」を用いています。

　公共とは，次の2つのうちのいずれか，または両方の意味を持つものだととらえることができます。①多くの市民に開かれ，共同で利用できるものであり，多くの市民の利益になる。②国家や政府，行政に関連するものである。

（2）新しい公共

「新しい公共」が議論されはじめたのは，2009年頃のことです。国会において，新しい公共というビジョンの普及・促進が目玉施策の1つとして掲げられ，

市民活動の活性化による社会づくりの機運が高まりました。2010年1月には，新しい公共の考え方や展望を浸透させるために「新しい公共円卓会議」が設置され，「新しい公共宣言」がとりまとめられるとともに，関連制度の改正，規制緩和，社会的起業促進などの議論が進められました。

　内閣府の「新しい公共支援事業」ガイドライン（2011年）によると，「『新しい公共』とは，『官』だけではなく，市民の参加と選択のもとで，NPOや企業等が積極的に公共的な財・サービスの提案及び提供主体となり，医療・福祉，教育，子育て，まちづくり，学術・文化，環境，雇用，国際協力等の身近な分野において共助の精神で行う仕組み，体制，活動など」と定義されています。この定義からは，「新しい公共」とは，行政だけが公共の役割を担うのではなく，住民を含む地域のさまざまな主体が公共の担い手としての自覚と責任をもって活動することにより，支え合いを基調とした社会をつくる，という考え方であることがわかります。

　行政による画一的な政策のもとでは，地域や社会の多様なニーズに応えることはできません。日本の近年の社会施策，特に福祉政策においても，**地域包括ケアシステム**の推進や**包括的な相談支援体制**の構築といった，地域における「支え合い」や「共助」を基調とした施策に比重が置かれるようになっています。この動向は，地域の福祉の推進と地方自治体の福祉施策が重なることを意味しています。この一連の潮流には，第1節でみたように，激しい人口構造の変化を背景とした，社会問題の多様化，深刻化，潜在化があり，従来の社会システムでは対応できなくなりつつあることが指摘されています。そこで，自治体行政が提供する社会サービスと地域住民による福祉活動を積極的に融合させようというのが，昨今の福祉施策の動向であるといえます。

　2015年度の「国勢調査」によると，日本の総人口のうち，65歳以上の高齢者人口は過去最高の3190万人，総人口に占める割合は25.1%でした。さらに，75歳以上の後期高齢者の割合は12.3%です。1920年から実施されている国勢調査において初めて総人口が減少し，先述したとおり，日本が本格的な人口減少社会に突入していることを示しています。人口減少社会の到来は，社会問題にも深刻な影響を与えます。2014年の日本創成会議・人口減少問題検討分科会の発

表では，地方から大都市部への人口流出が今後も止まらないという仮定のもとで算出した結果が示され，2040年には「**消滅可能性都市**」（20～39歳の女性人口が5割以下に減少する自治体）が896自治体に達するとされています。少子高齢化は，人口減少と重なってさらに深刻な事態が想定されること，その背景要因にある人口流出は，地方自治体それぞれが対策を講じることが不可避であることに加えて，日本全体の地域のあり方を再考することが必要であることを示唆するものです。高齢者人口が増え，人口が減少するこれからの日本においては，地域での高齢者を含めた住民同士の「支え合い」や「つながり」が，地域生活上さらに重要な要素となるのです。

　「新しい公共」とは，人びとの支え合いと活気のある社会をつくることを目標とした，多種多様な主体による協働の場であるといえます。「新しい公共」がめざす社会は，市民一人ひとりに居場所と役割があり，支え合いと活力のある社会です。

3　福祉国家と社会保障

（1）福祉国家とは

　「**福祉国家**」という言葉が現在のような意味で用いられるようになったのは，1930年代後半のイギリスにおいてだと考えられています。ファシストの権力国家に対比させるための造語として誕生したともいわれています。なお，今日的な意味で福祉国家の成立が唱えられるようになった契機は，「**ベヴァリッジ報告**」です。同報告で提案された社会保障計画と，それを支えるケインズ経済学の理論的支援であったとされています。その政策提案は，家族手当の創設や国民保健サービス，公的扶助というかたちにより具体化され，イギリスは福祉国家の名をはせることになりました。

　福祉国家の概念定義については，研究者によって必ずしも一致していないものの，一般的な用語としての「福祉国家」は，社会保障制度の整備を中心として，国民生活の最低限の保障（ナショナル・ミニマム）と国民生活の安定・向上を図る政策の推進を重要な目標として位置づける国家，という意味合いで国際

的に広く用いられています。

（2）福祉国家の危機と福祉国家レジーム論

　1973年の第1次オイルショックを契機とした世界経済の構造変化の中で，社会保障の維持・拡充に対する財政的制度が強まる一方，福祉国家をめぐる政治的対立の顕在化がみられるようになり，「福祉国家の危機」といわれる状況が生じました。その後，経済のグローバル化や脱工業化，サービス経済化などの環境変化の中で，福祉国家は新たな危機に直面しています。国際的な競争の激化や，労働市場の柔軟性を高める政策において，長期安定雇用を前提とする制度設計を基調とした社会保障制度では有効な機能を果たすことが難しくなりました。さらに，少子高齢化の進展は，社会保障制度の財政的持続可能性の低下や，負担と給付をめぐる世代間格差の問題を引き起こしています。また，生活の多様化は，保育や介護などのケアサービスにおいて新たなニーズを生み出しています。このような課題に直面する中で，多くの先進国では，制度の持続可能性を高めるために，給付水準の引き下げや財政方式の変更，社会サービスの提供体制に市場メカニズムを導入するなどの制度改革を実施するといった対応を行っており，このような改革を通して福祉国家の再編が進みつつあります。

　このような中，**エスピン＝アンデルセン**による福祉国家レジーム論の提唱は，福祉国家研究に大きな影響を及ぼしました。エスピン＝アンデルセンは，福祉国家の主要な目的・機能を，労働力の脱商品化と階層化であるととらえ，各国の福祉国家レジーム（政策・制度の形態）が脱商品化・階層化の機能を果たす程度を得点化して比較分析し，「**自由主義レジーム**」「**保守主義レジーム**」「**社会民主主義レジーム**」という3つに福祉国家レジームを分類しました（表9-1）。

　なお，エスピン＝アンデルセンはその後，企業，NPO 等，国家以外の主体の役割を位置づけるという観点から，「福祉国家レジーム」に代えて，「福祉レジーム」という概念を用いるようになりました。

（3）福祉国家と社会保障

　社会保障とは，貧困，疾病，障害，失業，加齢などから生じる生活上のリス

表9-1　エスピン゠アンデルセンの福祉国家類型と日本型福祉国家モデル

1．社会民主主義モデル：福祉が手厚いため脱商品化が進み，国民に等しく福祉が提供されている（階層化が低い）。（代表例：スウェーデン，デンマーク） 2．保守主義モデル：福祉が手厚く脱商品化はある程度進んでいるものの，福祉の供給は職業などによって異なるため階層化は高い。（代表例：ドイツ，オーストリア） 3．自由主義モデル：福祉が手厚くないため脱商品化は進んでおらず，供給される福祉は職業などで異なるため階層化も高い。（代表例：アメリカ，イギリス） 4．日本型福祉国家モデル（東アジア型）：保守主義と自由主義の混合型。社会保障支出の規模は大きいものの，必ずしも福祉国家として貧困問題や人口減少への対応に成功していることを意味しない。

出所：筆者作成。

クに対して，社会連帯の仕組みにより対処する公共的活動であるといえます。福祉国家は，生活上のリスクによって人としての生活ニーズの充足が妨げられないように公共的に対処する仕組みです。社会保障は，リスクに対処するためにセーフティーネットを準備します。具体的には，年金，医療，介護，福祉，住宅，教育などの社会的サービスが公共的に提供されることになります。さらに，社会保障としては，生活の自立を助け，本来備わっている能力を高め，自己実現の機会を保障するための備えも用意しなければならないと考えられています。これがいわゆる，「積極的福祉政策」の考え方です。

　福祉国家の経済的基盤は，国民の能力に基づく負担としての税金や保険料です。一方，福祉国家が提供する社会サービスは，国民の必要性に基づく給付として与えられるものです。このように，能力と必要性とが乖離することが，福祉国家の危機の基本的な原因であると考えられています。この危機を解消するためにも，積極的福祉の考え方が重要です。

4　社会変革の担い手
——社会を変える社会運動の展開

（1）社会運動の展開

　社会運動とは，一定の社会的目標達成のために行われる集団的行為です。社会運動の展開は，目標達成のために集団が結成され，あるいは自然発生的に誕生したものが，次第にそのかたちが整備される過程を経て，目標達成によって

集団が変質，解体するか，目標達成を断念して挫折するか，の過程をたどります。社会運動の変化を社会学的に分析すると，まず，「発端期」における集合行動の成立，指導者となるべき中核の発生と拡大がみられます。次に，「組織化」の時期における社会運動の形態整備，中核指導者グループの活動があります。「制度化」の時期には，目標の部分的達成によって，組織の拡大や目標の追求よりも，組織の現状維持に関心が注がれ，一般成員の参加動機も多様化します。このほかにも，目標達成に伴う解散，運動の挫折による消滅があります。さらに，状況の変化やリーダーシップの改善によって，制度化の局面における組織の停滞が打破され，再組織化される可能性もあります。

（2）社会問題と社会運動

　現代社会では，社会運動は多様化しています。このことは，社会問題の多様化と深く関連しています。社会学では，社会問題を「**原因論**」と「**構築主義**」の2つの視点からとらえます。原因論は，社会の構造に問題がある場合です。社会構造によって貧富の差を生み出し，差別や排除，貧困，対立，紛争が表出し，社会成員を対立する集合的な主体へと転換していきます。構築主義は，問題点を指摘する「申し立て活動」が社会に受け入れられていく過程が，社会問題の形成過程だとするとらえ方です。これは，ラベリング理論の流れをくむものだとされており，セクシャルハラスメントをはじめとするさまざまなハラスメントを訴える運動などが代表的なものとして認識されています。

　1970年代には，「新しい社会運動」が登場しました。新しい社会運動は，上述した原因論と構築主義との複合によるものです。現代社会においては，社会問題の多様化により，社会運動にも多様な展開がみられます。しかし，かつてのような労働運動や大衆運動のような社会運動が巻き起こり，社会全体を揺るがすといった社会運動はみられなくなりつつあります。社会全体を相手に，社会全体のシステムを転換させるために争うという構図は過去のものとなり，現在では，それぞれの地域や領域においてそれぞれの社会運動が起こっていると考えられます。社会運動が社会システムに内在化されたとの指摘もみられます。

（3）社会福祉運動

　社会福祉における社会運動は，障害や高齢，生活困窮などによって何らかの社会福祉サービスを必要とする人びとが，その権利を要求する運動として始まりました。日本では，生活保護に対する国の責務を問うた「朝日訴訟」が起こされるなど，社会保障，社会福祉における国の責務を中心として運動が展開されてきました。なお，**朝日訴訟**とは，生活保護を受給していた朝日茂氏が，当時の生活保護費があまりに低額であり，憲法第25条の「健康で文化的な生活」を保障していないと訴えたものです。この訴えを契機として，生活保護基準の見直しが行われるなど，社会保障全体が再考されるきっかけとなりました。このように，社会運動により具体の政策が変わることもあり，社会福祉においても社会運動は福祉のあり方を変える大切な要素であると考えられてきました。

　また，社会福祉の仕組みを変える運動としては，1970年代にアメリカのカリフォルニア州バークレイで始まった「**自立生活運動（IL 運動：Independent Living Movement）**」もその代表的なものとしてとらえることができます。この運動は，障害のある人たちが，施設での制約の多い生活が当たり前なのではなく，町の中で普通に生活することが当たり前なのだとして始まったものです。地域での当たり前の生活を支援しているのは，NPO である「**自立生活支援センター（CIL：Center for Independent Living）**」です。ここでは，地域で生活するために必要なさまざまな支援を行っています。日本でも1986年，東京・八王子に「ヒューマンケア協会」が設立され，その後，全国自立生活センター協議会（JIS）が組織されました。

5　社会問題にかかわる社会政策

　最後に，社会問題に社会政策はどのようにかかわるのかについて考えてみたいと思います。

　社会政策とは，「市民生活の安定や向上を直接の目的として策定されたり，実行されたりする公共政策」のことを意味します。[(3)]

　現代における社会政策は，一般的には労働問題と狭義の社会福祉から構成さ

れると考えられています。社会政策に関する学問および研究分野としては，
「労働経済学」「労働法」「社会保障論」「公的扶助論」など，幅広い分野を包摂
しています。初期の社会政策は，第3節で取り上げた「ベヴァリッジ報告」の
「貧困」「無知」「不潔」「失業」「疾病」の5項目の改善のための政策研究が中
心でしたが，現代においては，福祉に重点を置いた取り組みが中心となってい
ます。また，性差別や人種差別なども取り組むべき課題として認識されており，
社会政策の対象範囲は拡大しています。

　とはいえ，社会問題すべてを社会政策だけで解決できるわけではありません。
たとえば，地球温暖化や感染症の蔓延，食の安全問題などを社会政策で扱うこ
とはできません。そのような問題に対処するためには，環境政策や医療政策，
食品政策が必要です。さらに，防災政策，防犯政策，交通政策，地域政策など，
さまざまな政策と連動しながら，社会政策を考える必要もあります。社会問題
に対峙するためには，1つの政策領域だけではなく，幅広い視野と知識が求め
られるのです。

注
(1)　松村明編（2019）『大辞林　第四版』三省堂。
(2)　新村出編（2018）『広辞苑　第七版』岩波書店。
(3)　秋元美世ほか編（2003）『現代社会福祉辞典』有斐閣。

参考文献
赤川学（2012）『社会問題の社会学（現代社会学ライブラリー9）』弘文堂。
秋吉貴雄（2017）『入門　公共政策学──社会問題を解決する「新しい知」』中央公論
　　新社。
エスピン－アンデルセン，G.／岡沢憲芙・宮本太郎監訳（2001）『福祉資本主義の三
　　つの世界（MINERVA 福祉ライブラリー47）』ミネルヴァ書房。

まとめ ━━━━━━━━━━━━

- 主なキーワードは，「公共」「福祉国家」「社会保障」「社会運動」「社会政策」。
- 社会学の視点から社会問題を理解するためには，社会福祉学の枠を超えて社会全体を見据えること。
- 社会問題は広くとらえなければならない。
- 現代の社会問題とは，いったいどのようなものであるか（何が社会問題とされているのか）。
- 福祉国家には類型がある。
- 人口動態の変化と社会問題との間には相関がある。
- 社会問題への社会学的アプローチ。
- 社会政策の変遷。
- 社会福祉関連の国家試験のためには，押さえておかなければならない内容は多岐にわたる。
- 人口の推移については，高齢化率の推移など細かい部分までみておくこと。
- 近年の社会福祉の動向（地域包括ケアシステム，地域共生社会など）。
- 近年の社会問題は多様化，複雑化，深刻化，潜在化している。
- 社会運動や自立生活運動はどこの国からどのように広がったのか。
- ベヴァリッジ報告については，詳細な知識が求められる。
- 次のキーワードについて，言葉の意味や内容を理解すること。

　公共，公共性，新しい公共，公共空間，リスク社会，リスク社会論，子どもの貧困，健康格差，社会的排除，福祉国家，福祉社会，社会運動，NPO，大衆運動，市民運動，社会福祉運動，IL 運動，社会政策

第Ⅲ部

私たちが生きる社会

第 10 章

生活とコミュニティ

　現在，国は地域住民相互の「支え合い」の必要性を訴え，そこに地域福祉の活路を見出そうとしています。しかし，地域の「つながり」は希薄化しているという現状があります。2009年に内閣府が60歳以上を対象に実施した調査では，「電話やメールも含めてどの程度，同居の家族を含めて人と話をするか」という問いに対し，「2～3日に1回以下」と回答した人の割合が7.9％にも上ることが明らかになっています。また，同じく2009年に実施された調査では，「病気の時の世話を頼める人がいない」と回答した人の割合は10％で，「重い家具の移動・植木の手入れ等一人ではできない家の周りの仕事を頼める人がいない」と回答した割合は14％，「いざという時にまとまったお金を貸してくれる人がいない」と回答した割合は20％でした。このことからは，頼ることのできる人のいない人が全体の約1～2割程度いることがわかります。⁽¹⁾

　40歳未満を対象とした地域での「つながり」の調査については，現在においてもさまざまなところで問題として取り上げられている「ひきこもり」と関連したものが多いという特徴があります。2010年の内閣府による15歳以上39歳以下を対象とした調査では，他者とのつながりがない状態である「ひきこもり」の出現率は1.79％でした。⁽²⁾ ひきこもりに関しては，複数の自治体でも調査が実施されていますが，その出現率にはばらつきがあります。その原因は，地域性などの影響やそもそも調査が難しいことなどが関係していると考えられます。ひきこもりに限らず，現代社会においては，地域でどれくらい他者とのつながりがあるのか，地域にはどれくらい生活ニーズを持つ人がいるのかなど，その実態の把握は容易ではありません。生活と地域を考える場合には，まずは地域

の実情をつかむことが何よりも大切な先決事項です。

　本章では，地域の現状や現代社会の地域課題について，人びとの生活の変化や人口構造の変化とあわせて考えていきたいと思います。

1　生活の多様化と態様

（1）生活の多様化

　第二次世界大戦後の急速な経済成長により，日本は先進国の仲間入りをしました。それから現在に至るまで，経済的な豊かさはある程度，充足してきたと考えられます。しかし，その過程では，地方から大都市圏への人口移動による過疎と過密の問題，「**限界集落**」と呼ばれる地域の出現，都市的社会様式の浸透など，さまざまな地域の変化や課題がみられはじめました。限界集落とは，過疎化・高齢化が進展していく中で，経済的・社会的な共同生活の維持が難しくなり，社会単位としての存続が危ぶまれている集落のことを指します。限界集落は，中山間地域や山村地域，離島などの社会経済的条件に恵まれない地域に集中していますが，1990年頃からは当該地域を対象とする地域振興だけでなく，さまざまな視点から注目を集めるようになりました。

　一方，特に大都市圏では，人口増加に加え，企業活動の中枢機能を担い，物流および情報などが集中し，その結果，鉄道，道路等は常に混雑するという生活上の問題が発生しています。住宅についても，大都市圏では居住水準はなかなか向上せず，さらに建設コスト等も高額であるといった問題があります。

　このように，必ずしも豊かさを実感することができない状況の中で，生活に対する人びとの価値観の変化や多様化が生じています。高度経済成長期のように，経済的な豊かさを追求するのではなく，価値観の変化や多様性に応じた生活の豊かさを求める社会の実現に重きを置く人も増えてきました。豊かな生活の実現のためには，高齢者や障害者の生活の質（QOL）の向上も，大きな課題となります。

（2）孤独死

　近年，新聞をはじめとするマスメディアなどでよく取り上げられるものとして，「孤独死」の問題があります。図10-1は，孤独死を身近なものとして感じている人の割合を示したものです。ここでの孤独死とは，「誰にも看取られることなく，亡くなったあとに発見される死」だと定義されています。図からは，「孤独死を身近な問題だと感じる」（「とても感じる」と「まあ感じる」の合計）人の割合は，60歳以上の全体では17.3％ですが，一人暮らし世帯ではその割合は上がり，45.4％と4割を超える人が孤独死を身近なこととして認識していることがわかります。

　また，近年では，孤独死は高齢者の問題であるとはいえない実態があります。年代別にみると，70代男性が全体の26.4％で，世代別では最多ですが，一方で65歳未満は29％であるとする調査もみられます。世帯構成の変化や地域のつながりの希薄化等により，孤独死がもはや高齢者だけの問題ではないことを物語っています。⁽³⁾

（3）広がる8050問題

　孤独死と同様に，近年，新聞などの報道でよく目にするものの1つに，「8050問題」があります。「80」は80代の親，「50」は自立することのできない事情を抱える50代の子どもを指します。このような親子が社会から孤立する問題が「8050問題」と呼ばれています。自立することのできない事情の代表的なものに，先述したひきこもりがあります。これまで，ひきこもりは若者の問題とされていましたが，ひきこもりの状態が長期化し，ひきこもった状態のまま40代，50代と中高年になる子どもと，高齢化して働けなくなった親とが生活に困窮したり，社会から孤立したりする世帯が全国各地で報告されています。中には，周囲から気づかれることのないまま親子とも倒れになるケースもみられます。

(%)

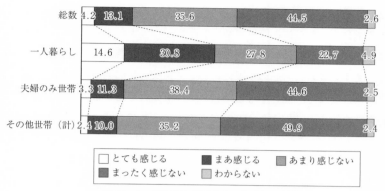

図 10-1 孤独死を身近なものと感じる割合

資料：内閣府「高齢者の健康に関する意識調査」（平成24年）。
注：1）　調査対象は全国55歳以上の男女であるが，そのうち60歳以上の再集計。
　　2）　「その他世帯（計）」は，二世代世帯，三世代世帯及びその他の世帯の合計をいう。
　　3）　本調査における「孤独死」の定義は「誰にも看取られることなく，亡くなったあとに発見
　　　される死」。
出所：内閣府（2018）『平成30年版高齢社会白書』。

2　コミュニティの概念

（1）コミュニティの特性

　コミュニティや地域という言葉は，日常的に私たちがよく使う言葉の1つで
す。地域生活，地域社会，地域福祉，地域住民，地域共生，地域共同体，コ
ミュニティモデル，コミュニティケアなど，地域やコミュニティに関するたく
さんの言葉があります。なぜ，日常生活において地域という言葉をよく耳にす
るのでしょうか。それは，「地域」という言葉が意味することや，「地域」とい
う言葉に含まれている意味内容が，私たちが日常生活を営む上では無視するこ
とができないものであり，生活と切り離すことができないからです。

　地域という言葉は，人びとの結びつきという意味でも，空間という意味でも，
その空間における施設やサービスという意味でも，それらすべてを含む意味で
も使われる日常用語です。地域という言葉のもつ特質の1つは，雑然とした意

味内容をありのまま受け入れ包容する「**多義性**」にあります。

　また，地域という言葉が示す空間的範囲は，隣近所の狭い範囲から，町内という空間を含み，さらに市町村，都道府県までの広大な空間に至っています。地域は，これらすべての空間を内包する言葉として，きわめてあいまいなものでもあります。さらに，話の文脈に合わせて地域の空間的範囲は自在に縮小，拡大するだけでなく，聞き手もまた自分の理解に合わせて都合よく自在にこの空間的範囲を縮小，拡大することができます。それでいて，話し手も聞き手もなんとなく相互に了解しています。地域という言葉は，「多義性」とともに，その空間的範囲における「**多重性**」も特質として含んでいるのです。

（2）コミュニティの重要性と無用性

　地域がどれほど多義的，多重的に用いられようとも，居住地を含む空間と社会を含むという点においては，一貫した用いられ方をします。居住を軸として展開される生活には，どこでも共同で解決しなければならない共同の生活問題が存在します。たとえば，全国各地にある「小京都」を想像してみましょう。小京都をつくり，その形態を存続させるためには，歴史的景観や町並みを保つための努力が必要です。住民一人が努力をしたところで町並みを保つことはできません。そのため，地域に居住する住民全員の協力が必要になります。小京都の例は特徴的なものではありますが，私たちは地域で生活する以上，地域を存続させるための共通の決まりごとや約束ごとを有しながら，個々の生活を送っているのです。

　一方，近年は**地域の無用性**を実感する人が増えているといわれています。それはどのような理由からなのでしょうか。まず，人びとの生活圏が拡大しているという実情があります。多くの人にとって，地域は「寝るために帰る家がある場所」という以上の意味をもたなくなっていることが指摘されています。なお，大都市ほど職場と住居の分離は大きくなる傾向があります。生活の空間的範囲は地域を超えて営まれ，1日の生活時間は，その多くが地域外で費やされます。そのため，地域の人びととの交流も次第に希薄化していきます。地域とのかかわりをもたない生活領域が拡大し続けるとともに，実感としての地域は

その重要性を低下させるのです。

　次に、「無用性」の実感の拡大があります。その理由は、地域の重要性を実感する「私」の縮小と地域の無用性を実感する「私」の拡大に伴う乖離にあります。地域の無用性の実感の拡大は、住民の地域への関与の低下とストレートに結びつきます。

　また、都市的生活様式が人びとの抱く地域の無用性をさらに強固なものにしているとの指摘もあります。かつては、地域の中の問題はコミュニティ内で解決していました。しかし現在では、その多くは住民が共同で処理するのではなく、専門サービスによる処理にゆだねられています。専門サービス供給の母体となる、専門分化された巨大な問題処理システムに依存すること、つまり、住民の相互扶助による処理をできるだけ省略化し、専門処理に高度に依存する生活を営むことが**都市的生活様式**と表現されるものです。このことにより、私たちは日常的に助け合わなくても暮らしていけるようになりました。戦後の高度成長がもたらした人びとの生活水準の上昇は、本来持ちあわせていた地域の生活互助機能の衰退を招くことになりました。

　そして、家族構成の変化も私たちのコミュニティ帰属意識の低下と関係しています。核家族化の進展とともに、家と地域とのつながり方も大きく変化しました。家の家長は、その地域を占めるものだけが原則として参加の許される集団に、家の跡取りの妻は、いわゆる「嫁」だけが集まる集団にそれぞれが参加することを通して、地域への結びつきをそれぞれの立場で有していました。家の成員それぞれが、それぞれの地域集団に参加することによって、家と地域との結びつきは具現化されていたのです。このことは、家が地域に対して、一定程度、開放的であったことを意味します。一方、核家族化は、夫婦家族のメンバーと地域集団とのつながりを衰弱させることを通して、家族と地域の結びつきを希薄化し、住民による共同処理の大幅な縮小を導きました。

3　コミュニティの重要性を見直す

　地域の無用性を感じる人が増える一方で，地域の重要性を見直す必要性も生じています。その理由は大きく分けて3つあります。

（1）安全・安心な地域をつくる
　1つ目は，地域の「安全・安心」に関係するからです。1995年1月17日に発生した阪神・淡路大震災後，地域防災の必要性が改めて広く認識されました。また，その後の神戸連続児童殺傷事件や池田小学校児童殺傷事件など，子どもをめぐる犯罪事件を契機として，地域防犯の必要性が見直されるようになりました。このような経緯において，防災と防犯がセットになり，「安全・安心のまちづくり」という標語が全国各地で見られるようになりました。
　凶悪事件が発生すると，私たちは犯罪者という「人」に注目して犯罪の原因を探そうとします。しかし，犯罪者という人に注目している限り，効果的な防犯対策を講じることは難しくなります。加えて，住民パトロールなどで「不審者」探しに力を注ぐあまり，障害者やホームレス，外国人などを不審者扱いし，差別や排除を生む危険性もあるのです。
　犯罪者の異常な人格や劣悪な境遇に犯罪の原因を求め，それを取り除くことによって犯罪を防止しようとする考え方を，「**犯罪原因論**」といいます。コミュニティの観点からすると，犯罪原因論から「**犯罪機会論**」（物的環境の設計や人的環境の改善を通して，犯罪を未然に防ごうとする考え方）へのパラダイムシフトが必要です。つまり，危険な「人」ではなく，犯罪が起きやすい危険な「場所」に注目することが，防犯のまちづくりのポイントになるのです。
　ただ，たとえばセキュリティの高いマンションを増やすことや監視カメラの設置など，ハード面を強化する取り組みだけでは限界があります。防犯を防ぐための環境づくりに頼りきりになると，地域集団による防犯活動が軽視されてしまい，コミュニティづくりを推進する当事者としての意識が低下してしまいます。近年では，ソフト面の取り組みを重視する「**犯罪防止理論**」が注目され

ています。たとえとしてよく用いられるのは，「**割れ窓理論**」です。割れた窓
ガラスが放置されているような場所であれば，犯罪者は躊躇なく侵入し，警察
に通報される心配もなく犯罪を行うことができる，というたとえです。これは
あくまでもシンボル的なたとえであり，ほかにもシャッターの落書きや散乱し
たごみなどを放置しておくことが犯罪の呼び水になると考えられています。こ
のような一見，些細なことを許さない，という考え方が「割れ窓理論」です。
コミュニティへの縄張り意識や当事者としての意識を高めることによって，心
理的なバリアを築くことが防犯には重要である，という考え方が大切です。

（2）プロダクティブ・エイジング

　地域の重要性を見直す必要性の2つ目は，「**プロダクティブ・エイジング**」
の考え方によるものです。これは，高齢者の「生涯現役」を意味します。この
言葉が使われるようになったのは，老年学者のバトラーが，高齢者は依存的で
あるため，高齢者人口の増加が社会的負担につながるという社会通念に反論す
るために，高齢者の持つ「プロダクティビティ（生産性）」を社会的に活用する
ことを提案したことが契機となっています。

　日本はADL（日常生活動作能力）からみれば，高齢者の8割は自立しており，
この水準は世界的にも高いものです。また，平均寿命が80歳を超える「**大衆長
寿社会**」であり，高齢者の自立能力は年々高まっています。このことからも，
日本においても高齢者の「依存性」に着目するのではなく，「プロダクティビ
ティ」の注目への転換が必要です。

（3）地方都市の衰退と再生

　地域の重要性を見直す必要性の3つ目は，地方都市の衰退です。地方都市で
は，人口減少や高齢化が進む中，モータリゼーション（車社会化）とセットに
なった郊外への大型商業施設の立地などに伴い，「シャッター通り」に象徴さ
れる中心市街地の衰退が進んでいます。それに歯止めをかけるため，地方都市
では，「まちなか再生プロジェクト」や「地域ブランド」育成などの取り組み
が行われています。

4　新たな都市の形態

（1）スマートシティ

　新たなまちの形態として,「コンパクトシティ」や「スマートシティ」が注目されています。日本では,東日本大震災の被災地においても,その取り組みが導入されています。

　スマートシティとは,先端技術を用いて,基礎インフラと生活インフラ・サービスを効率的に管理・運用し,環境に配慮しながら人びとの生活の質を高め,継続的な経済発展を目的とした新しい都市のことを指します。スマートシティは,世界中でプロジェクトが進められています。その理由としては,現在77億1500万人(4)の世界人口は2050年には95億人になると予想され,エネルギー消費の爆発的な増加が懸念されていることに加え,新しい都市を創造する技術が発達してきたことにあります。日本でも,東日本大震災をきっかけにエネルギー供給の考え方は大きく変化しています。スマートシティは,Smart Living（スマート・リビング）,Smart Energy（スマート・エネルギー）,Smart Economy（スマート・エコノミー）,Smart Learning（スマート・ラーニング）,Smart Mobility（スマート・モビリティ）,Smart Governance（スマート・ガバナンス）の6つの「スマート」の集合体です。

（2）コンパクトシティ

　コンパクトシティとは言葉のとおり,コンパクトなシティ（都市）ですが,人口の少ない小都市という意味ではなく,商業地や行政サービスといった,生活上必要な機能を一定範囲に集め,効率的な生活・行政をめざすことを意味します。その形態にはいくつか種類はありますが,基本的には公共交通と徒歩を利用した設計になっており,自動車を必要とする郊外の生活スタイルから離脱するものです。さらに,都市区域や居住区域を定め,生活圏をコントロールしていく構想でもあります。つまり,人びとが郊外に住宅を求めることで無秩序に広がった生活圏を,中心部（または中心部と公共交通で結ばれた沿線）に集約さ

せることで，無駄の少ない生活・行政をめざそうとするものです。これは，人
口減少の一途をたどる日本においても注目される地域づくりの1つです。

5　つながりの再生

（1）町内会・自治会の衰退
　町内会・自治会は，世帯を加入単位としており，原則的には一定の地域に居
住する人たちは全世帯加入するものだと考えられています。
　1940年に国が発令した「部落会町内会等整備要領」により，町内会は本来の
自治集団としての性格は薄められ，国策遂行のための政府機関の下部組織とし
て役割を担うことになりました。その後，1947年の政令により，町内会などの
自治組織はすべて解散となりましたが，日々の生活を維持するためには，身近
な人びととの相互協力が不可欠であったことなどの理由により，次第に町内会
が自主的に組織されはじめました。
　町内会・自治会は，これまでの地域社会においては，他の組織によって代替
することのできない重要な役割を担っていました。しかし，近年では，町内
会・自治会への加入率は全国的に低下しています（図10−2）。
　町内会・自治会には，その地域に住む住民同士が助け合い協力することで，
住みよい地域社会を創っていくという目的があります。その目的を果たすため
に，町内会・自治会では，区域内の生活上の諸問題や防犯などへの取り組みや，
身近な環境の整備や管理，公園や区域内の清掃・美化活動，防災・防犯活動，
夏まつりや運動会の実施，敬老会などによる地域住民相互の交流活動，相互扶
助，親睦行事などの活動を行っています。人と人の支え合いやつながりは，行
政が主体となって築くものではなく，日常の生活環境の整備活動や地域内の諸
行事によって築かれるものです。すべての人にとって住みよいコミュニティを
築くためには，現代社会においてもなお，町内会・自治会の果たす役割は大き
いといえます。

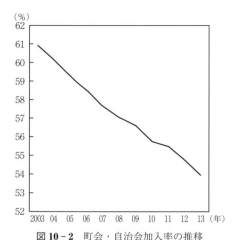

図 **10-2**　町会・自治会加入率の推移

出所：東京の自治のあり方研究会（2015）「東京の自
治のあり方研究会最終報告」。

（2）ソーシャル・キャピタル

　ソーシャル・キャピタル（social capital）をそのまま日本語にすると，「社会
資本」になります。しかし，日本では社会資本というと，インフラや公共施設
などハード面を想起することが多いと思います。ソーシャル・キャピタルとい
う単語にはソフト面も含まれますので，一般的には「社会関係資本」と訳され
ています。ソーシャル・キャピタルは，アメリカの政治学者であるロバート・
パットナムが1993年に出した著書 *Making Democracy Work* において，次のよ
うに定義しました。「ソーシャル・キャピタルとは，人々の協調行動を活発に
することによって社会の効率性を高めることのできる，『信頼』『規範』『ネッ
トワーク』といった社会組織の特徴である[5]」。

　ソーシャル・キャピタルは，その特質を考える際，社会的つながりの対象範
囲や構成要素の特徴などから，複数のタイプに分けて，論じられています。そ
の中でも，ソーシャル・キャピタルの概念を理解するために最も基本的な分類
となるのは，「**結合型（bonding）**」のソーシャル・キャピタルと「**橋渡し型
（bridging）**」のソーシャル・キャピタルです。結合型のソーシャル・キャピタ

ルは，組織内部の人と人との同質的な結びつきであり，内部で信頼や協力，結束を生むものだとされています。これに対し，橋渡し型は，異なる組織間の異質な人や組織を結ぶネットワークであるとされています。一般的には，結合型のソーシャル・キャピタルは，強いきずなや結束によって特徴づけられ，内部志向的であると考えられています。このため，その性格が強すぎると，排他的になるおそれもあります。これに対して，橋渡し型のソーシャル・キャピタルは，より横断的なつながりとして特徴づけられており，社会の潤滑油としての役割を果たすと考えられています。

　日本においてもこのソーシャル・キャピタルが注目されたことの背景には，これまで述べてきた日本社会の変化があります。ソーシャル・キャピタルが蓄積された社会では，相互の信頼や協力が得られるため，治安や経済などにプラスの影響があり，社会の効率性が高まるとされています。ソーシャル・キャピタルへの注目は，人びとのなかに物的な資本だけではなく，目に見えない資本を高めていく必要性が認識されはじめたのだといえるでしょう。

注
(1)　阿部彩（2011）『弱者の居場所がない社会——貧困・格差と社会的包摂』講談社，105頁。
(2)　内閣府（2020）「若者の意識に関する調査（ひきこもりに関する実態調査）」。
(3)　朝日新聞「孤独死，40〜50代が 2 割の衝撃　不安定な雇用影響か」朝日新聞デジタル2020年 2 月 7 日（https://www.ashahi.com/articles/ASN26778HN25PTIL01G.html　2020年 2 月 7 日閲覧）。
(4)　UNFPA state of world popalation 2019。
(5)　パットナム，R. D.／河田潤一訳（2001）『哲学する民主主義——伝統と改革の市民的構造』NTT 出版。

まとめ　━━━━━━━━
• 主に「コミュニティ」「地域社会」「多様化」「コミュニティの重要性」などをキーワードに，人の生活や生活様式の多様性を焦点化。
• 今日の社会は，地域住民相互の関係性が希薄化している。
• 厚生労働省の打ち出す「地域共生社会の構築」にみられるように，これからの地域

社会においては，地域住民同士のつながりとそのための場の創出が求められている。

- 社会福祉専門職をめざす人たちには，つながりづくりの役割を担うことも期待されている。
- 新たな生活課題への**住民主体**の取り組み。
- すべての人が生活しやすいコミュニティの創造とはどのようなことか。
- コミュニティとは，人びとがつくり出す場に加え，**空間**という意味も持つ。
- 今日の変動する世界，国内における社会とはいったいどのようなものであるのか。
- 生活を営む人びとの**生活様式**はどのように変化しているのか。
- **相互支援**とはどういったものか。
- 共通の目的を実現する共同のあり方（**共同体**）とは何か。
- 近年の地域課題と生活様式の変化の相関。
- これからの社会と**プロダクティブ・エイジング**の思考。
- **スマートシティ**，**コンパクトシティ**のメリットとデメリット。
- **町内会・自治会**への加入率の推移。
- **ソーシャル・キャピタル**の概念。

第11章

グローバリゼーション

　グローバリゼーションという言葉を『広辞苑』[(1)]で調べてみると，「国を超え
て地球規模で交流や通商が拡大すること」とあります。私たちが抱くグローバ
リゼーションの一般的なイメージは，企業が国境を越えて生産活動を行うこと
に伴って，人や物，商品やサービスなどの流れが盛んになることなどが挙げら
れます。また最近では，インターネットの普及により，情報も国境を越えて全
世界に広がってきています。グローバリゼーションという言葉は，産業や金融
など経済面での動きに関する事柄に使われることが多いのですが，実際には人
や物，情報などが行き来することで，経済だけでなく，社会，文化，環境面で，
相互的に影響する事柄にも使われることが多くなっています。
　伊豫谷登士翁は[(2)]，グローバリゼーションについて「近代における不可避的な
過程であるとともに，各時代における越境空間の形成される状況を示し，さら
にそうした越境空間を創りだす機構やイデオロギー等の企図である」と述べて
います。つまり，近代のさまざまな制度や機構だけでなく，文化や思想など，
世界中に浸透してきたあらゆる変化をとらえるキーワードとして，グローバリ
ゼーションが用いられており，私たちは，その変化から逃れることができない
とされています[(3)]。社会学の分野では，グローバリゼーションによって世界のあ
らゆるところで同時多発的に起きている社会の変化とは何か，その全体像を把
握するとともに，今後どのような変化のあり方が望ましいのかについて考えま
す。本章では，その中でも特に人の移動に焦点をあてて，考えていきたいと思
います。

1　日本で生活する外国人の現状

　グローバリゼーションの1つの現象として移民があります。日本社会においても，外国人労働者の導入を中心とした移民政策がとられてきました。日本政府は，いまだに外国人の受け入れを「移民」という言葉を使って述べていませんが，実際には，これまで積極的な受け入れを行ってきた外国人労働者をはじめ，非労働力として日本に渡来してきた外国人も，長年にわたって日本に暮らしています。外国人の日本への受け入れの是非はともかく，そのような現象が起きていることを看過することはできなくなっています。

　ここでは，日本における外国人の状況の全体像を把握し，日本政府の外国人に対する受け入れ政策について，在留管理制度改正の動きからみていきます。そして，日本で暮らす海外にルーツを持つ人びとが生活していく上で直面する生活課題を明らかにし，多様な人びとが共に暮らすための社会のあり方について考えるきっかけを作りたいと思います。

（1）統計でみる外国人の現状

　日本で生活する外国人の現状を考えるとき，**オールドカマー**といわれる在日コリアンや中国人を中心とした外国人の現状と，1980年代後半に，主に労働者として日本に入国してきた**ニューカマー**（新来外国人）と呼ばれる外国人の現状と，分けて考える必要があります。ここでは，定住者，あるいは地域住民としての問題や，地域での共生を考える際の社会としての問題でみたニューカマーの現状を中心にみていきたいと思います。

　図11－1の日本で暮らす外国人の推移をみると，2019年における在留外国人数は293万3137人で，その数は毎年過去最高を更新しています。2008年に起きたリーマンショックの影響で日本で暮らす外国人は年々減少していき，2011年に起きた東日本大震災直後に最少となりますが，それ以降は増加の一途をたどっています。

　日本で暮らす外国人を出身別でみてみると，出身国は195か国にも及びます。

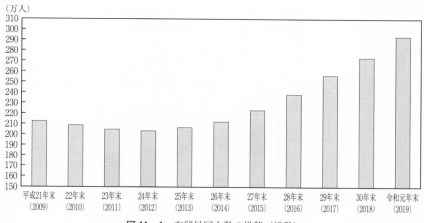

図11-1　在留外国人数の推移（総数）

出所：法務省「在留外国人統計」。

国籍別（表11-1）では，中国が第１位で81万3675人となっており，これは在留外国人全体の約28％を占めています。第２位は韓国（法務省データでの表記）の44万6364人ですが，他の国籍の在留外国人数が増加しているのに対して，オールドカマーが多い韓国は，年々高齢化とともに減少しているのが特徴的です。第３位以下は，ベトナム，フィリピン，ブラジル，ネパールと続きますが，特に増加が著しい国籍・地域はベトナム，インドネシアで，対前年末比がいずれも20％前後の増加となっています。この理由として挙げられるのは，技能実習生と呼ばれる在留資格を持つ外国人労働者の著しい増加があります。在留外国人の在留資格別の構成比については，図11-2の通りとなっています。

（2）在留管理制度の動きと外国人入国の変化

　外国人が日本に滞在する場合，出入国管理及び難民認定法，通称「**入管法**」と呼ばれる法律に基づいて在留資格が与えられます。在留資格は，就労の活動内容に基づく在留資格と，就労活動に制限がない身分または地位に基づく在留資格の２つに分類されます。1989年の入管法の改正では，日系人とその配偶者・子ども（未婚で未成年に限る）に対して，就労に制限のない在留資格「定住

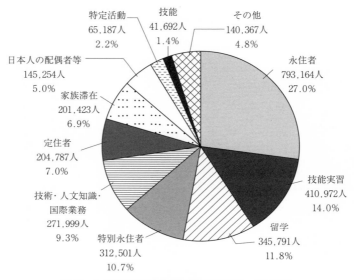

図 11 - 2　在留外国人の在留資格別構成比（2019年）
出所：法務省「在留外国人統計」。

　者」が付与されたことをきっかけに，1990年代にはブラジルをはじめとした南
米からの日系人の入国者数が大幅に増加しました。これが，実質上の単純労働
者の積極的な受け入れとなりました。
　その後2009年の入管法改正では，適法な在留資格を持つ「中長期在留者」に
「在留カード」を交付するなど新たな在留管理制度が導入され，指紋押捺を伴
う外国人登録法は廃止されました。外国人登録法の廃止で人道主義的立場への
尊重が期待されたかのように見受けられた2009年の改正ですが，外国人を住民
基本台帳法の適用の対象に加えて入管法と連動させることで，結論としては外
国人の管理を強化する在留管理体制となっています。また，これにより，在留
資格を持たない非正規滞在者は，在留カードからも住民基本台帳からも排除さ
れることとなりました。
　2014年の一部改正においては，高度な外国人材を受け入れるための新しい在
留資格「高度専門職」が創設されました。ここでは，高度で専門的な能力を持
つ外国人材の受け入れ促進のための措置として，永住許可としての在留資格が

与えられるために必要な在留期間を大幅に短縮しています。さらに2016年の改正では，介護業務に外国人が従事するために，「介護」の在留資格が設けられました。「介護」の在留資格を持つ人は，日本で介護福祉士の資格を取得した人たちが対象となります。一方，この新しい在留管理制度によって在留状況も細かく管理されることとなり，在留資格の取消し，退去強制などの罰則規定が強化されました。具体的には，活動が定められている在留資格で日本に在留しながら，実際にはその活動をしていない外国人に対しては，在留資格取消事由が定められました。これは，虚偽の証明書等を提出して不正に在留資格を得ようとする外国人や，技能実習生が実習先から無断で立ち去り，他の職に就くことに対応するための措置として決められました。

　そして，2018年の改正では，日本で深刻な問題となっている人材不足を補うための対策として，「特定技能」と呼ばれる新しい在留資格が創設されました。「特定技能」は，特定の分野に対し一定の専門性・技能を持ち，即戦力となる人材に付与される在留資格のことで，介護などの業務もここに含まれています。「特定技能」と似た在留資格に「技能実習生」があります。技能実習制度は，開発途上国への技能移転を通じた国際貢献が従来の目的であるのに対し，「特定技能」は，深刻化した国内の労働力不足を補うための対策といった目的で制度が設けられています。しかし，実質的には，技能実習制度が安い労働力を確保するための制度として，人手不足に陥っている企業で活用されており，目的と実態との間に乖離があり人権問題にも発展するケースがあります。「特定技能」については充分な議論がなされないまま制度が導入されており，技能実習制度も廃止にせず，「特定技能」の人材の供給源として活用されている点からも，今後，技能実習制度と同様の問題が起きるのではないかと懸念されています。このようにみていくと，日本の外国人政策は，日本の経済や産業，社会の変動に合わせる形で法律を改正し，それに基づいた外国人の受け入れを行っているといえます。

表 11 - 1　国籍・地域別

国籍・地域	平成21年末 (2009)	平成22年末 (2010)	平成23年末 (2011)	平成24年末 (2012)	平成25年末 (2013)	平成26年末 (2014)
総　　数	2,125,571	2,087,261	2,047,349	2,033,656	2,066,445	2,121,831
中　　国	670,683	678,391	668,644	652,595	649,078	654,777
韓国・朝鮮	571,598	560,799	542,182	—	—	—
韓　　国	—	—	—	489,431	481,249	465,477
ベトナム	40,493	41,354	44,444	52,367	72,256	99,865
フィリピン	197,971	200,208	203,294	202,985	209,183	217,585
ブラジル	264,649	228,702	209,265	190,609	181,317	175,410
ネパール	14,745	17,149	20,103	24,071	31,537	42,346
インドネシア	24,777	24,374	24,305	25,532	27,214	30,210
台　　湾	—	—	—	22,775	33,324	40,197
米　　国	51,235	49,821	49,119	48,361	49,981	51,256
タ　イ	37,812	38,240	41,316	40,133	41,208	43,081
その他	251,608	248,223	244,677	284,797	290,098	301,627

出所：法務省「在留外国人統計」。

<h2 style="text-align: center">2　日本で暮らす外国人の生活課題</h2>
——社会保障制度を中心に

（1）外国人の滞日意識と社会保険の加入状況——アンケート調査を例に

　2016年に，愛知県が外国人県民の生活の実態や課題等を把握することを目的に，外国人数の多い県内16市の外国人住民に行った大規模なアンケート調査「愛知県外国人県民アンケート調査」を例に考えてみたいと思います。愛知県は，東京に次いで2番目に在留外国人数が多い地域で，自動車産業等の製造業に多くの外国人が従事しています。この調査の中で，外国人住民に滞日年数を尋ねたところ，10〜19年の割合が最も高く27.0％で，次に20〜29年が19.2％と日本での滞日年数が10年を超える外国人住民が半数近くに上ることがわかりました。次に滞日予定について尋ねたところ，「ずっと日本に住み続ける予定で

在留外国人数の推移

平成27年末 (2015)	平成28年末 (2016)	平成29年末 (2017)	平成30年末 (2018)	令和元年末 (2019)	構成比(%)	対前年末 増減率(%)
2,232,189	2,382,822	2,561,848	2,731,093	2,933,137	100.0	7.4
665,847	695,522	730,890	764,720	813,675	27.7	6.4
―	―	―	―	―	―	―
457,772	453,096	450,663	449,634	446,364	15.2	−0.7
146,956	199,990	262,405	330,835	411,968	14.0	24.5
229,595	243,662	260,553	271,289	282,798	9.6	4.2
173,437	180,923	191,362	201,865	211,677	7.2	4.9
54,775	67,470	80,038	88,951	96,824	3.3	8.9
35,910	42,850	49,982	56,346	66,860	2.3	18.7
48,723	52,768	56,724	60,684	64,773	2.2	6.7
52,271	53,705	55,713	57,500	59,172	2.0	2.9
45,379	47,647	50,179	52,323	54,809	1.9	4.8
321,524	345,189	373,339	396,946	424,217	14.5	6.9

ある」と答えた割合が54.6％，次いで「決めていない」が20.8％，「いつかは帰国する予定である」と答えた割合は17.3％となっています。「いつか帰国する予定である」と答えた人たちに限定してさらに滞日予定期間を尋ねたところ，「わからない」と答えた人の割合が54.6％と最も高くなりました。これをみると，外国人住民の日本での在住年数が10年を超えて長期化していることがわかります。しかし，永住を希望する人が半数近くいる一方で，今後日本での生活を続けていくのか，それとも本国に帰国するのか，将来の見通しがつけられず，帰国の予定が立てられない人びとも一定の割合でいることがわかります。

　先ほどのアンケート調査で，今度は健康保険や年金の加入状況について尋ねたところ，健康保険に関しては80.9％が加入しているのに対し，年金については，48.1％が加入していると答えており半数に満たないことがわかります。さらに加入していない理由について尋ねたところ，29.0％の人が「制度は知って

いるが，金額的に負担できないから」と答えています。

（2）社会保障と社会的権利

　外国人住民の社会保険への加入が低い率にとどまる理由はいくつかあると考えられます。

　1つ目は，アンケート調査にもあったように高い割合で滞日年数が10年以上と長期化する一方で，帰国の目途が立たない不安定な生活基盤を送っている人びとも存在し，それが社会保険への加入状況に影響を及ぼしていることです。健康保険と年金の同時加入は，保険料が高く支払えないことがあります。特に短期滞在を予定している場合，病気や怪我で受診する際に必要となる健康保険には加入していても，年金を受給できる年齢まで日本に滞在しないと考えて加入しないことも予想されます。日本の場合，年金を受給するために必要な加入期間が25年から10年に短縮されたものの，将来の見通しが立たない外国人住民にとっては，それでも大きな負担となります。

　2つ目は，雇用主側が担うべき社会保険制度が不充分である点です。[4] 1990年代に日本にやってきた外国人の多くは，労働者としてやってきました。そのとき，一部の雇用主が，雇用保険や健康保険など，事業所が負担すべき社会保険制度を充分彼らに説明せず，加入させることを怠るケースがありました。一方，先ほども述べたように，外国人の中には，日本で長い間生活することを想定していなかったり，母国に送金などするため，かかる経費をできるだけ少なくしようとして，国民健康保険や年金に加入することをためらう人もいました。しかしながら，母国の経済的な事情や政治的な状況が不安定だったりすることで，短期で滞在予定だった外国人の中には，気づくと20年も30年も日本で生活しているという人たちも多くいます。そんな中で，社会保険制度に入っていない外国人が，仕事中に怪我をしたり，病気になったりすると，健康を損なうだけでなく，仕事を失ったり，家族や家を失ったりします。また，人とのつながりを失い孤独死するケースも出ています。社会のセーフティーネットである社会保険制度に入っていないことで全てを失う外国人住民が，今，増えています。

　3つ目は，オールドカマーを中心とする外国人住民の無年金問題です。日本

では，1959年に国民年金法が制定されましたが，それには**国籍条項**と呼ばれる条件がついており，日本国籍を持つ者だけしか，年金制度に加入できないことになっていました。これが国内外で大きな批判を浴びることになります。当時，1960年代に勃発したベトナム戦争により，多くの難民が日本への亡命を希望しました。当初，日本は，難民の受け入れに消極的でした。そこで，国際社会からの批判を受けることとなり，日本は，1981年に**難民条約**に批准することになりました。そのときに問題となったのが，外国人が年金に加入できないという問題です。この問題は，難民条約が掲げている「**内外人平等の原則**」に抵触していると非難されました。難民条約に批准するためには，この「国籍条項」をなくす必要がありました。そこで，1986年に，ようやく国籍条項を撤廃した，新しい国民年金法（国民年金改正法）が制定されました。では，これで問題が解消され，今まで加入できていなかった外国人全てが加入し，年金を受給できるようになったのかといいますと，必ずしもそうではありません。たとえば，年金を受けるために必要な加入期間である受給資格期間は，当初25年必要でしたし，国民年金改正法ができた時点ですでに60歳を超えている人は，加入，受給の対象外とされました。これにより，年金に加入したくてもできない，外国人の無年金高齢者を生み出すこととなったのです。これがいわゆる「**制度的無年金者**」です。

　最後は，**社会保障協定**が国々によって事情が異なる点です。社会保障協定とは，日本政府と海外の二国間の人材交流に伴う年金問題に対応するため，日本と海外での保険料の二重負担を防止したり，両国の年金制度への加入期間を通算することを目的に締結される協定のことを指します。

　日本とブラジルを例にとってみてみましょう。日本は，2012年にブラジルとの協定を締結していますが，締結されるまでは，日本で働くブラジル人もブラジルで働く日本人も，両国の年金制度に加入することが義務づけられており，保険料を両方の国で納めなければなりませんでした。それに加えて，日本の年金加入期間と，ブラジルの加入期間がいずれも長く，さらに期間がそれぞれ異なるため，日本での年金加入期間が未了のままでブラジルに帰国した場合，納付した保険料は掛け捨てとなることが多かったのです。

　この制度により，社会保障協定が締結されている国との間の年金問題はある
程度解消されますが，締結されていない国の出身で保障がなかったり，保障が
あってもそのような情報自体を知らないと，年金への加入手続きが進まないこ
とがあります。しかし一方で，急激な雇用の悪化や，定住の長期化という生活
環境の変化も考えられることから，今後，日本での暮らしを支える社会保障の
セーフティーネットに，外国人住民も組み入れて考えられるよう，啓発活動も
含めた対策が必要です。

3　日本で暮らす外国人の生活課題
——教育問題を中心に

　これまで，日本の社会保障制度に基づく外国人住民の社会的権利について考
えてきましたが，ここでは，外国人住民に対する教育，キャリア支援に関する
課題を中心に考えてみたいと思います。筆者の研究グループは，滞日外国人の[5][6]
視点からみた教育支援について，支援団体の外国人当事者はどのようにとらえ
ているのか，あるいは外国人当事者が望む教育支援とは何かについてインタ
ビューを行いました。表11-2は，複数の当事者が，共通して課題であると答
えた項目内容です。

（1）母語教育の重要性

　インタビューからわかったことは，日本語教育の重要性とともに，**母語教育**
の充実と**キャリア支援**の重要性が強調されていた点です。国が掲げる日本語教
育の重要性とその強化は，よくきかれることで，外国人当事者も同様に重要だ
と答えています。一方で，子どもたちの親の出身国の言語（母語）教育の重要
性については，重要だという認識はあっても，母語教育を充実させていく体制
は充分ではありません。インタビューした当事者たちは，日本で生まれ育ち，
母国のことを知らない子どもたちが多く，中には日本で生まれ育ちながらも，
日本語と母語のどちらも年齢相応の言語能力が備わっていない子どもたちがい
ることを懸念しています。このように，「ダブルリミテッド」といわれる外国
人の子どもたちが抱える問題には，アイデンティティの崩壊があります。そこ

表11-2　外国人支援団体の代表者へのインタビュー結果（一部抜粋）

ラベリング項目	インタビュー内容
1．子どもたちのアイデンティティ形成の必要性	・日本にいるから日本に染まって収まるのではなく，日本で暮らしながらブラジル人だという自信をもつことが必要である。 ・母語教育の必要性…日本語教育とともに，母語教育も重要である。 ・母語教室では，日本で生まれ育ち母国のことを知らない子どもたちが多いことから，もう一つの祖国である言葉を理解することで，自身のアイデンティティを確立する。 ・アイデンティティを知って自信をもつためには，母語教室や親が子どもたちに母国の文化を伝えること，子どもも文化の違いを知ることが大切である。
2．進学・就職に関するキャリア支援の必要性	・日本語は大きな武器で日本語ができないと限られた仕事しかできない。 ・高校や大学進学について，子どもたちだけではなく親も準備することが必要である（私立と公立の違い，先願や併願等のシステム，進学後の手続き等）。 ・進路・職業に対する子どもたちの意識…「大学」の印象として，ポルトガル語・英語・多文化共生など言語を勉強するというイメージが強い（支援団体が関わる児童・生徒）。将来の夢やどのような職業があるのかなど，イメージを持っていない子どもたちが多い。 ・進路・職業に対する親の意識…親は子どもの進路について真剣に考えていないケースも多いのではないか。今の生活が楽しければよいと考えている人が多い。 ・日本の社会では，外国の子どもたちに大学に進学してその後どうするか，どのような選択ができるかということを学べる機会を与えてこなかった。 ・子どもを大切に育てると，それは日本社会全体に返ってくる。そして日本を支えてくれる。 ・社会人を育てることが目標であり，そこには日本人の，外国人の社会人などない。

出所：木村志保・寳田玲子・柿木志津江（2017）「滞日外国人が抱える生活課題とニーズの分析の試み」『総合福祉科学研究＝Journal of Comprehensive Welfare Sciences』8，7〜15頁から一部抜粋。

で，もう1つの祖国でもある親の出身国の言葉を理解することで，自身のアイデンティティを確立することが可能となるため，母語教育は日本語教育と同様に重要であると強調しています。

（2）キャリア支援の必要性

　日本語教育が外国人住民にとって大切であることはわかっているものの，外国人当事者からみると，なぜ日本語を学ぶ必要があるのか，日本語がきちんと

習得できていることが，将来の職業選択においてどのような意味をもたらすのか，ということについては充分認識されていないことがあります。そもそも日本の社会において，大学等の高等教育に進学するとどうなるのか，あるいはどのような選択ができるか，ということを外国人の子どもたちが学べる機会を与えてこなかったといわれています。インタビューの中でも，「社会の中で子どもたちを大切に育てる意識を持たないと，問題は日本社会全体に跳ね返ってくる」と述べられています。そして，そこには外国人の子どもも日本人の子どもも関係ないと強調されています。社会人を育てるためのキャリア支援には，国境や国籍は関係ないということと同時に，キャリア支援が，子どもたちに限ったことではなく，親などの大人たちに対しても必要な支援であることがわかります。

4　共に創る社会が，やがて共に生きる社会となる
——人種・エスニシティ・ネーションを超えて

　これまでよくいわれてきた「共生」ですが，最近では，そこに新たに「共創」という言葉が使われるようになってきました。共創という言葉は，企業が使い始めたことがきっかけだといわれていますが，この言葉は，今や大学や自治体などでも幅広く使われています。共生と共創，それぞれどのような意味合いがあるのでしょうか。ここではアメリカの社会学者ブルーベイガーの「認知的アプローチ」を援用しながら，多様な人びとが共に暮らしていくための社会のあり方について，この2つのキーワードをもとに考えてみたいと思います。

（1）エスニシティとは何か
　グローバル化は，私たちの日常に大きな変化をもたらしています。人びとの往来がより活発になることで，これまで出会う機会のなかった人と人とが出会い，つながりを持つことが増えました。このように多様な価値観を持つ人びとが居合わせている日常が，私は何人なのか，あるいはどんな社会集団に属するのか，というエスニック・アイデンティティを呼び起こすきっかけになったとされています。

　人類学者の綾部恒雄は，エスニシティの概念について，「一つの共通な文化を意識的にわかち合い，何よりもまずその出自によって定義される社会集団」であり，「エスニック・グループという語は，既成の民族集団に限定されて用いられているのではなく，一定の社会＝文化的条件のなかで，常に再生産されるもの」と指摘しています。[8]すなわち，エスニシティの概念には，民族や人種といったすでに形式的に存在するものだけでなく，文化的，社会的な特性や言語，慣習，生活文化などの個々の集団を超えた概念で形作られるものもその中に含まれます。日本におけるエスニック・グループは，歴史的な背景や地域性，政治的状況の結果，マイノリティとなった社会・文化的集団を指すことが多く，たとえば，先住民のアイヌや沖縄人，在日コリアンや，近年，デカセギ労働者として渡日した外国人などがあげられます。

（2）「認知的視座」からみた人種・エスニシティ・ネーション

　ブルーベイガーは，人種・エスニシティ・ネーションを実在する集団である，ととらえて考えることに疑問符を投げかけています。そして，これら人種・エスニシティ・ネーションで形作られる集団は，共通の「アイデンティティ」を持ち，一体となって行動している集団ではないと述べています。一方で，人種・エスニシティ・ネーションと呼ばれる現象そのものが，存在しないわけではないとも述べています。つまり，現実の社会で生きる人びとが，人種・エスニシティ・ネーションといった「カテゴリー」や「スキーマ（物事をとらえるときの枠組み）」を用いて発言し，行動することで，それが社会の中でどのような形で位置づけられ，制度化され，人びとの行動を促すのか，そこに注目する「認知的視座」で考えることが大切であるということです。では，人びとが社会，あるいはそこで生活する人びとをどうカテゴリー化するのか，あるいは図式化しているのか，その具体例を一緒にみてみましょう。

（3）「カテゴリー」としての外国人住民

　第1節において，日本で生活する外国人の現状について述べていきましたが，実際には，在留外国人といわれている人びと全てが，外国人住民を指すという

わけではありません。たとえば，海外にルーツを持ち，日本国籍を取得した人びとの中には，自身を「日本人」ととらえる人もいれば，「外国人」としてとらえる人もいます。でも，統計上は「日本人」として扱われ，在留外国人にはカテゴリー化されないのです。そこに，人びとが考える「**カテゴリー**」と本人の認識が，必ずしも一致しない場面が生じてきます。

　1つ具体的な事例をみてみましょう。あるテレビの番組で，海外にルーツを持つ子どもたちがインタビューされている場面が映し出されました。その中で，ベトナムにルーツを持つ子どもが，「日本で生まれたけど，ベトナム人」と答えていました。これには一体どのような意味合いがあるのでしょう。子どもは，ベトナムという国に住んだことはなく，日本で生まれ育ち，日本語を話しているのです。それがおそらく，その子どもの日常なのでしょう。ところが，ひとたび自分は何人か，と尋ねられると，ベトナムのことは知らないけれど，社会が決めた制度，ルールに従って「ベトナム人」と答えているのではないでしょうか。ここにも，個人がカテゴリー化する「わたし」と，社会がカテゴリー化している「わたし」に乖離があるのです。だから，子どもは「ベトナム人」と即座に答えず，「日本で生まれたけど」と付け加えているのではないかと考えられます。そうすると，海外にルーツを持ち，日本で生まれ育った子どもたちを，「外国人住民」と一括りにして考えることができなくなります。

（4）「スキーマ」としての外国人住民

　たとえば，皆さんは国際結婚というと，日本人女性と外国人男性という「**スキーマ（枠組み）**」を思い浮かべることが多いのではないでしょうか。それは，おそらく，マスコミで取り上げられる夫婦のイメージが大きいと思われます。もちろん，女性と男性の結婚自体もスキーマではありますが，ここでは外国人と日本人という観点で議論を進めていきます。日本における国際結婚で実際に多いのは，日本人男性と外国人女性の国際結婚です。その中には，日本語が不充分なために配偶者とのコミュニケーションが難しかったり，孤立感を深める外国人も存在します。そして，それがDVや虐待に発展していくケースもあります。こうしてみると，人びとが思い描く国際結婚のスキーマによって，外国

人が抱える生活課題そのものが，見落とされる可能性があることに注意する必要があります。

　もう1つの事例は，障害や特別なニーズを必要とする外国人の子どもたちへの支援です。たとえば，日本語の読み書きができないなどといった学習上の課題，集団生活になじめないといった生活面における課題など，多くの困難に直面している外国人の子どもたちが，「言葉や文化の違いからくるもの」として扱われ必要なサービスが受けられないことがあります。実際には，障害や特別なニーズが必要な外国人の子どもたちがどの程度いるのか，どんなサービスを受けているのか，実態が明らかにされていないケースが多いのです。子どもの発達を心配し，サービスが必要と認識されていても，支援がなされていないといった問題も抱えています。これも単に，外国人の子どもたちへの教育や福祉のサービスが不充分であるという問題だけでなく，人びとが抱く「言葉や文化の違いで日本語や日本での生活になじめない」というスキーマによって，問題自体が見えなくなっている可能性があります。

（5）グローバル化と新型コロナウイルス感染症

　今，世界中の人びとに最も大きな影響を与えているのは，2020年から現在も続いている，**新型コロナウイルス感染症の感染拡大**ではないでしょうか。新型コロナウイルス感染症の感染拡大により，人やモノの移動は大きく制限されることになりました。特に，人の制限によって，日本の産業構造は大きく変わりました。たとえば，これまで外国人労働者に大きく依存していた農業や漁業などの第一次産業，介護などのサービス業においては，外国人労働者の入国が制限されているため，深刻な人手不足が起きています。一方，多くの外国人労働者が従事していた製造業では，経済不況によって外国人労働者がリストラにあい，生活困窮に陥る外国人住民が急増しました。

　人の移動の制限は，単に労働者にとどまりません。日本を訪れる外国人観光客が激減したことで，観光業や運輸業などにも大きな影響を与えています。また，日本に生活の拠点を持つ外国籍の住民たちの中には，仕事や家族の事情などにより渡航し，そのまま日本に再入国できなくなった人びともいます。これ

まで日本政府は，外国から高度な専門職や単純労働者を受け入れてきました。
今回の新型コロナウイルス感染症の災厄などで外国人労働者が突然解雇された
り，日本への入国制限が行われることは，長い目でみて経済のみならず日本社
会全体に大きな影響をおよぼすものと考えられます。

　人の移動とは，ある場所からある場所への，単に物理的な移動だけを意味す
るのではありません。人が移動するということは，人と人との相互作用を意味
します。相互作用によってつながりが生まれ，やがてそのつながりは，さまざ
まな問題を解決していくための社会的紐帯となって広がっていきます。これが
共生社会です。このような社会的紐帯は，かかわる人びと全員が一緒になって
創っていくことで，初めて生まれます。どちらかの人間を排除して，紐帯を創
ることはできないのです。すなわち，共生社会をめざすためにつながりを創っ
ていくというよりも，共に社会的なつながりを創っていく中で，その結果とし
て共生社会が生まれるということではないでしょうか。グローバル化した現代
社会においては，共創が共生社会を生み出す，そのためには，いかなる人びと
も参加し共創する機会が与えられることが大切です。

注
(1)　新村出編（2018）『広辞苑　第七版』岩波書店。
(2)　伊豫谷登士翁（2002）『グローバリゼーションとは何か──液状化する世界を読
　　み解く──』平凡社。
(3)　伊豫谷登士翁（2015）「グローバリゼーションを再考する」『同志社大学グローバ
　　ル地域文化学会紀要』4，1〜13頁。
(4)　駒井洋・石井由香（2003）『移民の居住と生活──グローバル化する日本と移民
　　問題　第Ⅱ期　第4巻』明石書店。
(5)　柿木志津江・寶田玲子・木村志保（2017）「滞日外国人児童が日本で生活するた
　　めの支援──キャリア支援を中心に」『関西福祉科学大学紀要』21，89〜97頁。
(6)　木村志保・寶田玲子・柿木志津江（2017）「滞日外国人が抱える生活課題とニー
　　ズの分析の試み」『総合福祉科学研究 = Journal of Comprehensive Welfare
　　Sciences』8，7〜15頁。
(7)　ブルーベイカー，R.／佐藤成基・髙橋誠一・岩城邦義・吉田公記編訳（2016）
　　『グローバル化する世界と「帰属の政治」──移民・シティズンシップ・国民国家』

明石書店。

(8)　綾部恒雄（1982）『アメリカ民族文化の研究——エスニシティとアイデンティティ』弘文堂。

参考文献

愛知県社会活動推進課多文化共生推進室（2017）「平成28年度愛知県外国人県民アンケート調査結果報告書」（2017年3月）。

NHK 番組「クローズアップ現代『シリーズ「新たな隣人たち」①どう接しますか？地域の外国人」（2016年1月4日放送）。

外務省「社会保障に関する日本国とブラジル連邦共和国との間の協定（略称：日・ブラジル社会保障協定）」。

日本弁護士連合会「在日外国人無年金障がい者及び在日外国人無年金高齢者からの人権救済申立事件（勧告）」（2010年4月7日）。

賓田玲子・柿木志津江・木村志保（2015）「滞日外国人の定住化と障害福祉政策への課題——日系ブラジル人の現状から」『総合福祉科学研究 ＝ Journal of Comprehensive Welfare Sciences』6，47〜59頁。

法務省「在留外国人統計」。

まとめ ━━━━━━━━━━

- 日本で暮らす外国人の数は，毎年過去最高を更新し，今や300万人を超える勢い。
- 外国人は，単なる労働者としての流入ではなく，**日本社会の構成員の一人として**生きている実質上の移民だが，**日本政府は，いまだにこのような人びとの動きを移民と呼んでいない。**
- 日本政府の外国人に対する受け入れ施策は，**出入国管理及び難民認定法（入管法）**に基づいており，法改正を行いながら経済や社会変動に合わせて出入国を制限したり，一元的に管理したりしている。
- 外国人が日本で暮らす住民として享受すべき**社会的権利が充分でない。**
- 外国人が享受すべき**社会的権利**とは，**医療保険や雇用保険，年金**といわれる社会保障制度のこと。
- **外国人当事者も社会的権利を享受できるよう，自ら意識して行動していくこと**が大切。
- **グローバル化**によって価値観の異なる人びとが居合わせている日常が，自分は何人なのか，どんな社会集団に属するのかといった**エスニック・アイデンティティ**を呼び起こすきっかけになる。
- **エスニシティの概念**には，民族や人種等で形成されたものだけでなく，**文化的，社会的な特性や言語，慣習，生活文化**などの個々の集団を超えた概念で形成されたも

　のも含まれる。

- **共生社会**とは，人の移動によって人と人とのつながりが生まれ，そのつながりがさまざまな問題を解決していく社会的紐帯となって広がった社会のこと。
- **共創**とは，かかわる人びと全員が一緒になって社会的紐帯を創っていくこと。
- 2020年から現在も続いている**新型コロナウイルス感染症の感染拡大**が，人やモノの移動を制限し，グローバル化にも大きな変化をもたらしている。

第12章

人口減少社会と環境問題

　日本は2000年代後半に人口のピークを迎え，人口減少社会に入りました。未婚化，晩婚化，晩産化などの要因により引き起こされた少子化の進展は，欧米では見られないスピードで高齢化を進展させることにもなりました。本章ではまず人口に関する基礎知識を確認した上で，統計データを用いながら世界や日本の人口動向に迫ります。少子高齢化問題に直面する日本は環境問題にも真正面から向き合わねばなりません。環境保全との調和を保った「持続可能な開発」は今や世界共通の課題です。地球温暖化や気候変動，生物多様性の損失など世界が直面する環境問題についても焦点をあてます。

1　人口と社会・経済
——人口に関する基礎知識

（1）人口変動と社会学・経済学

　人口の変動は古来，社会や経済に大きな影響を与えてきました。18世紀後半〜20世紀前半のヨーロッパにおける人口変動の歴史を考察し，これに基づいて人口変動を説明する理論が「**人口転換理論**」です。人口転換理論によれば，経済社会の発展に伴い，「**多産多死**」という第一段階から「**多産少死**」という第二段階を経て，やがて「**少産少死**」という第三段階に到達します。第一段階に該当するのは出生率，死亡率ともに高く，経済的な発展度合いが低い農業社会です。農業を支えるためには大家族が必要であり，出生率は高いものの他方で飢饉や疫病，戦乱などにより死亡率も高く，人口の動向は不安定です。第二段階では経済が発展し高い出生率が保たれたまま都市化や工業化が進展します。

衛生環境の改善や医療の発達により死亡率は低下していくため，人口は大きく増加します。第三段階では乳幼児死亡率の低下や育児・教育費の増加，女性の社会進出などにより出生率は低下していき，死亡率とともに低い状態で落ち着きます。

　社会変動をもたらす人口変動は，社会を対象とする学問である社会学にも影響を与えました。たとえば近代社会学の創始者の一人に挙げられるフランスの社会学者デュルケムは『社会分業論』（1893年）の中で，社会の容積と物的密度の増大が社会的分業を発展させたと説明しています。彼のいう社会の容積とは人口の規模を指し，物的密度とは人口密度や通信・交通手段を指します。デュルケムは社会の近代化の背景にある人口増加現象に着目し，人口学的な発想を取り込みながら自らの社会学を形成しました。また，『孤独な群衆』（1950年）で有名なアメリカの社会学者リースマンは人口転換理論に沿って各段階における社会的性格の類型について論じています。

　人口変動は生産や消費の担い手の数を変動させ，経済にも影響を及ぼします。経済学の分野ではイギリスの経済学者であるマルサスやケインズ，スウェーデンの経済学者であるヴィクセルやミュルダールなどが人口について論じました。中でも1798年にマルサスが刊行した『人口論』はあまりに有名です。同書では人口は等比級数的に増加するけれども食料は等差級数的にしか増加せず，食料不足が起こることにより貧困や悪徳が蔓延することになると説明されています。このように社会経済現象の基礎である人口は社会学や経済学の中でしばしば考察対象となり，人口問題を研究する人口学も生まれていきました。

（2）人口に関する基本的な諸概念

　人口問題を理解するためには人口に関する基本的な諸概念を頭に入れる必要があります。最も基本的なものに「**人口学的方程式**」があります。これは人口の大きさを決定する関係式であり，次式で示されます。

　　　　B時点での人口数＝A時点での人口数＋AB両時点間の人口変化数

　　　　人口変化数＝出生数－死亡数＋転入数－転出数

　人口の増減（変化）は出生数と死亡数の差（＝**自然増加**）と転入数と転出数の

差（＝人口移動あるいは社会増加）によってもたらされます。総務省が毎月発表する日本の推計人口は「国勢調査」の人口をベースにこの人口学的方程式に基づき推計されています。

　人口を見ていく上でもう１つ重要なのはその構成です。人口は男女別，年齢別，地域別，職業別などさまざまな視点からとらえることができますが，最もよく用いられるのが年齢別構成です。年齢別構成は５歳あるいは10歳の年齢階級別に見ることが多く，しばしば**年少人口**（15歳未満），**生産年齢人口**（15歳以上65歳未満），**老年人口**（高齢者人口とも呼ぶ，65歳以上）に３分して分析されます。次の指数は人口構造を分析する上で重要な指標です。

　　　年少人口指数＝年少人口／生産年齢人口×100

　　　老年人口指数＝老年人口／生産年齢人口×100

　　　従属人口指数＝(年少人口＋老年人口)／生産年齢人口×100

　これらの指数のうち従属人口指数は扶養する側（働き手である生産年齢人口）が１人当たり何人の被扶養者（年少人口と老年人口）を抱えているかを示す比率であり，働き手の扶養負担の重さを示す指標として高齢化問題との関係でよく使われます。

　人口の年齢別構成に関連して「**人口ボーナス**」「**人口オーナス**」という言葉もよく登場します。人口ボーナスとは生産年齢人口比率（＝総人口に占める生産年齢人口の割合）の上昇や従属人口指数の低下により経済成長が促される現象です。働き手の数が子どもや高齢者の数よりも相対的に増えることは豊富な労働力による生産の増加や旺盛な消費につながり，経済を成長させます。人口ボーナスとは反対に，人口オーナスとは生産年齢人口比率の低下あるいは従属人口指数の上昇により経済の停滞・縮小を招く現象です。

2　世界人口の動向
——増加ペースを落としながらも拡大

　国際連合は2019年の世界人口を77億1300万人と推計しています。紀元前7000～6000年の期間に500万人～1000万人であったとされる世界人口は西暦元年に２〜４億人となり，1900年には15億5000万人〜17億6200万人に増加しまし

た。世界人口は半世紀後の1950年には25億3600万人に達し，1990年には53億
2700万人となり，この40年間における年平均増加率は約1.9％を記録しました。
1990～2020年における年平均増加率は約1.3％とペースを落としながらも世界
人口の爆発的増加は続き，2020年に77億9500万人，2030年に85億4800万人，
2050年に97億3500万人となり，2060年に101億5100万人と100億人の大台を突破
すると予測されています。ただし，人口増加のペースは低下が続き，2100年に
は108億7500万人でピークに達する可能性があると国連は予想しています。

　国連が2019年に行った推計では，世界人口は増加し続けるものの2019年から
2050年にかけてサハラ以南のアフリカで人口が倍増する一方で，東・東南アジ
アの人口増加率は3％，欧州・北米では2％にとどまるなど，地域によって増
加率には差が生じると予測されています。この間における人口増加幅が大きい
国はインド，ナイジェリア，パキスタン，コンゴ民主共和国，エチオピアなど
であり，インドについては2027年頃に中国を抜いて世界一人口が多い国になる
と予測されています。他方で2010年以来27の国・地域で1％以上の人口減少が
示されましたが，2019年から2050年にかけて55の国・地域で人口が1％以上減
少すると見込まれており，人口が現在世界一である中国では2019年から2050年
にかけて3140万人の人口減（約2.2％の減少）が予測されています。

　高齢化率（総人口に占める65歳以上の老年人口の割合）を世界について見てみる
と，1950年では5.1％でしたが，国連では2020年に9.3％，2050年に15.9％，
2100年に22.6％になると推計しており，高齢化が進みます。2019年から2050年
にかけて北アフリカ，中央・南アジア，東・東南アジア，ラテンアメリカ・カ
リブの各地域では老年人口が倍増する見込みである他，欧州・北米・日本・
オーストラリア・ニュージーランドを合わせた先進地域では高齢化率が2050年
に26.9％，2100年には29.8％になると予測されています。

　また，世界の**平均寿命**は1950～55年の男45.49歳，女48.49歳から2015～20年
には男69.92歳，女74.72歳となり，さらに2050～55年には男75.14歳，女79.66
歳まで延びると推計されています。しかし，先進地域と発展途上地域の間で
2050～55年になっても平均寿命に7歳以上の格差があるとされ，両地域間の平
均寿命格差はなかなか解消されません。

3　日本の人口動向
——止まらぬ人口減少と少子高齢化

（1）人口減少社会に入った日本

　2019年の日本の総人口（10月1日現在）は1億2617万人で9年連続の減少となりました。江戸時代までの多産多死から日本社会は明治に入り多産少死に転じました。日本の人口は1872年時点で3481万人でしたが，大正時代にかけて次第に伸びてゆき，1925年には5974万人となり，1940年には7193万人まで増えました。終戦直後の1945年に7215万人であった日本の人口は1947〜49年の第一次ベビーブーム（年間出生数が毎年約270万人となり，いわゆる「団塊の世代」が誕生）を経て高い伸びを示し，1967年には1億人の大台を突破して1億20万人となり，1960年代に少産少死の段階に入りました。その後も1971〜74年の第二次ベビーブーム（年間出生数が毎年200万人を超え，いわゆる「団塊ジュニア」が誕生）を経て人口の増加は続き，2005年に一時的に前年を下回りながらも2008年に1億2808万人となるまで人口は増加しました。しかし2009年に人口は1億2803万人と減少に転じ，2010年は1億2806万人と微増したものの2011年以降は一貫して人口が減少しており，2000年代後半から日本は人口減少社会に入りました（図12-1）。

　国立社会保障・人口問題研究所（以下，社人研）が2017年に発表した「日本の将来推計人口（平成29年推計）」の出生中位・死亡中位仮定（推計に当たり仮定する各3通りの出生率，死亡率のうち真ん中の率を仮定）による推計では日本の総人口は長期減少過程に入り，2040年には1億1092万人まで減少し，2053年には1億人の大台を割り，2065年には8808万人まで減少すると予測されています（図12-1）。ちなみに社人研は長期参考推計で日本の総人口を2100年に5972万人，2115年に5056万人と予測しています。

（2）人口減少をもたらす少子化の進展

　このように日本の総人口は2000年代後半にピークを迎え長期的な減少過程に入りましたが，その最大の理由は**少子化の進展**です。少子化の進展は出生率の

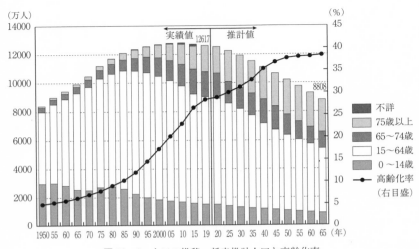

図 12－1　人口の推移・将来推計人口と高齢化率

出所：1950〜2015年は総務省『国勢調査』，2019年は総務省『人口推計』（令和元年10月１日確定値），
　　　2020年以降は国立社会保障・人口問題研究所『日本の将来推計人口（平成29年推計）』の出生中
　　　位・死亡中位仮定による推計結果より筆者作成。

低下によりもたらされました。出生状況を見るのに用いられるのが「**合計特殊
出生率**」です。合計特殊出生率とは15歳から49歳までの女性の年齢別出生率を
合計したものであり，１人の女性が生涯に平均的に出産する子どもの数を意味
します。人口を維持する水準とされる合計特殊出生率を「**人口置換水準**」と呼
び，日本では2.07になります。

　日本の合計特殊出生率は1974年に人口置換水準を下回る2.05となり，1975年
には1.91に低下し，２を切りました。以後も低下基調で推移し，1989年には
1.57となり，丙午（ひのえうま）という特殊要因で1.58となった1966年を下回
る「**1.57ショック**」が話題になりました。2005年に戦後最低の1.26を記録した
後は，やや持ち直しているものの2019年も1.36にとどまっています。このよう
に日本は1970年代半ば以降に合計特殊出生率が人口置換水準を下回り続ける
「**第二の人口転換**」に入り，少子化が進展することになりました。欧米諸国も
1970年代に合計特殊出生率が低下傾向になり1980年代も低下・横ばいとなる国
が多かったのですが，1990年代に入ると回復傾向に入る国も現れ，2018年の合

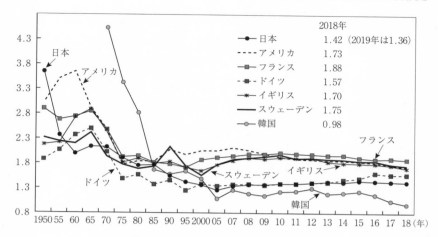

図 12 - 2　主要国の合計特殊出生率の推移

出所：国立社会保障・人口問題研究所編『人口統計資料集　2020』より筆者作成。

計特殊出生率はフランスが1.88，スウェーデンが1.75，アメリカが1.73，イギリスが1.70，ドイツが1.57といずれも日本より高い水準にあります（図12-2）。

　出生率が下がった要因を考えてみましょう。乳児死亡率の劇的な改善による多産の必要性の低下，1948年の優生保護法制定による妊娠中絶の合法化，国家的な家族計画指導などにより日本の出生率は1970年代半ば以前にすでに低下していましたが，以後も1974年に人口問題審議会（厚生省（現厚生労働省）の諮問機関）が『人口白書』で出生抑制を明言するなど，政府は静止人口をめざす少子化を志向していました。そこに1980年代以降，**未婚化，晩婚化，晩産化，夫婦の出生行動の変化**などの要因が加わります。50歳時の女性の未婚割合（45〜49歳の未婚割合と50〜54歳の未婚割合の平均）は1950年時点で1.35％でしたが，1970年には3.33％まで上昇し，2015年には14.06％に達しました。婚外子がきわめて少ない日本では，**婚姻数**の減少は出生数の減少に直結します。1970〜74年は毎年100万組を超えていた婚姻数は1980年に77万組まで減少し，2019年は60万組となっています。

　晩婚化も進みました。**平均初婚年齢**は1950年の夫25.9歳，妻23.0歳から，2000年は夫28.8歳，妻27.0歳，2019年は夫31.2歳，妻29.6歳と上昇しました。

晩婚化は晩産化にもつながります。第1子出生時の母の平均年齢に着目すると1975年は25.7歳でしたが，2005年には29.1歳，2015年には30.7歳と上昇しました。その後は2019年まで横ばいで推移し，晩産化の進行は鈍化しているものの少子化に歯止めがかかっているわけではありません。夫婦の出生行動も変化しました。社人研の「出生動向基本調査」によると結婚から15〜19年が経過した夫婦の平均出生子ども数を示す完結出生児数（夫婦の最終的な平均出生子ども数）は，1957年の3.60人から1972年は2.20人，2005年は2.09人と減少し，2010年には1.96人となり2人を下回りました。直近の2015年でも1.94人にとどまっています。

　少子化の背景には経済的な要因があります。たとえば日本経済におけるサービス化の進展は女性の就業機会を増やすことになりましたが，就業する女性が増える中，保育所や学童保育施設に入れない待機児童の増加が大きな問題になっています。就業と子育ての両立が難しいという事情に加え，養育費・教育費の上昇や正社員になれない所得水準の低い非正規労働者の増加なども少子化の背景となっています。

（3）急ピッチで進む高齢化とその原因

　周知の通り日本では**高齢化の進展**が急ピッチで展開しています。総人口に占める老年人口の割合である高齢化率が7％を超えた社会を「**高齢化社会**」，14％を超えた社会を「**高齢社会**」，21％を超えた社会を「**超高齢社会**」と呼びます。日本の高齢化率を見ると1950年は4.9％でしたが1970年に7.1％へと上昇し，日本は高齢化社会に入りました。さらに1994年には高齢化率が14.1％となり高齢社会に，そして2007年には21.5％となり超高齢社会に移行します。2019年の高齢化率は28.4％ですが，社人研の推計では2040年に35.3％，2065年には38.4％になると予測されており，高齢化は止まりません（図12-1）。

　日本の高齢化の特徴としてはまず世界で最も高い水準であることが指摘できます。2018年の主要国の高齢化率を見ると日本が28.1％で最も高く，イタリアが22.6％，ギリシャが21.8％，ポルトガルが21.5％，ドイツとフィンランドが21.4％と続いています。高齢化のスピードが速いのも日本の特徴です。高齢化

率が7％から14％になる**倍加年数**はフランスの126年，アメリカの72年，イギリスの46年，ドイツの40年に対し，日本はわずか24年であり，シンガポールの17年，韓国の18年，中国の23年に次ぐ世界第4位の速さでした。さらに老年人口の中でも時に「後期高齢者」と呼ばれる75歳以上人口の総人口に占める割合が高い点も日本の高齢化の特徴です。この割合は1950年では1.3％でしたが，2019年には14.7％に達しました。社人研では2040年に20.2％，2065年には25.5％になると推計しており，2065年は後期高齢者が4人に1人となる未曽有の超高齢社会を迎えます。

　このように急ピッチで高齢化が進展したわが国ですが，その要因としてまず挙げられるのは「**出生力転換**」です。出生力転換とは多産から少産への変化のことであり，合計特殊出生率が低下する現象です。戦後日本の合計特殊出生率は第1次ベビーブームの1947〜49年には4.54，4.40，4.32と4を超えましたが，1950年に3.65へと低下し，1959年には2.04まで下がりました。この出生力転換は死亡率の低下とともに高齢者の比率を高めました。

　経済発展に伴う生活環境や食生活・栄養状態の改善並びに医療技術の発展がもたらした**長寿化**が高齢化の2番目の要因です。日本人の**平均寿命**は1950〜52年では男が59.57歳，女が62.97歳でしたが，2000年には男77.72歳，女84.60歳まで伸び，2019年は男81.41歳，女87.45歳となっています。国連の推計で2015〜20年の世界の平均寿命を見ると，日本は男が世界第3位，女が第2位であり，世界有数の**長寿国**となっています。

　高齢化の3つ目の要因は先述した少子化の進展です。1970年代半ばから始まった「第二の人口転換」により合計特殊出生率が人口置換水準を一貫して下回る少子化の進展は若年人口の減少をもたらし，高齢化率を急ピッチで押し上げることになりました。

（4）人口減少や少子高齢化がもたらす問題

　日本で進む人口減少や少子高齢化は先に述べた「人口オーナス」を通じて経済にマイナスの影響を及ぼすことが指摘されています。2019年の年少人口指数は20.3，老年人口指数は47.8，従属人口指数は68.1です。社人研の将来推計で

は，年少人口指数は2040年に20.0，2065年に19.8とほぼ横ばいで推移するもの
の，老年人口指数は2040年に65.6，2065年に74.6と大きく上昇し，これを反映
して従属人口指数は2040年に85.6，2065年には94.5になると予測されています。
働き手が減っていく中で増加していく高齢者を扶養せねばならない人口減少社
会で経済を維持できるのかという厳しい問題です。しかし，いたずらに悲観的
になる必要はありません。GDP（国内総生産）は次式のように要因分解が可能
です。

$$GDP = 人口 \times （就業者数／人口） \times （GDP／就業者数）$$

　この式からは，仮に人口が減少しても，それ以上に就業者の比率（＝就業者
数／人口）や就業者の労働生産性（＝GDP／就業者数）を高めることができれば
GDP は増加する（経済は成長する）ということがいえます。人口オーナスを顕
在化させないためには，女性や高齢者が働きやすい社会環境を整えることによ
り就業者の比率を引き上げ，技術革新や働き方の変革により労働生産性を高め
ていくことが何より肝要です。

　少子高齢化の進展は公的年金や医療費などの社会保障関係費を一段と増加さ
せ，財政赤字をますます拡大させます。このため医療費や介護費用の増加を抑
制すべく社会保障改革は不可避です。一部では高齢者のことを厭う風潮すらあ
りますが，現役世代は高齢世代が整備してきた高速道路や新幹線などのインフ
ラ（社会資本）から恩恵を受けてきました。世代間対立を煽るのではなく双方
の世代が納得する社会保障改革が待ち望まれます。

4　深刻化する環境問題
——持続可能な開発に向けて

（1）環境問題と環境運動

　人口が増え，経済が成長していく中で，人類は資源の枯渇や環境破壊の問題
に直面していくことになりました。資源や自然環境は人類が共有するものであ
るため，1968年にアメリカの生物学者ハーディンが論文で発表した**「共有地
（コモンズ）の悲劇」**という**社会的ジレンマ**を招きます。共有する資源が減って
もあるいは自然環境が悪化しても，その負担は全員で被ります。それゆえ資源

を好きなだけ用い環境を悪化させてでも自分の利益を最大にする行動をとるほうが得だ，合理的だということになります。その結果，全員が資源を次々に消費し，自然環境を悪化させてしまう悲劇すなわち環境問題が起こるのです。

　環境問題の解決・改善をめざして展開される社会的な運動が**環境運動**です。アメリカでは1980年代に環境問題における社会的公正に焦点をあてた「**環境正義運動**」が展開しました。アフリカ系の黒人が多数居住する地域に有害廃棄物の処理施設が集中するなど，貧困層や人種的マイノリティといった社会的弱者は環境問題の影響を受けやすくなります。このような不平等を是正し，環境から受ける便益も公正に分配されるべきだという考えが**環境正義**です。環境運動が展開する中では「**ニンビー（NIMBY）**」と呼ばれる社会運動も起こりました。ニンビーとは N̲ot-I̲n-M̲y-B̲ackyard の略語であり，ゴミ焼却場や産業廃棄物処理施設などについて社会的な必要性は認めながらも自らの近隣での立地は認めない立場からの運動です。環境問題では利益・恩恵を受ける側（受益圏）と損失・迷惑を被る側（受苦圏）とが一致しないことが多く，ニンビーは問題解決の困難性を象徴しています。

　環境問題を解決する代表的立場としては「**自然環境主義**」「**近代技術主義**」「**生活環境主義**」が挙げられます。自然環境主義とは人間の手が入っていないありのままの自然環境を尊重し，自然環境の維持や再生を第一に考える立場です。これに対して近代科学技術の力をもって環境を保全し時には統制することにより環境問題の解決を図ろうとする立場が近代技術主義です。自然環境主義は理想論に流れがちであり，近代技術主義はダム建設のように住民の生活を結果的に破壊することもあります。この反省に立って生活者の立場から生活環境を観察し，環境問題の解決を図ろうとする考えが生活環境主義です。

（2）環境問題に対する国際的取り組みと持続可能な開発

　1972年 3 月にローマクラブが「**成長の限界**」という報告書を発表し，人口や工業投資がこのままの勢いで増え続けると今後100年のうちに天然資源は枯渇し，環境汚染は自然が許容しうる範囲を超えて進行することになり，成長は限界点に達するという警鐘を鳴らしました。1972年 6 月に開催された「**国連人間**

環境会議（ストックホルム会議）」では先進国，発展途上国，国際機関といった枠組みを超えた人類共通の問題として初めて環境問題が議論され，「**人間環境宣言**」が採択されました。この人間環境宣言では環境問題を人類に対する脅威として受け止め，国際的に取り組む必要性を唱えています。1982年にはケニアで「国連環境計画（UNEP）管理理事会特別会合（ナイロビ会議）」が開催され，先進国と開発途上国とが環境と開発を議論する共通の土俵が作られました。

　「**持続可能な開発**（Sustainable Development）」（以下，SD）は1980年に国際自然保護連合（IUCN）が UNEP の委託により世界自然基金（WWF）などの協力を得て作成した「世界保全戦略」の中で初めて用いられた言葉です。SD が世界的に認知されるようになるのが1987年の国連総会です。この総会で報告を行った「環境と開発に関する世界委員会（ブルントラント委員会）」は将来世代のニーズを損なうことなく現在の世代のニーズを満たすことを意味する「持続可能な開発」の概念を示し，自由な経済成長だけに基づく開発ではなく，環境保全との調和を保った開発の必要性を提示しました。1992年には**地球サミット**（国連環境開発会議）がブラジルのリオデジャネイロで開催され，SD の指針である国際的な行動計画「**アジェンダ21**」や「**気候変動枠組条約**」「**生物多様性条約**」などが採択されました。このように SD は世界がめざすべき共通の目標として国際社会で広く受容されていくことになりましたが，最近では自然環境や社会，経済が将来にわたり適切に維持・保全され，発展できることを意味する「**持続可能性**（sustainability）」という言葉も広く用いられています。

　今やおなじみの「　**SDGs**（持続可能な開発目標：Sustainable Development Goals」）は2030年までに持続可能でよりよい世界をめざす国際目標です。2015年9月の国連サミットで193の加盟国により全会一致で採択された「**持続可能な開発のための2030アジェンダ**」に記載されており，①貧困，②飢餓，③保健，④教育，⑤ジェンダー，⑥水・衛生，⑦エネルギー，⑧経済成長と雇用，⑨インフラ，産業化，イノベーション，⑩不平等，⑪持続可能な都市，⑫持続可能な消費と生産，⑬気候変動，⑭海洋資源，⑮陸上資源，⑯平和，⑰実施手段，と17の目標が掲げられています。これら全てが環境に関わる目標というわけではありませんが，②，⑥，⑦，⑪〜⑮など環境と深く結びついた目標が多いの

が特徴です。

　また最近では「ESG 投資」が産業界で急拡大しています。E は環境，S は社会，G は企業統治（ガバナンス）を示しており，ESG 投資とは投資の際に企業の価値を測る材料としてこれら 3 要素を重視して行う投資のことです。業績が好調であっても二酸化炭素の排出量が著しく多い企業は投資対象から外すといった対応が ESG 投資では起こることになります。

（3）地球温暖化問題への対応

　1988年に世界気象機関（WMO）と UNEP によって**「気候変動に関する政府間パネル（IPCC）」**が設立されました。これは195の国・地域が参加する政府間組織であり，人間活動が及ぼす**地球温暖化**への影響についての評価を行い，5 ～ 7 年ごとに評価報告書を出しています。2013～14年に公表された第 5 次 IPCC 評価報告書では温暖化には疑う余地がなく，20世紀半ば以降の温暖化の主因は人間活動である可能性がきわめて高いという結論が示されました。**気候変動**や**生物多様性**の損失の一因ともされている温暖化ですが，これが人間活動の結果である可能性は今や95％以上とされています。

　地球温暖化問題をはじめ気候変動がもたらすさまざまな悪影響を防止するための国際的な枠組みとして1992年に気候変動枠組条約が起草され，94年に発効しました。1997年には京都で**気候変動枠組条約締約国会議（COP）**の第 3 回会議（COP3）が開催され，先進国に対して法的拘束力を有する温室効果ガス削減の数値目標などを設定した「**京都議定書**」が採択されました。その後，2015年にパリで開かれた **COP21** では全ての国が参加する温室効果ガス排出削減等のための新たな国際枠組みである「**パリ協定**」が採択されました。この協定は世界共通の長期目標を掲げ，産業革命前からの地球の平均気温上昇を 2 ℃よりも充分低く保つとともに1.5℃に抑える努力をすることなどをうたっています。現在では日本を含む多くの国が2050年までに二酸化炭素排出量を実質ゼロにする「**カーボンニュートラル**」をめざすことを宣言しています。

（4）頻発する気候変動問題

「平成30年7月豪雨」「令和元年東日本台風」など近年，日本では気象災害が相次ぎ，人命の犠牲や家屋の崩壊がもたらされた他，2018年には記録的な猛暑に見舞われました。2019年は世界の平均気温が観測史上2番目の高さとなり，欧州は記録的な熱波に見舞われ，2020年にかけアマゾンやオーストラリアなどで森林火災が発生しました。このように日本の内外で気候変動が大きな問題となっており，人類や地球上の全生物の生存基盤を脅かす「**気候危機**」への懸念が高まっています。地球規模の気候変動は太陽活動の変化などの自然起源の要因だけでなく，温室効果ガスの排出や森林伐採などの人為起源の要因が引き起こしているとの指摘があります。気候変動は種の絶滅や生育域の変化を通じ生物多様性にも損失を与えかねません。気象災害の激甚化につながる気候変動は地球温暖化と密接に関係しているとの指摘も多く，地球規模での温暖化対策は喫緊の課題です。

（5）深刻化する海洋プラスチックごみ問題

地球規模の環境問題として深刻化しているのが**海洋プラスチックごみ問題**です。プラスチックは1950〜2015年に世界全体の累計で83億トン生産され，その廃棄量は63億トンに達したといわれています。このペースが続くと2050年までに実に250億トンのプラスチックがごみとして廃棄され，そのうち120億トン以上が埋め立てや自然投棄されてしまうと予測されています。プラスチックのお陰でわれわれの生活は便利になりましたが，管理が不適切なため海洋に流出したプラスチックごみは生態系への悪影響，海洋環境や景観の悪化，海岸機能の低下，漁業・観光業の損失などを引き起こしてきました。5㎜以下の微細な**マイクロプラスチック**による海洋生態系への影響も深刻です。日本では2020年7月からレジ袋が有料化されましたが，問題解決に向け国際的な取り組みが求められます。

（6）生物多様性の損失

地球上にはさまざまな動植物や昆虫など無数の生物が互いに何らかの関係性

を持ちながら生息しています。地球上の生物を食料，医薬品，繊維，木材など
に活用することにより生活を営んできた人類は，地球全域に多種多様な生物が
存在しているという「生物多様性」から多大なる恵みを受け，生命を支えられ
てきました。しかし，陸と海の利用の変化，生物の直接的採取，気候変動，汚
染，外来種の侵入などが原因となり，過去50年の間に地球規模で自然の変化が
引き起こされ生物多様性は世界的に悪化しています。1992年に生物多様性の保
全，生物多様性の構成要素の持続可能な利用，遺伝資源の利用から生ずる利益
の公正かつ衡平な配分を目的とした「生物多様性条約」が採択されました。
2010年の第10回生物多様性条約締約国会議では「生物多様性戦略計画
2011-2020及び愛知目標」が採択され，2050年までの中長期目標として「自然
と共生する世界」の実現をめざすことが策定されました。生物多様性を守るこ
とも人類にとって大きな課題となっています。

参考文献

環境省（2020）『令和2年版環境白書・循環型社会白書・生物多様性白書』（https://
　www.env.go.jp/policy/hakusyo/r02/pdf/full.pdf　2020年12月14日閲覧）。

国際連合広報センター（2019）「世界人口推計2019年版：要旨　10の主要な調査結果
　（日本語訳）」（https://www.unic.or.jp/news_press/features_backgrounders/33798/
　2020年12月9日閲覧）。

国立社会保障・人口問題研究所（2020）『2020　人口の動向　日本と世界——人口統計
　資料集』厚生労働統計協会。

佐藤龍三郎・金子隆一（2015）「ポスト人口転換期の日本——その概念と指標」国立
　社会保障・人口問題研究所『人口問題研究』71（2），305～325頁。

鳥越皓之・帯谷博明（2009）『よくわかる環境社会学』ミネルヴァ書房。

内閣府（2020）『令和2年版高齢社会白書』（https://www8.cao.go.jp/kourei/white
　paper/w-2020/zenbun/02pdf_index.html　2020年12月10日閲覧）。

内閣府（2020）『令和2年版少子化社会対策白書』（https://www8.cao.go.jp/shoushi/
　shoushika/whitepaper/measures/w-2020/r02pdfhonpen/r02honpen. html　2020年
　12月10日閲覧）。

吉川洋（2016）『人口と日本経済』中央公論新社。

まとめ ━━━━━━━━━━━━━━━

- 歴史的考察に基づき人口の変動を説明する「**人口転換理論**」によれば社会は「**多産多死**」から「**多産少死**」を経て「**少産少死**」という段階に移行していく。
- 世界人口は1900年には20億人に満たなかったが，**爆発的な増加**により2019年には約77億人に到達し，国連の推計では2060年に約102億人になることが見込まれている。
- 世界人口の増加ペースは低下するもののアフリカでは将来的に人口が倍増し，また先進地域を中心に**世界人口の高齢化**が進展すると見られる。
- 日本は2000年代後半に総人口のピークを迎えて**人口減少社会**に入り，2019年時点で1億2617万人の総人口は2065年には8808万人まで減少すると予測されている。
- 日本の人口減少をもたらした原因は**少子化の進展**であり，日本の**合計特殊出生率**は1974年に**人口置換水準**を下回る2.05となって低下基調で推移し，2019年時点で1.36と欧米諸国の水準を大きく下回る。
- 1970年に**高齢化率**が7％を超え**高齢化社会**に入った日本は欧米諸国よりも急ピッチで**高齢化**が進み，1994年に高齢化率が14％を超える**高齢社会**に，2007年には高齢化率が21％を超える**超高齢社会**に移行し，高齢化率は2065年に38.4％になると予想されている。
- 日本の高齢化の原因は「**出生力転換**」，長寿化，少子化であり，少子高齢化により経済の縮小・停滞がもたらされる「**人口オーナス**」を顕在化させないことが肝要である。
- 人口増加や経済発展により環境問題が起こると，「**環境正義運動**」などの**環境運動**や「**自然環境主義**」「**近代技術主義**」「**生活環境主義**」といった考え方が生まれた。
- 環境保全との調和を保った開発の必要性を示す言葉である「**持続可能な開発**」は1987年の国連総会で提示され，2015年の国連サミットでは持続可能でよりよい世界をめざす **SDGs** が国際目標として設定された。
- **気候変動**や**海洋プラスチックごみ**，**生物多様性**の損失などが地球規模で問題となっており，問題の一因とも考えられる**地球温暖化**への対応が世界共通の喫緊の課題である。

第IV部

社会学の基礎知識

第13章

社会の変化と社会学の流れ

　近年，情報ネットワークの普及により，日本で暮らしていても，世界の情勢に瞬時にふれることができたり，関心の有無に関係なく，さまざまな情報や他者の声を手に入れやすくなっています。一方で，その情報や声が，私たちの考え方や意識に影響を与えることもあります。さらに，情報を手に入れられる，あるいは手に入れられないなどの情報格差が，私たちの生活や人生を左右することもあります。本章では，このような情報化も含め，社会の動きに注目し，そのような動きが私たちの生活や意識あるいは無意識にどのように働きかけているのかについて学びます。

1　社会システム

（1）社会システムとは
　西口敏宏[1]は，**社会システム**を「共通目的のために，意識的に調整された，2人以上の人間の，協働活動や諸力の体系」と定義づけています。また，稲葉振一郎[2]は，社会システム論を「社会を一定の価値観を共有・内面化した人びとの集まりと考えて，その人びとの行為のネットワークをシステムとして捉えることから社会のメカニズムを分析しようとする理論」ととらえています。

　このように，社会システムとは，社会における人びとの相互行為，あるいは構成要素間の相互関係に着目し，そこからみえてくる社会のあり方や仕組みを指しています。そのため，研究対象とする社会システムも，「（人と人との）相互作用」や「組織」から「全体社会」に至るまでの範囲に及んでいます。

　この社会システム研究で有名なのが，アメリカの社会学者**パーソンズ**とドイツの社会学者**ルーマン**です。

　パーソンズは，狭義の「社会システム」は，「役割システム」，すなわち，人びとが遂行する個々の役割を要素とする「役割ネットワークのシステム」であるとしています。しかし，役割というだけでは，社会システムの要素概念としては窮屈すぎ，また静態的でありすぎるために，20世紀半ばに，概念として，より一般的で広く，動態的・主体的なニュアンスをも含意した「行為」を「社会システムの要素」とする見方が社会学の主流となりました。そしてパーソンズも，広義の「社会システム」は，「行為システム」であるとしています。

　一方のルーマンは，社会システムとは，当初，「行為システム」であるとしていましたが，その後，「コミュニケーション」を要素とする「コミュニケーションシステム」であるととらえています。

　なお，ルーマンのいう「コミュニケーション」とは，「情報・伝達・理解」の３つの選択過程の総合から構成されています。具体的には，送り手側の「どのような情報をどのような伝達で相手に送るのか」という「情報」や「伝達」を選択し，受け手側は「それをどのように理解するのか」という「理解」の選択を行います。そして，このようなコミュニケーションは，さらなるコミュニケーションが接続するなど，コミュニケーションの連鎖によって，社会システムの秩序を構成するとしています。あくまでも，コミュニケーションがコミュニケーションを生み出すのであり（これを「社会システムのオートポイエーシス」といいます），人間がコミュニケーションを生み出すわけではないととらえ，人間は社会システムの環境（外部）に属するとしています。社会とは，コミュニケーションの連鎖から成る閉じた自律的システムであるとしています。

（2）社会意識
①　社会的性格
　社会的性格とは，ドイツの社会心理学者**フロム**の著書『**自由からの逃走**』（1941年）に記された概念です。

　フロムは，社会的性格を「ある一つの集団の大多数の成員がもっている性格

的構造の本質的な中核であり，その集団に共通する基本的経験と生活様式の発達したもの」と定義づけています。フロムは，社会的性格が，価値観と思考形式を伴った意識内容の変化のみならず，生産方法と社会秩序の変化を決定する重要な生産力であると考えました[5]。また，どのような社会でも，それがうまく機能するためには，その成員が，その社会，あるいはその社会のなかでの特定の階層の一員としてなすべき行為をしたくなるような性格を身につけなければならないと述べました。

　一方のアメリカの社会学者リースマンの著書『**孤独な群衆**』（1950年）は，大衆消費社会を生きる人びとの社会的性格を分析したものです。リースマンは，社会的性格を「社会がそれを構成する諸個人から，ある程度の同調性を保証される[6]」ものであると定義しています。そのため，さまざまな社会の状況に応じて，社会的性格は変化すると考え，その変化を著書の中で示しています。

　②　大衆社会論

　大衆化とは，社会の成熟に伴い，近代社会における能動的かつ理性的な市民が，操作されたり管理されたり，非合理的な行動をとる「大衆」として現れる現象のことを指します。この大衆化の進展に伴い出現した社会を「**大衆社会**」といいます。大衆社会論とは，「科学技術の進歩と資本の蓄積とを基盤とする産業革命の進展，および，市民的自由と政治的平等とを基本原理とする民主主義制度の普及を構造的基盤として，19世紀のヨーロッパで生まれた新しい社会理論[7]」といえます。

　なお，「20世紀の欧米の大衆社会論は，大衆化という現象が顕著であった社会として，ナチズムによって支配されたドイツ社会，そして特に第二次世界大戦後の消費社会としてのアメリカ社会，という二つの社会をめぐって論じられることが多かった[8]」とされています。

　このように，「大衆社会論」と一口にいっても，さまざまなとらえ方があります。次に，大衆社会論に関する学説をみていきます。

　③　フロムの『自由からの逃走』

　フロムは，人びとは近代化とともに，それまでの伝統や権威などの諸々の拘束から解放されたが，これは同時に集団による保護を失うことでもあるとして

います。そのため，孤独や不安にさいなまれることで，人びとはかえって権威を求め，大いなるものへ帰依する心を抱くようになることを指摘しています。さらに，フロムは，ファシズムに代表される全体主義とは，強制からの自由である「消極的自由が全般化していく近代化の過程で，孤独な群衆たちが求めた政治にほかならない[9]」としています。

このように，人びとが伝統や権威から解放され，自由を手にしたものの，その自由の重荷から逃れ，新しい依存と従属を求めてしまい，結果的にドイツにおけるナチズムの成立に至ることを説明しました。

④　リースマンの『孤独な群衆』

リースマンは，人口の成長段階に応じて，社会の構成員の社会的性格が，伝統指向型から内部指向型，そして他人指向型へと変化すると示しています。なお，書名にもなっている「孤独な群衆」とは，「他人指向型」を指しています。

3つの類型について，池田昌恵と中根光敏は[10]，以下のように説明しています（表13-1）。

人口の高度成長潜在期（出生数と死亡数が等しく，若い世代が一定の割合を占める現象）には**伝統指向型**が顕著となり，個人の生活は慣習や儀礼の体系によって限定される伝統指向の強い社会に依存しています。社会の規範を破ることは辱めとして律され，特徴的な態度は伝統に対する服従として現れます。

人口の過渡的成長期（医学の進歩などにより，人口が急速に増加する現象）になると，伝統指向型から**内部指向型**へと移行し，慣習や儀礼に代わって社会的性格を形づくるのは，幼児期に，両親など「大人」による独自の権威によって内面化された規範であり，個人の生活は，富や名誉，善など一般化された目標に導かれます。人生とは目的を指向するものであり，大人によって与えられたジャイロスコープ（羅針盤）によって方向を定められます。

リースマンが最も関心を払っているのが，人口が初期的衰退期（死亡率の減少とともに出生率も低下する現象）に入り，内部指向型に代わって強くなっていった他人指向型の社会的性格です。**他人指向型**の特徴は，権威への服従ではなく，同時代の外部の人びとの期待に対する敏感な反応，同調となって現れます。他人指向型は，ジャイロスコープに代わってレーダーを張り巡らし，手近

表 13 - 1　リースマンの社会的性格

人口の成長段階	社会的性格	特　徴
高度成長潜在期	伝統指向型	慣習や儀礼による伝統への服従
過渡的成長期	内部指向型	大人の権威によって内面化された規範への服従
初期的衰退期	他人指向型	周囲からの期待に対する敏感な反応や同調

出所：池田昌恵・中根光敏（2006）「消費社会論の変遷」『広島修大論集』47（10），5 〜
6 頁より一部改変。

な目標に向かって進んでいきます。他人指向型のパーソナリティにとって重要
なのは，他人にどう思われるかです。そのため，他人の反応を絶えず気にかけ
ながら，周囲の人びとに歩調を合わせて生きようとします。

　このような社会的性格を生んだのは，産業構造の急速な変化によって生じた
「豊かさ」にあるといえます。リースマンによって命名された「スタンダー
ド・パッケージ」は，多数派の生活様式，生活水準の枠組みを表すものであり，
高度経済成長期に普及した三種の神器（テレビ・冷蔵庫・洗濯機）がこれに相当
します。すなわち，大衆消費社会の出現によって，消費の対象はモノそれ自体
ではなく，「他人への同調＝『人並み』」という社会的コード（記号）となりま
した。かつてよく耳にした「一億総中流社会」という表現に象徴されるわが国
の平等な社会意識は，大衆消費社会の中で他人指向型の同調的性格によって育
まれていったとされています。

　⑤　ミルズの『パワーエリート』
　アメリカの社会学者ミルズの著書『パワーエリート』（1956年）のパワーエ
リートとは，当時のアメリカでの社会生活において，主要かつ支配的な領域と
なった経済的・政治的・軍事的領域での高度に集権化され官僚制化された諸制
度の指揮命令のポストを占める人びとから構成されています[11]。具体的には，経
営者や政治家，高級軍人を指していますが，このようなパワーエリートが，政
治や経済，外交関係の政策決定権を掌握することを意味しています。

　なお，ミルズは，このようなアメリカの権力構造の頂点に着目するだけでな
く，権力構造の底辺にも注目しています。政治的に無気力かつ操作の客体に転
化した「大衆社会」の中で生活している大衆の存在も指摘しています。

⑥　コーンハウザーの『大衆社会の政治』

　アメリカの政治社会学者**コーンハウザー**は，著書**『大衆社会の政治』**（1959年）で大衆社会を「エリートが非エリートの影響を受けやすく，非エリートがエリートによる動員に操縦されやすい社会制度である」と定義づけています。具体的には，大勢の大衆が政治に参加することによって，エリートとの距離が縮まり，エリートの持つ卓抜さや創造性がおびやかされるという視点と，エリートと非エリートとの距離が縮まることが，エリートによる非エリートの全体主義的な支配に導くという視点に立っています。また，コーンハウザーは，中間集団の衰退が大衆社会の萌芽となることを指摘しています。

　コーンハウザーは，近代社会での個人は３つのレベルの社会関係を築いており，家族，国家，そして家族と国家の中間的な集団であると考えました。そして，その中間集団は，個人および家族と国家の架け橋となり，人々がこれらの多様な中間集団に参加することで，個人の自由と自律性が保護され，民主主義制度が内包する大衆社会の危機を回避することができると指摘しました。なお，コーンハウザーの考える**中間集団**とは，地域社会や宗教団体，職業団体など他の集団の支配から自由で限定された機能しかもたない自律的集団を指しており，コーンハウザーは，個人がこれらの諸集団へ多様に所属することの重要性を大衆社会論の中で展開しました。

　それぞれの視点による社会類型をまとめると，表13－2のようになります。

　前近代の「共同体的社会」では，人びとは伝統的な家族や自足的な村落に全生活を結びつけられており，しかも閉鎖的な身分制度により，エリートとは遠く離れていたため，エリートへの接近もエリートからの操縦も起こりにくいといえます。これに対して，自由と民主主義国家に典型的な「多元的社会」は，エリートへの多くの回路が開いており，接近は容易な一方で，市民が自発的に結成した独立的な諸集団（中間集団）が活動しているため，エリートによる操縦は困難といえます。また独裁が支配する「全体主義的社会」は，すでにエリートが権力的な地位を固めているため，接近は難しく，逆にエリートに奉仕させる形で人民を操縦し，動員するために，エリートの統制下に中間集団が置かれています。なお，エリートによる非エリートの全体主義的な支配とは，

表 13-2　コーンハウザーの社会類型

| | | 非エリートによるエリートへの接近可能性 （内部の参加者に対する中間集団の包括性） | |
		低い （包括的）	高い （非包括的）
エリートによる非エリートの操縦可能性 （外部の権力に対する中間集団の強弱）	低い （強い）	共同体的社会	多元的社会
	高い （弱い）	全体主義的社会	大衆社会

出所：筆者作成。

1930年代以降の，ナチズムの進展による大衆の動員という時代背景と密接に結びついています[18]。そして「大衆社会」では，近いと感じられるエリートに要求を向ける広汎な大衆運動が活発になることに対して，個々に孤立している多くの大衆は，エリートによる操縦に容易に動かされやすいとされており，「接近しやすいエリートと操縦されやすい非エリートとを必要とする」とコーンハウザーは述べています。

　ところで，ハンガリー出身の社会学者のマンハイムが「甲羅のない蟹」とたとえているように，社会の大規模化，流動性の上昇にともない，家族や小規模のコミュニティにおいて自然に育まれていた価値観を見失った人びとは，集団の絆という「甲羅」を失い，あまりにも脆弱で不定形な姿を外気にさらすと述べています[19]。このような状況下で，判断や行為を統制する規範は，不安定で，なおかつ予測のつかない形で推移するものとなります[20]。

（3）社会階級と社会階層
①　社会階級と社会階層の違い
　「社会階級」とは，近代社会における生産関係の地位の差異に基づき，資本家階級や労働者階級のように，支配・被支配など明確な区分により生じる各社会集団のことを指しています。一方の「社会階層」とは，職業や収入，学歴など個人の社会的地位をもとに，人為的，操作的に区分された人びとの集合体で

あり，そこには明確な区分がなく，同じ職業であっても個人によって収入が異なるなど，社会的地位も複雑に絡み合っているといえます。

　なお，階級・階層の考え方については，マルクス主義による階級理論とアメリカ社会学による階層理論に分けられます。マルクス主義による階級理論とは，資本主義社会において，資本家階級であるブルジョアジーと労働者階級であるプロレタリアートに分けられ，階級間の利害対立により闘争に至ると結論づけています。一方のアメリカ社会学による階層理論では，社会的地位に伴う階層が重なり，上下や優劣の重層的な状態を社会成層といいますが，それによって社会的不平等が起こるとしています。

　②　社会移動

　社会移動とは，個人が自分の所属する階層から他の階層に移動することにより，社会的地位を移動させることを指し，ロシアの社会学者**ソローキン**が提唱しました。この社会移動は，水平移動と垂直移動に分けられます。水平移動は，個人が自分の所属する階層から他の階層へ移動する際に，同じ水準の社会的地位へと移動することを指しています。一方の垂直移動は，個人が所属する階層から別の階層に移動する際に，それまでのレベルとは違う社会的地位に移動することを指しています。さらに，社会移動には，個人の生涯における社会的地位の移動である世代内移動と，親子など家族の間にみられる社会的地位の移動である世代間移動があります。

　なお，親の職業や収入に左右されることなく，子どもが自らの努力や能力など獲得的地位によって，自分の職業を選択できる社会，すなわち世代間移動がよくみられる社会は，**業績主義社会**といいます。業績主義社会の対義語である**属性主義社会**とは，性別や親の職業など，自分の努力や能力では難しい生得的地位により，自分の職業が決定される社会を指しています。

　近代化以前は社会的地位の固定化がみられましたが，近代化に伴い，社会的地位の固定化は解消され，移動しやすくなるとされています。しかし，近年の傾向としては，世代間移動が困難となり，社会的地位の固定化がふたたびみられ，親の職業や収入によって，子どもの将来も左右されるといった世代間連鎖が指摘されています。

③　SSM（Social Stratification and Mobility）調査

SSM 調査とは，「社会階層と社会移動に関する全国調査」の略称で，1955年以来，10年ごとに実施されています。この調査は，「半世紀以上もの長期にわたり，本人の職業経歴や親の社会的地位，さらには学歴や階層帰属意識等についてほぼ同じスタイルで繰り返して質問し，戦後大きく変容した社会階層の構造変化を明らかにすることができる世界的に見ても極めて貴重な学術的資源である」とされています。

（4）社会指標

わが国における最初の**社会指標**の報告書である，国民生活審議会調査部会による『社会指標——よりよい暮らしへの物さし』（1974年）において，社会指標（Social Indicators）とは，「国民の福祉の状態を非貨幣的な指標を中心として，体系的，総合的に測定しようとするもの」と定義されています。たとえば，自治体レベルで独自に取り組まれている「幸福度指標」もその一例です。なお，経済指標は，国内総生産（GDP）や雇用統計，消費者物価指数など，現在の経済・景気動向を把握する上での目安となる指数を指しています。

①　インプット指標とアウトプット指標

インプット指標とは，施策や活動に資源（予算や人員など）をどの程度投入しているかを測る指標であり，**アウトプット指標**とは，投入後の結果（事実）を測る指標を指しています。なお，**アウトカム指標**とは，投入後の結果をもとに，どのような効果や状態が認められているかなどの成果を測る指標となります。

②　主観指標と客観指標

アウトプット指標として，主観指標と客観指標が用いられます。**主観指標**とは，人びとの意識，たとえば生活満足感や対人不安感など，調査票を通じて，人びとのさまざまな主観的な意識を示す指標であり，一方の**客観指標**とは，人口1万人あたりの病院数や都道府県別の貯蓄額など，人びとの意識以外を示す指標を指しています。

2　社会変動

（1）社会変動とは

　人びとの相互関係や相互作用の形態や社会において定められた制度や組織などの事柄を社会構造といいます。そして，近代化や産業化，情報化に伴い，その社会構造に一定の変化が生じることを**社会変動**と呼びます。

　社会変動に関する学説として，まずは，社会学が誕生した時期に活躍していた二大学者であるコントとスペンサーの**社会変動論**について説明します。

①　三段階の法則

　19世紀後半のフランスの社会学者の**コント**は，「社会学の父」といわれるように，社会学という名称を初めて提唱した人物です。社会学を，秩序の理論に相当する社会静学と進歩の理論に相当する社会動学に分けました。

　コントは，社会動学により，人間の精神の発達や進化に伴い，人間の社会は三段階に発展していくという**三段階の法則**を唱えました。まず，神学的段階は，現象の原因を神などの想像上の存在のはたらきとして解釈する思考段階を指します。この段階に対応するのが軍事型社会です。次に，形而上学的段階は，現象の原因を論理的で抽象的な原理によって説明しようとする思考段階を指します。この段階に対応するのが法律型社会です。最後に，実証主義的段階は，現象の原因を観察と実験による実証的な事実に求めようとする思考段階を指します。この段階に対応するのが産業型社会です。

②　社会進化論

　19世紀後半のイギリスの社会学者の**スペンサー**は，ダーウィンの進化論の影響を社会に適用し，生物と同様に，人間の社会も進化していくという**社会進化論**を唱えました。そして，単細胞生物が進化して多細胞生物に発達するように，社会も，軍事型社会から産業型社会へ段階的に進化すると説明しました。

　軍事型社会とは，強制的協働に基づく社会のことであり，「緊密で同質的な人々の結びつき」による単純な社会を意味しています。一方の産業型社会とは，自発的協働に基づく社会のことであり，「不緊密で異質的な人々の結びつき」

による複雑な社会を意味しています。

（2）近代化と産業化

　18世紀半ばからのフランス革命などの市民革命やイギリスの産業革命を発端に，封建制度や絶対王政に対して，市民が立ち上がり，自らの自由や平等を獲得し，また社会構造が農業中心から工業中心へと移り変わる一連の流れの中から「**近代化**」が誕生しました。

　その近代化の諸側面である「**産業化**」とは，農耕社会から工業社会への移行といった社会変動を指しています。産業革命以降の工業の発展により，技術革新に伴う生産技術の発達がみられるようになり，主要な生産拠点が農村から都市に移ります。産業化に伴い，資本家は労働者を雇用し，そこから得られた利潤の一部を，労働の対価として労働者に支払う仕組みができました。これを資本主義社会といいますが，資本家と労働者間の対立や貧富の格差，労働環境の劣悪なども問題視されるようになりました。

　冨永健一は，近代化について，4つの社会サブシステムに分け，近代化の諸領域を，経済的近代化，政治的近代化，社会的近代化，文化的近代化としてとらえています。なお，それぞれの諸領域を実現するための価値基準については，表13-3のように示しています。また冨永は，西洋における近代化では，社会的近代化（氏族の消滅や自治都市の興隆）と文化的近代化（ルネッサンス・宗教改革）から政治的近代化（市民革命）を経て，経済的近代化（産業革命）に至る一方で，非西洋における近代化では，西洋の順序と逆の過程であることを説明しています。

　一方の産業化では，アメリカの経済学者の**ロストウ**の著書『経済成長の諸段階』（1960年）が有名です。**経済の発展段階説**として，「伝統的社会」→「離陸の先行条件期」→「離陸期」→「成熟への前進期」→「高度大衆消費時代」へと経済が発展すると説明しました（表13-4）。

表13-3　近代化の下位類型

下位類型	内　容	価値基準
経済的近代化	経済活動が自律性をもった効率性の高い組織によって担われ，「近代経済成長」を達成していくメカニズムが確立されていること	資本主義の精神
政治的近代化	政治的意志決定が，大衆的レベルにおいて民主主義的基盤の上に乗るようになり，その実行が，専門化された高度な能力をもつ官僚制組織に担われるようになること	民主主義の精神
社会的近代化	血縁的で未分化な集団から分離し，機能的に分化した目的組織としての社会集団が形成され，地域社会が封鎖的な村落ゲマインシャフトから，開放的で都市度の高い地域ゲゼルシャフトに移行することによって，機能分化・普遍主義・業績主義・手段的合理主義などの制度化がすすむこと	自由・平等の精神
文化的近代化	諸文化要素のなかでも，科学および科学的技術の制度化がすすみ，それらが自律的に進歩するメカニズムが，社会システムそのもののうちに組み込まれていること，また教育が普及することによって，迷信や呪術や因習など非合理的な文化要素の占める余地が小さくなっていくこと	合理主義の精神

出所：冨永健一（1990）『日本の近代化と社会変動——テュービンゲン講義』講談社，30〜31頁，57頁より一部改変。

表13-4　ロストウの経済の発展段階説

段　階	特　徴
伝統的社会	生産品が取引されず，物々交換を特徴とする自給自足経済であり，農業が主産業といえる
離陸の先行条件期	離陸期に向けた準備段階として，農業への投資，鉱業の発展，貯蓄の増加が実現している
離陸期（テイクオフ）	より多い投資，より高いレベルの産業化，より高い貯蓄率，社会全体における農業従事者の割合の低下を特徴としている
成熟への前進期	富の創造とより付加価値がある産業への投資が可能になり，持続的な成長，産業の多様化，洗練された技術の使用が実現している
高度大衆消費時代	生産性が高く，また国民の所得水準の向上により，消費需要が増大し，社会全体におけるサービス産業が圧倒的なシェアを占めている

出所：尹相国ほか（2019）「開発経済に関する一つのフレームワーク——『新構造経済学の視点』より」『人文公共研究論集』38，219〜220頁より一部改変。

（3）情報化

① 情報化とは

わが国で「**情報化**」「情報化社会」といわれるようになったのは，1960年代後半です。

辻智佐子と栗田るみ子は，情報を「記号や符号の系列によって伝達され，それらを受けとる主体の判断や行動の意思決定に影響をおよぼすデータおよび知識である」としています。さらに，「情報となりうる条件として，データや知識の受け手がいること，その受け手の判断や意思決定に何らかの影響を与えること」の2つを挙げ，この2つの条件をクリアすることではじめて情報となるとしています。このような情報の定義をもとに，辻と栗田は，情報化社会を「『インターネット』などの通信技術の進歩やコンピュータ利用の普及，そして情報産業の発達によってかつてないほど大量の情報が生産・加工・処理・操作・消費されることによって従来の社会規範や価値観が変わりつつある社会」と定義づけており，その現象が「情報化」となります。

マクルーハンは，マスメディアの普及により，国境を越えて大量の情報を共有し，地球全体が1つの村のように形成されることを**地球村**（グローバル・ビレッジ）と呼びました。

このような情報化に伴い，私たちの生活もより過ごしやすくなってきますが，同時に，デジタル・ディバイド（情報格差）のように，インターネットやパソコンなどの情報通信技術を利用できる人と利用できない人との間で経済格差が生じることも予想されます。また，情報通信ネットワークを利用する際に必要となる知識や技術，能力である情報リテラシーについても，学習機会の格差が生じることにつながるおそれがあります。

② 脱工業化社会

脱工業化社会とは，科学技術の革新を背景に，製造業・建設業中心の工業化社会が，サービス産業，情報産業中心の経済社会へと展開している社会をいい，この脱工業化を主張したのが，アメリカの社会学者のベルです。

ベルは，著書『**脱工業社会の到来**』（1973年）の中で，脱工業化社会の特徴として，表13-5の5点を挙げています。

表13-5　ベルの脱工業化社会の特徴

①	経済部門	財貨生産経済からサービス経済への変遷
②	職業分布	専門職・技術職階層の優位（テクノクラートの台頭）
③	中軸原則	技術革新と政策決定の根幹である理論的知識の社会における中心的な意義
④	将来の方向づけ	技術管理と技術評価
⑤	意志決定	新しい「知的技術」の開発・創造

出所：ベル，D.／内田忠夫ほか訳（1975）『脱工業社会の到来〈上〉——社会予測の一つの試み』ダイヤモンド社，25頁より一部改変。

表13-6　トフラーの3つの波

波の名称	革命の名称	特　徴
第一の波	農業革命	「食糧生産の発見」 農耕社会への移行によるコミュニティの形成
第二の波	産業革命	「物質とエネルギーの発見」 農業から工業への移行により都市部への人口の流入
第三の波	情報革命	「情報の発見」 「モノの価値」を重視する工業化社会から「情報の価値」を重視する知識情報社会への移行

出所：海老澤信一（2013）「『経営と情報』教育教材の考察」『経営論集』23（1），51～52頁より一部改変。

③　第三の波

　アメリカの未来学者の**トフラー**は，著書『**第三の波**』（1980年）の中で，人類は，二度の大変革（パラダイム・シフト），第一の波である農業革命，第二の波である産業革命を経て，現在（1980年代）は，第三の波として，情報革命による脱工業化社会への変革の波を迎えているとしています。

　海老澤信一[25]は，第一の波から第三の波を表13-6のように説明しています。第一の波である農業革命は，「食糧生産の発見」といえます。「食糧は生産できる」という発見は，「食糧の価値」が大きな比重を占め，動物や木の実や魚などの食糧を求めて山野や海浜を移住したであろう狩猟採集社会から，人類に定住や集住の機会を与えた農耕社会への移行の契機となりました。そして，家族や地域との協働作業で，食糧を生産し消費することを通じて，コミュニティが形成されました。第二の波である産業革命とは，「物質とエネルギーの発見」

といえます。「エネルギーは生産できて制御できる」という発見は，人間や家畜の力に頼っていた人類に機械化による動力の利便性を気づかせ，社会では機械化や工業化が大きく進行しました。いわゆる「動力の機械化」です。産業は農業から工業への広がりをみせ，地方から都市へ人口が流入したことで人の移動が活性化しました。

　一方，工業化社会における化学的合成による「新素材の発見」は，自然素材を原料とした時代からさらに「モノの価値」を人類に知らしめ，人びとを新しい生活に導きました。しかし，負の側面である公害問題を引き起こし，人類は今でもさまざまな困難に直面しています。このころから，国家に代わる組織として，企業が台頭したことも社会に大きな影響を与えました。なお，工業化社会では，大量生産，大量消費に適合した社会システムが構築され，生産者と消費者は分断されました。すなわち，生産者として得た所得で，消費者として消費活動を行うようになりました。

　第三の波である情報革命は，あらゆる情報がコンピュータで処理して蓄積され，またネットワークを通じて伝達されることを意味しています。そのような過程で，情報そのものの重要性を企業や社会に認識させました。いわゆる「情報の発見」は，「知力の機械化」を人類にもたらし，「モノの価値」を重視する工業化社会から，「情報の価値」が重要な要素となる知識情報社会への移行を促しました。

　ところで，第二の波では分断されていた生産者と消費者でしたが，第三の波では，生産と消費が融合され，新たな社会の主役「**プロシューマー**」が台頭する社会が実現するとトフラーは予見しています。トフラーは1980年の時点で，情報化社会が到来することをすでに予見し，また，その社会の主役として「プロシューマー」という造語を示しています。プロシューマーとは，「プロデューサー（生産者）」と「コンシューマー（消費者）」を一体化させた言葉であり，「生産にも関わる消費者（生産消費者）」といえます。たとえば，企業が商品開発を検討する際に，消費者からのアンケート結果も踏まえながら検討したり，消費者からの強い要望により，新たな商品やサービスを開発したりすることも挙げられます。このように，今日では，生産者と消費者が一体となる商品

やサービスは注目されることが多く，そのような取り組みがより一層，みられるようになってきています。

（4）文化の遅滞

①　文化とは

山上徹によると，文化とは「社会の一員として全体的に統合された人間の心技体で感知する生活様式」としています。さらに山上は，広義の文化としては，「ある特定の社会（集団）の成員によって後天的に習得され，伝達され，共有され，そして認知された生き方や暮らし方が含まれる。（中略）文化は，生活する中で，極めて大切に特定の社会に共有されている要素の総称といえる。一定の成員（トチ・ヒト）によって継承・伝承されてきた生活様式・行動様式（モノ・コト）が文化である」と述べています。

山上は，文化の要素を3つに分類しています（表13-7）。「モノ」の物質的文化は，自然環境や有形な財貨のことを指します。それは形状・性能を変え，進化する可能性が高いといえます。「コト」の制度的文化は，物質的文化に適合するような方法やシステムのことを指します。「ヒト」の精神的文化は，人間の精神的な心で感知する度合いであり，表層・外面的から深層へと深化させることができるとしています。

なお，文化の伝播とは，ある文化の要素が他の社会へ移動することをいいます。では，文化の各要素は，他の社会へ移動する際に，同じ速度で浸透するのでしょうか。

②　文化の遅滞

アメリカの社会学者である**オグバーン**は，著書『社会変化論』（1922年）の中で「近代文化の種々な部分が同じ割合で変化しないで，ある部分は他の部分よりももっと急速に変化する」という「**文化遅滞論**」を提唱しました。具体的には，伝播の速度が速い物質的文化と速度が遅い非物質的文化との間の差異により生み出される社会的な不調和のことを指しています。たとえば，ある新しい技術が浸透していっても，私たちの習慣や考え方が依然として変わらないことにより，さまざまな混乱や不満，不安が生じることになります。

表 13-7　広義の文化（物質的文化，非物質的文化）の要素

	要　素	狭　義	伝播の速度	特　徴
モ　ノ	物質的文化	物質文明	最も速い	形のある見える道具・機械・技術・交通・通信手段などの有形財
コ　ト	制度的文化	非物質的文化	比較的緩慢	社会生活を営む上での慣習・法規範・言語・サービス・マナー・タブー
ヒ　ト	精神的文化	非物質的文化	最も遅い	学問・思想・芸術・道徳・おもてなしの心・ホスピタリティ・マインド

出所：山上徹（2010）「文化の伝播と精神的文化の輸出」『関東学院大学文学部紀要』第120・121号合併号
　　　下巻，3頁より一部改変。

　今後も，わが国だけでなく世界規模で，モノや技術，手段の進歩が予想され
ますが，私たちがその変化に対してどのように向き合うことが望ましいのかに
ついて，検討の余地があるといえます。

注
(1)　西口敏宏（2008）「社会システム論」『クォータリー生活福祉研究』17（2），1〜
　　20頁。
(2)　稲葉振一郎（2009）『社会学入門〈多元化する時代〉をどう捉えるか』NHK
　　ブックス。
(3)　村田裕志（2008）「社会学的機能主義系『社会システム論』の視角 I」『社会イノ
　　ベーション研究』3（2），95〜136頁。
(4)　名部圭一（2018）「ポスト真実の時代のメディア──社会システム理論から見た
　　インターネット」『桃山学院大学総合研究所紀要』43（3），1〜14頁。
(5)　鬢櫛久美子（1998）「『教育的思考』再考──E. フロムの〈自由からの逃走〉と
　　いう概念を中心に」『名古屋柳城短期大学研究紀要』20，151〜162頁。
(6)　Riesman, D.（1950）*The Lonely Crowd : A Study of the Changing American Character.*（＝1964，加藤秀俊訳『孤独な群衆』みすず書房。）
(7)　三上俊治（1986）「〈特集〉大衆社会論とジャーナリズム『大衆社会論』の系譜」
　　『新聞学評論』35，74〜91頁。
(8)　大石裕（2017）「戦後日本の大衆社会論とマス・コミュニケーション論・再考」
　　『法學研究』90（1），1〜26頁。
(9)　橋本努（2017）「特別シリーズ　豊かな生き方，豊かな社会を変える　自由の第

三パラドックス」『TASC MONTHLY』No. 497。

⑽　池田昌恵・中根光敏（2006）「消費社会論の変遷」『広島修大論集』47（1），1〜20頁。

⑾　小笠原真（1991）「C. Wright Mills 研究——アメリカ社会学史の一節」『奈良教育大学紀要（人文・社会）』40（1），51〜73頁。

⑿　Kornhauser, W. (1959) *The Politics of Mass Society.*（＝1961，辻村明訳『大衆社会の政治』東京創元社。）

⒀　片桐雅隆（2009）「大衆社会とアイデンティティの不確かさ　清水幾太郎論ノート」『千葉大学社会文化科学研究プロジェクト報告書』193，1〜13頁。

⒁　辻智佐子・辻俊一・渡辺昇一（2011）「インターネット・コミュニケーションにおける公共性研究に関する一考察」『城西大学経営紀要』7，33〜51頁。

⒂　⑿と同じ。

⒃　⑿と同じ。

⒄　⒁と同じ。

⒅　⒀と同じ。

⒆　Mannheim, K. (1940) *Man and Society in an Age of Reconstruction.*（＝1962，福武直訳『変革期における人間と社会——現代社会構造の研究』みすず書房。）

⒇　澤井敦（2004）「マンハイムとラジオ——BBC 放送における連続講義，『倫理』および『社会学とは何か』」『法學研究』77（1），1〜37頁。

㉑　白波瀬佐和子（2018）「2015年『社会階層と社会移動に関する全国調査（SSM 調査）』実施の概要」保田時男編『2015年 SSM 調査報告書1　調査方法・概要』（2015年 SSM 調査研究会），1〜12頁。

㉒　冨永健一（1990）『日本の近代化と社会変動——テュービンゲン講義』講談社。

㉓　辻智佐子・栗田るみ子（2005）「情報化社会における社会構造の変化——コンピュータ変遷史序説」『城西大学経営紀要』1，109〜124頁。

㉔　Bell, D. (1973) *The Coming of Post-Industrial Society.*（＝1975，内田忠夫ほか訳『脱工業社会の到来——社会予測の一つの試み』ダイヤモンド社。）

㉕　海老澤信一（2013）「『経営と情報』教育教材の考察」『経営論集』23（1），51〜64頁。

㉖　山上徹（2010）「文化の伝播と精神的文化の輸出」『関東学院大学文学部紀要』第120・121号合併号下巻，1〜19頁。

㉗　Ogburn, W. F. (1922) *Social Change : with Respect to Culture and Original Nature.*（＝1944，雨宮庸蔵・伊藤安二訳『社会変化論』育英書院。）

参考文献

池田昌恵・中根光敏（2006）「消費社会論の変遷」『広島修大論集』47（1），1〜20頁。

伊藤薫（2005）「社会指標の特徴と生活水準の構成要素について」『Review of Economics and Information Studies』5（3・4），1〜39頁。

小笠原真（1991）「C. Wright Mills 研究――アメリカ社会学史の一節」『奈良教育大学紀要（人文・社会）』40（1），51〜73頁。

佐藤典子（2008）「記号化された消費行動と社会的交換」『千葉経済論叢』39，21〜36頁。

徳永勇（2010）「脱工業化社会における社会権の毀損と復権」『筑紫女学園大学・筑紫女学園大学短期大学部紀要』5，197〜207頁。

まとめ ━━━━━━━━━

- パーソンズの社会システムは，個人が行う「行為」そのものが，社会システムを成立させているとする「行為システム」である。一方のルーマンの社会システムは，「情報・伝達・理解」の3つの選択過程の総合から構成される「コミュニケーション」を要素とする「コミュニケーションシステム」であるととらえている。
- 大衆化とは，社会の成熟に伴い，近代社会における能動的かつ理性的な市民が，操作されたり管理されたり，非合理的な行動をとる「大衆」として現れる現象のことを指す。
- フロムは，近代化により，市民が伝統や権威から解放され，自由を手にしたものの，その自由の重荷から逃れ，新しい依存と従属を求めてしまい，結果的にドイツにおけるナチズムの成立に至ることを説明した。
- リースマンは，人口の成長段階に応じて，社会の構成員の社会的性格が，伝統志向型から内部指向型，そして他人指向型へと変化すると示している。
- ミルズは，経営者や政治家，高級軍人などのパワーエリートが，政治や経済，外交関係の政策決定権を掌握することを示している。また，権力構造の底辺にも注目し，政治的に無気力かつ操作の客体に転化した大衆の存在も指摘している。
- コーンハウザーは，エリートによる非エリートの操縦可能性（中間集団の強弱）と非エリートによるエリートへの接近可能性（中間集団の包括性）の高低群から四類型を導いている。なかでも，独裁による全体主義的社会は，ナチズムによる大衆の動員という時代背景と密接に結びついている。また，個人および家族と国家の架け橋となる中間集団の衰退が大衆社会の萌芽となることを指摘している。
- マンハイムは「甲羅のない蟹」とたとえているように，社会の大規模化，流動性の上昇に伴い，家族や小規模のコミュニティにおいて，自然に育まれていた価値観を見失った人びとは，集団の絆という「甲羅」を失い，あまりにも脆弱で不定形な姿を外気にさらすと述べている。
- 階級理論として，マルクス主義による階級理論と，アメリカ社会学による階層理論がある。マルクス主義による階級理論は，資本家と労働者の階級間の利害対立によ

り，闘争に至り，一方のアメリカ社会学による階層理論では，社会的地位に伴う階層が重なり，それによって社会的不平等が起こるとされている。

- **社会移動**とは，**ソローキン**が提唱した概念であり，個人が自分の所属する階層から他の階層に移動することにより，社会的地位を移動させることを指す。また，個人の生涯における社会的地位の移動である世代内移動と，親子など家族の間にみられる社会的地位の移動である世代間移動がある。世代間移動がよくみられる社会は，業績主義社会という。

- **SSM 調査**とは，「社会階層と社会移動に関する全国調査」の略称であり，1955年以来，10年ごとに実施されている。

- **社会指標**とは，国民の福祉の状態を非貨幣的な指標を中心として，体系的，総合的に測定しようとするものと定義され，具体的には，インプット指標とアウトプット指標，主観指標と客観指標が挙げられる。

- 「社会学の父」といわれる**コント**は，人間の精神の発達や進化に伴い，人間の社会は三段階に発展していくという「**三段階の法則**」を提唱した。

- **スペンサー**は，ダーウィンの進化論を応用し，人間の社会も生物のように進化していくという「**社会進化論**」を提唱した。具体的には，軍事型社会から産業型社会へ段階的に進化すると説明した。

- **産業化**とは，産業革命以後の工業の発展により，技術革新に伴う生産技術の発達がみられるようになり，主要な生産の場が農村から都市へ移り，農耕社会から工業社会への移行を指す。

- **マクルーハン**は，マスメディアの普及により，国境を越えて大量な情報を共有し，地球全体が1つの村のように形成されることを**地球村**（グローバル・ビレッジ）と呼んだ。

- **脱工業化社会**とは，科学技術の革新を背景に，製造業・建設業中心の工業化社会が，サービス産業，情報産業中心の経済社会へと展開している社会を指す。ベルは，技術革新と政策決定には，理論的知識が重視されることから，「**テクノクラート**」という専門職・技術職階層が台頭することを説明している。

- **第三の波**とは，トフラーの著書『第三の波』の中で，第一の波の農業革命，第二の波の産業革命のあとに到来する，情報革命のことを指す。なお，トフラーは，生産と消費が融合され，新たな社会の主役「**プロシューマー（生産消費者）**」が台頭する社会が実現すると予見している。

- **オグバーン**は，習慣や考え方である非物質的文化は，モノや技術・手段である物質的文化よりも，浸透の速度が遅れるという現象を「**文化遅滞論**」と提唱した。

第14章

社会集団と組織

　あなたは，誰に支えられていますか。また，誰の支えになっていますか。

　人間は一人では生きていくことができないということから，「社会的動物」「社会的存在」といわれています。そして，生まれたときから亡くなるまでの間，さまざまな集団や組織に所属し，その中で，多様な人びととの出会いや別れが，私たちの人格形成に影響を与えることもあります。本章では，社会集団や組織とは何か，また，それぞれの社会集団や組織が人びとやその生活にどのような影響を与えるのかについて学びます。

1　社会集団

（1）社会集団とは

　集団とは『広辞苑⁽¹⁾』によると，「多くの人や物のあつまり」「持続的な相互関係をもつ個体の集合，団体」とされ，『ブリタニカ国際大百科事典⁽²⁾』によると，「一般には複数の人々の集合を呼ぶが，単に個体の集合というよりは，ある特定の複数個人間の相互作用のからまりによる一つの機能的単位」と定義づけられています。また，馬場房子⁽³⁾は，集団が成立する条件として，以下の6点を挙げています。

---

　①　複数の人間の集合
　②　ある程度持続した対面的相互関係の存在
　③　構成員に共通の目標とその目標達成のための活動

---

④　構成員間に役割の分化に基づく組織性の存在
⑤　構成員の行動を秩序づける規範の形成
⑥　構成員間の一体感や所属感の発生

　集団は単なる個々の存在による集合体というよりも，共通の目標に向けて互いに関係性を持ちますが，そこには集団を維持するための決まりや関係を持つことによる情緒的な感情が生まれることも含まれています。
　社会における集団を考えてみますと，家族や学校，企業，自治会，クラブ・サークルなど，さまざまな社会集団がみられ，私たちの生活の営みに影響を与えています。たとえば，家族や学校では，子どもが暮らしている社会の行動様式，生活習慣を学習し，その社会の一員として育てられる過程，すなわち「子どもの社会化」も期待されています。また，企業や自治会では，それぞれの立場や役割による職務に励み，社会や地域の一員として社会貢献に従事することで，自らの持てる力を発揮できる，すなわち自己実現にもつながります。さらには，クラブ・サークルでの活動を通して，学業や子育て，仕事，介護など，目の前のことに取り組むこと以外で，生活をより豊かにする機会もあります。
　このように，社会集団には，さまざまな可能性があります。しかし，その一方で，社会集団の中で何らかの理由により人間関係がうまくいかなかったり，あるいは人間関係そのものが作られていなかったり，作られていたとしても，何らかの理由によりさまざまな機会を提供されていなかったりすることもあります。そうなりますと，私たちの生活や心身に悪影響を及ぼすことも予想されます。したがって，社会集団の成り立ちや特性，それが人びとや環境に与える影響について考えることは大切であるといえます。

（2）社会集団の類型
　これまで，多くの社会学者が，社会集団の対概念（互いに対照的な要素を持つ2つ一組の概念）について示しています。
　①　内集団と外集団
　アメリカの社会学者**サムナー**により提唱されたものです。「**内集団**」とは，

ある個人が所属し，「われわれ意識」という帰属感や愛着心のある集団を指します。一方の「**外集団**」とは，ある個人が，所属していない，または結びつきの弱い，あるいは対立関係にあるなど，無縁や敵意を持ち，「かれら意識」という心理的感情を持つ集団を指します。

　なお，杉浦仁美ら[4]によると，私たちは「自身の所属する集団（内集団）に対して，他の集団（外集団）よりも有利になるよう，評価的・情動的・行動的な反応を示す傾向」があるとされています。これを内集団バイアスといいます。しかし，何らかの理由や事情により，所属する集団への愛着が低下してくると，所属していない別の集団を探して移ったり，あるいは，所属する集団をより良く変えようとすることもあります。

　②　ゲマインシャフトとゲゼルシャフト

　ドイツの社会学者テンニースにより提唱されたものです。「**ゲマインシャフト**」とは，ドイツ語で「共同体組織」を指し，人間の**本質意思**によって結ばれた自然発生的集団であり，愛情や親しみなど，人びとの感情的かつ有機的なつながりによる共同社会を意味しています。テンニースも「ゲマインシャフトの[5]理論は本来的あるいは自然的状態としての人々の意志の完全な統一から始まる」と述べています。そのため，ゲマインシャフトでは，意志の統一がなされていることが基本であり，構成員一人ひとりの満足感を高めることが重要です。具体例としては，家族や村落などが挙げられます。なお，有機的とは，生物の細胞のように，互いに関連し合いながら全体を形成することを意味しています。

　一方の「**ゲゼルシャフト**」とは，ドイツ語で「機能体組織」を指し，人間の**選択意思**によって結ばれた人為的集団であり，目的合理的かつ機械的なつながりによる利益社会を意味しています。そのため，組織の利益のためには構成員の犠牲が生じることもあり，また，組織の目的が消滅すれば必然的に解散することとなります。具体例としては，企業や大都市，国家などが挙げられます。

　人間社会の近代化とともに，ゲマインシャフトからゲゼルシャフトへと移行することについて，テンニースは，家経済が一般的である段階から商業経済が一般的である段階への移行として現れ，またこれと密接に関連しているのが，農業の支配的な段階から工業の支配的な段階への移行として現れると述べてい

ます。

③　生成社会と組成社会

アメリカの社会学者**ギディングス**により提唱されたものです。「**生成社会**」とは，家族や村落など，血縁・地縁に基づき自然に発生した社会を指しています。一方の「**組成社会**」とは，労働組合や宗教など，ある目的を共有する人びとによって，特定の活動を営むために人為的に形成される社会を指しています。

④　第一次集団と第二次集団

「**第一次集団**」とは，アメリカの社会学者**クーリー**により命名されたものです。第一次集団とは，互いに直接的かつ親密な対面的関係があり，かつ人格形成の上で重要な役割を持つ基礎的集団のことを指します。具体例としては，家族や近隣集団などが挙げられます。一方の「第二次集団」とは，クーリーの弟子らが提唱したものであり，間接的かつ一定の目的や利害関係に基づいて意図的に作られた機能的集団のことを指します。具体例としては，学校や組合，企業，政党，国家などが挙げられます。

クーリーらは，近代化に伴い，第二次集団が急激に台頭し，その結果，第一次集団の利点が失われ，人びとが孤立化する危険があるとしました。

⑤　コミュニティとアソシエーション

アメリカの社会学者**マッキーバー**により提唱されたものです。「**コミュニティ**」は，一定の地域住民が，その地域に対して特定の帰属意識を持ち，共同生活が営まれる自然発生的な社会のことを指します。具体例としては，近隣や村落，都市などが挙げられます。そこでは，人びとのわれわれ意識や一体感，帰属感などのコミュニティ感情が生み出されます。このように，コミュニティは，地域性と共同性が必要条件となりますが，近年は，地域性を必要としない「情報コミュニティ」もみられるようになりました。一方の「**アソシエーション**」は，コミュニティを基盤として，特定の目的や関心のために意図的・計画的に作られた集団のことを指します。具体例としては，家族や学校，企業，政党などが挙げられます。この２つの概念は，相互補完の関係にあります。

マッキーバーは，コミュニティの範囲が拡大するにつれて，その内部にあるアソシエーションの分化が生じ，これが社会の進化・変動を示すものとしてい

ます。

⑥　基礎社会と派生社会

　日本の社会学者である**髙田保馬**により提唱されたものです。「**基礎社会**」とは，家族や村落，都市など，血縁・地縁にしたがって密接に結合し，自然に生成された社会であり，愛着的要素が含まれています。一方の「**派生社会**」は，企業や政党，宗教など，人為的・派生的で，共通の目的や利害によって構成される社会であり，利益的要素が含まれています。

⑦　フォーマルグループとインフォーマルグループ

　フォーマルグループとは，「公式集団（公式組織）」とも訳されますが，規則などにより，意識的かつ明文化された目標や機能，役割を持つ集団を指します。一般的に「組織」といえば，このフォーマルグループを意味し，企業や学校などが挙げられます。一方の**インフォーマルグループ**とは，「非公式集団（非公式組織）」とも訳されますが，フォーマルグループの内部に自然発生的かつ私的関係から成り立つ集団を指します。具体例としては，職場仲間や友人などが挙げられます。

　組織化・合理化を求められる近代社会においては，形式的かつ没人間的役割関係が支配するフォーマルグループが優位とされますが，後述のホーソン実験により，人格的交流や心理的安定の欲求を満たせるインフォーマルグループにも注目が集まることになりました。これまで，インフォーマルグループは，集団や組織の秩序を乱し，非合理的なものとしてとらえられることもありましたが，インフォーマルグループの働きにより，フォーマルグループの業績が向上するという研究成果もみられるようになりました。

⑧　準拠集団

　準拠集団の主な理論家として，アメリカの社会学者**マートン**が挙げられます。

　準拠集団とは，『社会学小辞典』[6]によると，「人が自分自身を関連づけることによって，自己の態度や判断の形成と変容に影響を受ける集団」であり，家族集団や友人集団などの身近な所属集団から構成されることが多く，しかし，人が，現在，所属していない集団，すなわち「過去に所属したことのある集団」，あるいは「将来，所属したいと望む集団」，すなわち，「非所属集団」もまた準

拠集団となりうるとされています。

　さらに，準拠集団について，直接的な対人関係を持つ個人や集団以外には，対人関係を結ばない想像上の個人や仮想集団も含まれます。たとえば，画面の向こう側に登場する歌手や俳優，アニメに出てくる登場人物など，直接的かつ継続的にかかわることの難しい存在や，架空の世界から受ける影響は，意識的あるいは非自発的に，私たちの意識や行動に働きかけるものといえます。

　なお準拠集団には，2つのタイプがあります。1つは，比較準拠集団です。比較準拠集団は，個人が自分と他者を評価する際に，その判断基準となるものです。たとえば，加藤祥子[7]は，「ある消費者が自己の消費と周囲の他者の消費を比較し，自己の消費の方が金銭感覚やよく利用する店などの点において上等であることが分かった場合，自己を社会全体の中で比較的富裕層に属すると捉えるようになる」と述べています。すなわち，準拠集団は，評価の目安を提供することを役割としています。もう1つは，規範準拠集団です。規範準拠集団は，個人が判断基準を自己の外に求め，ある集団の規範に自己を一致させようとするものです。具体的には，ある集団の価値観や規準から受ける影響が，個人の意識や行動に作用することを指します。私たちは，自分で決めていると思っていることでも，実は，他の個人や集団からの影響を受けている場合があります。

2　組　織

（1）組織とは

　組織とは『広辞苑[8]』によると，「ある目的を達成するために，分化した役割を持つ個人や下位集団から構成される集団」とされ，『ブリタニカ国際大百科事典[9]』によると，「集団成員間の相互交渉の結果として生れてきた集団全体としての成員相互関係，つまり役割，地位の体系および各成員の行動規準や伝達および統制の過程の総体」と定義づけられています。さらに「集団が自然発生的に生じてくるような場合，その成立の初期には組織分化度は低く，明瞭性を欠き，また各成員の受持つ役割，地位，行動規準は変化しやすく，安定性を欠

いているといえるが，集団が長く持続していくに従って，次第に安定し，場合によっては必要以上に固定化してくる場合もある」と示されています。

　また，アメリカの経営学者であり，「近代組織論の祖」といわれ，自らも電話会社の経営者であった**バーナード**は，組織とは，「二人以上の人々の意識的に調整された活動や諸力の体系」と定義しています。また，組織が成り立つために必要な「**組織の3要素**」を提唱しています。

---

① 共通の目的をもっていること（共通目的）
② 相互に協力・協働する意欲をもっていること（貢献意欲）
③ 意思を伝達できる人々が存在すること（コミュニケーション）

---

　①の共通の目的を持った人びとが集まったとしても，②の互いに協力・協働したり，③のコミュニケーションを図ったりすることを行わないようであれば，それは組織とはいえないということになります。

（2）NPO

① NPO とは

　組織の代表例として，**NPO** について紹介します。NPO とは，「Non-profit organization」の略であり，「非営利組織」と訳すことができます。さまざまな社会貢献活動を行い，組織の構成員（出資者や理事，会員など）に対し，収益を分配することを目的としない組織の総称です。したがって，収益を目的とする事業を行うことは認められていますが，事業で得られた収益は，さまざまな社会貢献活動に充てることになります。

　このうち，特定非営利活動促進法に基づき，法人格（個人以外で権利や義務の主体となり得るもの）を取得した法人を「特定非営利活動法人（NPO 法人）」といいます。NPO は，法人格の有無を問わず，さまざまな分野（福祉や教育，文化，まちづくり，環境，国際協力など）で，社会の多様化したニーズに応える重要な役割を果たすことが期待されています。

　なお，「非営利」という意味は，「無償」とは異なります。したがって，

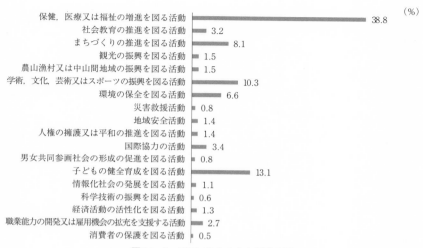

図 14-1　NPO 法人の主な活動分野

出所：内閣府（2018）『「平成29年度特定非営利活動法人に関する実態調査」報告書』69頁より筆者作成。

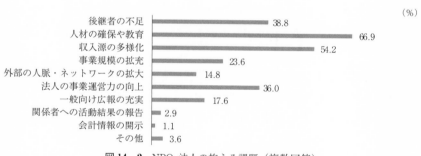

図 14-2　NPO 法人の抱える課題（複数回答）

出所：内閣府（2018）『「平成29年度特定非営利活動法人に関する実態調査」報告書』10頁より一部改変。

NPO で勤務している人びとが，収益の一部を報酬として受け取ることはできます。

　②　NPO 法人活動の現状

　2018年の内閣府の報告書によると，主な活動分野と抱える課題は，図14-1と図14-2のとおりです。主な活動分野については，「保健，医療又は福祉の増進を図る活動」が38.8％と最も割合が高く，次いで「子どもの健全育成を図

る活動」が13.1％，「学術，文化，芸術又はスポーツの振興を図る活動」が
10.3％と続いています（図14‐1）。抱える課題（複数回答）については，「人材
の確保や教育」が66.9％と最も割合が高く，次いで「収入源の多様化」が
54.2％，「後継者の不足」が38.8％，「法人の事業運営力の向上」が36.0％と続
いています（図14‐2）。このように，活動分野では，保健や医療，福祉など，
さまざまな対象者の健康や安心，生活につながる活動が，NPO 法人における
活動分野の大きな柱となっています。また，抱える課題では，人材の確保や教
育など，サービスや支援の質の向上が求められています。昨今の多様化する社
会の現状に伴い，ニーズの多様化・複雑化もみられます。したがって，人材の
確保だけでなく，その後の育成も大切であるといえます。

（3）組織論に関する研究

①　科学的管理法

　科学的管理法とは，従来，労働者の主観的な経験や技能の上に成り立ってい
た作業に代わり，客観的かつ科学的に整理して作業を管理するマネジメントの
考え方です。20世紀初頭に，アメリカのエンジニアであった**テイラー**が提唱し
ました。

　時間動作の視点から労働者分析を行い，労働者1人，1労働日あたりの標準
的な作業量である「課業（ノルマ）」を設定しました。また，作業効率を上げる
ことを目標に，異率出来高払い制（成功報奨金と未達成ペナルティ）を導入しま
した。さらに，これまで1人であった職長の職務を8つの機能に分け，8人の
職長に分担するようにしました。これにより，テイラーの所属していた製鋼会
社は，大きな成果を上げることができました。一方で，人間を機械と同じよう
にとらえる標準化のあり方と，人が経済的欲求を求める出来高払い制のあり方
が批判の的にもなりました。

　しかし，テイラーの科学的管理法である，作業の標準化，出来高払い制，機
能式組織は，今日の組織運営にもつながっているものといえます。作業の流れ
を標準化する（それぞれの標準に合わせて整える）ことでマニュアル化し，経験
や技能の程度に関係なく，誰が行っても設定された課業達成に近づけることが

表 14 - 1 ホーソン実験の方法と結果

●方法	●結果
①照明による実験（労働環境）	①照明の明暗に関係なく生産性向上
②組み立て実験（労働条件・待遇）	②労働条件の良悪に関係なく生産性一定・向上
③面談（労働者の感情）	③仕事意識などの面談後に生産性向上
④電話交換機（バンク）配線共同作業実験（職場内の人間関係）	④生産性への影響：労働者の能力＜意識　上司との良好関係：欠陥・ミスの減少

出所：筆者作成。

できます。また，出来高払い制については，設定している目標を達成することで報酬が得られるため，労働者のモチベーション向上や職場への所属意識も高まりやすくなります。さらに，機能式組織を取り入れることで，大企業を中心に，経営者の負担軽減につながるだけでなく，経営者も労働者も互いの強みを発揮しながら生産性を高めることが可能になります。

　②　ホーソン実験

　ホーソン実験とは，1924年から1932年にかけて，アメリカのウェスタン・エレクトリック社のホーソン工場で，**メイヨー**や**レスリスバーガー**によって行われた実験です。生産性を高めるための要因とは何かを明らかにするために，作業条件と作業能率の関係を分析しました。

　この実験の結果，生産性を高めるためには，作業環境ではなく人間関係が影響することが明らかになりました。ホーソン実験の方法と結果は，表14-1のとおりです。実験前の仮説として，生産性を高めるためには，照明や職場の気温，休憩時間の有無，賃金が関係しており，物理的な労働条件が悪ければ，生産性は下がると予想していましたが，表14-1の①②の結果より，その仮説は支持されませんでした。また，表14-1の③④の結果より，生産性を高めるためには，労働者の職場内の人間関係や仕事に対する意識など，人の感情的な部分が影響していることがわかりました。したがって，親密な相互関係を通じて形成されたインフォーマルグループが，職場で公式に定められたフォーマルグループの業績や能率に影響を与えることが明らかになりました。

　なお，この実験の背景には，テイラーの科学的管理法が導入された工場での意欲低下がみられていたことがあります。この実験結果は，物理的な労働条件が労働者の就業意欲や生産性の向上につながると思われていた研究の流れに一石を投じることになりました。したがって，ホーソン実験によって，合理性を重視する科学的管理法で軽視されてきた職場の人間関係や組織における人間的側面を重視する新しい視点が導き出され，人間関係論を提唱することに至りました。

　ところで昨今，働き方改革や離職率の向上，人手不足など，私たちを取り巻く職場環境や仕事への考え方も転換期を迎えつつあります。同時に，限られた人材や時間，経費の中で，いかに生産性を高めるかについては，企業にとって喫緊の課題にもなってきています。ホーソン実験の結果は現代社会において，スーパービジョンやリーダーシップなど，効果的かつ効率的な組織のあり方を維持するためのさまざまな手法について学ぶ意義を教えてくれています。

（4）官僚制

　官僚制とは，大規模な企業や行政組織における管理や支配のシステムのことです。ここでは，ドイツの社会学者**ウェーバー**の官僚制についてふれます。ウェーバーは数々の業績を残していますが，その1つに3類型の支配があり，そのうちの「**合法的支配**」の代表的な形態を「官僚制」としています。合法的支配とは，形式的に正当な手続きで定められた規則に従って行われる支配のことを指しています。

　なお，ウェーバーの官僚制はあくまでも**理念型**（理想型）であるため，現実の世界には存在しないものです。そして理念型は，現実と照らし合わせることにより，現実を理解するヒントになる手段を指しています。

　官僚制には，表14-2の6点の特徴とそれにより期待される効果があります。
　①「規則による明確な『権限』」では，権限を渡されることによって，自らの職務内容が明確になり，他者の職務内容との間にも線引きをしやすいことから，効率性のある対応が可能となります。②「ヒエラルヒー（ヒエラルキー）構造」とは，ピラミッド型の階層組織を指しますが，指示・命令系統が一元化

表 14-2　官僚制の特徴とそれにより期待される効果

●特徴

①規則による明確な「権限」

②ヒエラルヒー構造

③文書主義

④専門的知識の必要性と資格任用制

⑤専業（全労働力の要求）

⑥一般的な規則による規律

●期待される効果

①効率性の実現

②指示・命令系統の明確化

③正確な伝達の実現

④職務の質と職務意欲の維持

⑤組織への忠誠心の醸成

⑥画一的かつ持続的な対応可能

出所：野口雅弘（2011）『官僚制批判の論理と心理──デモクラシーの友と敵』中央公論新社，34～35頁より一部改変。

していることから，指示・命令を受ける側も混乱を招きにくく，組織の安定性を維持しやすくなります。③「文書主義」では，口頭ではなく，文書として残しておくことで，伝達や指示内容がより正確に伝わるだけでなく，あとから読み返すこともできます。④「専門的知識の必要性と資格任用制」では，高度な専門性を持つ者が職務にあたることで，より質の高い対応が可能になります。また，資格任用制を導入することで，採用担当者や人事担当者の個人的な意思に左右されることなく，採用基準や昇進・昇格過程が明確化され，職務にも前向きな意欲を持ちやすくなります。⑤「専業」では，副業が禁止され，現在の職務に専念し，組織への忠誠心を高めることにつながりやすくなります。⑥「一般的な規則による規律」では，規則をもとに行動することから，個人的な判断に左右されることなく，画一的かつ持続的な対応が可能になります。

　このように，官僚制とは，階層構造や対応方針が明確であり，文書として残せることからも，組織の「安定性」「合理性」「再現性」が実現しやすく，業績向上に効果的なシステムであるといえます。

　しかし，この「官僚制」に異を唱える研究者もいます。アメリカの社会学者マートンによる「**官僚制の逆機能**」が有名です。

（5）官僚制の逆機能

　現代社会においても，官僚制を導入している企業や行政は数多くみられます

表 14 - 3　官僚制の特徴とそれに伴う逆機能

●特徴	●逆機能
①規則による明確な「権限」	①縦割り体制・縄張り意識の出現
②ヒエラルヒー構造	②双方向や素早い対応の難しさ
③文書主義	③文書作成・内容の本質理解の不足
④専門的知識の必要性と資格任用制	④自らの専門性・資格以外への無関心
⑤専業（全労働力の要求）	⑤適度な休日取得や無残業の困難さ
⑥一般的な規則による規律	⑥柔軟性や創造性への欠乏

出所：野口雅弘（2011）『官僚制批判の論理と心理——デモクラシーの友と敵』中央公論新社，34〜35頁より一部改変。

　が，同時に，そのシステムがマイナスに作用すること（逆機能）もあります。マートンは官僚制を，非合理的な組織体系へと変わり得ることから，「訓練された無能力」と表現しています。

　表14 - 2の官僚制の特徴をもとに，それに伴う逆機能を表14 - 3で紹介します。

　①「規則による明確な『権限』」では，「セクショナリズム」のように，組織全体の利益よりも自分の所属する部署の利益のみにこだわり，外部からの干渉を一切受け入れない「縦割り体制」「縄張り意識」が現れます。そのため，組織内の人間関係の悪化や生産性の低下につながりやすくなります。②「ヒエラルヒー（ヒエラルキー）構造」では，上司からの指示・命令に対して，意見や提案があっても主張しにくく，また，自分で判断する必要がある場合も「指示待ち」になりやすいため，物事を決めるまでに時間がかかることがあります。③「文書主義」では，「文書に書かれていないことはやらない」という意識を持ちやすく，また文書作成が作業のような感覚に陥りがちになることも懸念されます。④「専門的知識の必要性と資格任用制」では，①と同様に，自らの専門性や資格以外には関心を持ちにくく，他の分野との連携も生まれにくくなるおそれがあります。⑤「専業」（全労働力の要求）では，現在の職務に専念し，組織への忠誠心を高めすぎることが逆に，適度な休日をとることの難しさや，他の人の仕事が残っていれば手伝うなど，定刻通りに帰ることができない現象

も起こりやすくなります。⑥「一般的な規則による規律」では，規律を遵守しながら職務にあたることは大切ですが，その一方で，規律を遵守することに意識を向けすぎると，突発的な事柄に対して柔軟に対応することが難しく，また，新しいアイデアを生み出す姿勢も持ちにくくなります。なお，③「文書主義」と⑥「一般的な規則による規律」が結びつけられ，規則や手順がこまごまとして煩わしいことを「繁文 縟 礼」といいます。

　このように官僚制は，過度にマイナス作用が働くと，自分の意志や判断で行動する「主体性」や目の前の事象の背景には何があるのかと考える「想像性」が欠如し，人間らしい思いやりや配慮に欠ける「没人格性」の色合いが高まるものといえます。

注

(1)　新村出編（2018）『広辞苑　第七版』岩波書店。

(2)　ブリタニカ・ジャパン（2016）『ブリタニカ国際百科事典小項目電子辞書版』。

(3)　馬場房子（1989）『消費者心理学（第2版）』白桃書房，157頁。

(4)　杉浦仁美・坂田桐子・清水裕士（2015）「集団間と集団内の地位が内・外集団の評価に及ぼす影響——集団間関係の調整効果に着目して」『実験社会心理学研究』54（2），101〜111頁。

(5)　Tönnies, F. (1887) *Gemeinschaft und Gesellschaft.*（＝1957, 杉之原寿一訳『ゲマインシャフトとゲゼルシャフト——純粋社会学の基本概念』岩波書店。）

(6)　濱島朗・竹内郁郎・石川晃弘編（1997）『社会学小辞典〔新版〕』有斐閣。

(7)　加藤祥子（2003）「消費者態度と準拠集団——購買意思決定における社会的要因の探究」『早稲田商学』398，337〜373頁。

(8)　(1)と同じ。

(9)　(2)と同じ。

(10)　Barnard, C. I. (1938) *The Function of the Executive.*（＝1968, 山本安次郎ほか訳『新訳 経営者の役割』ダイヤモンド社。）

(11)　内閣府（2018）「平成29年度特定非営利活動法人に関する実態調査」報告書。

参考文献

仁平京子（2008）「準拠集団理論と広告コミュニケーション戦略——熱望集団の創造に向けて」『明大商学論叢』90（2），75〜88頁。

広田ともよ（2015）「派生社会化する社会——高田保馬の社会類型概念からの一考察」
『広島修大論集』55（2），213〜219頁。

まとめ ━━━━━━━━

- **社会集団**とは，単なる個々の存在による集合体というよりも，共通の目標を掲げ，集団維持のための決まりが存在し，その中で情緒的な感情も芽生える関係性が生まれる集団のことである。
- 社会集団の対概念は，提唱者と合わせて理解しておくことが大切である。

提唱者	社会集団の対概念	
サムナー	内集団	外集団
テンニース	ゲマインシャフト	ゲゼルシャフト
ギディングス	生成社会	組成社会
クーリーら	第一次集団	第二次集団
マッキーバー	コミュニティ	アソシエーション
高田保馬	基礎社会	派生社会

- **準拠集団**とは，マートンが提唱した概念であり，自己の価値観や行動，意識に影響を与える集団のことである。現在，所属している集団以外にも，過去に所属したことのある集団や将来，所属したいと望む集団なども含まれる。
- **組織的管理法**は，20世紀初頭に**テイラー**が提唱した管理手法である。それまで，労働者の主観的な経験や技能の上に成り立っていた作業について，客観的かつ科学的に整理して管理する方法のことであり，今日の組織運営にもつながる。
- **ホーソン実験**は，1924〜1932年にかけて，アメリカのホーソン工場で，**メイヨーら**によって行われた実験である。この実験によって，生産性を高めるためには，作業環境ではなく，労働者の職場内の人間関係や仕事に対する影響が関係することがわかった。
- **官僚制**とは，近代社会における大企業や行政組織の管理や支配のシステムのことである。官僚制は，組織の「安定性」「合理性」「再現性」が実現しやすく，業績向上に効果的なシステムである。**ウェーバー**の官僚制が有名であり，合法的支配の代表的な形態として位置づけられているが，あくまでも理念型であるため，現実には存在しないものといえる。
- **官僚制の逆機能**とは，マートンが提唱した概念であり，官僚制のシステムがマイナスに作用することである。官僚制がマイナスに作用することで，「主体性」「想像性」が欠如し，「没人格性」の色合いが高まるものといえる。

おわりに

　一通り「社会学と社会システム」の世界を歩いてこられて，いかがでしたか。面白いこと，驚くことがたくさんあったと思います。心を痛めるような事例もありましたね。この本を読まれた皆さんは，随分世の中の仕組みがわかるようになりました。世の中を変えていく力を持ったのです。

　この本の大きな目的の一つは，もちろん皆さんがめざす専門職に就かれることです。そのためには国家試験の合格も必要です。何度も丁寧に読み返し，知識を定着させましょう。試験前には，まとめのコーナーを見直して効果的に復習することもできます。

　しかし読んでこられておわかりでしょうが，この本はそれだけのものではありません。仕事をされるときに必要なところを見直していただくと，そのとき必要な知恵と力を引き出してもらえることをめざしました。

　どうぞ末永く，皆さんのパートナーとして使ってください。そして必要な人にどんどん勧めてあげてください。この本は，皆さんのめざす専門職に限らず，色いろな仕事，さまざまな立場の人に広く役立ててもらえるように作っています。

　試験に合格してもらうことはもちろん，仕事をする上で必要な知識が，無理なく定着する本にしたいという贅沢な願いに答えてくれた先生方，細やかな心配りでサポートしてくださった亀山さん深井さん，ありがとうございます。

　この本がたくさんの人の力になってくれますように。

山口美和

監修者紹介

杉本　敏夫（すぎもと・としお）

　　現　在　関西福祉科学大学名誉教授
　　主　著　『新社会福祉方法原論』（共著）ミネルヴァ書房，1996年
　　　　　　『高齢者福祉とソーシャルワーク』（監訳）晃洋書房，2012年
　　　　　　『社会福祉概論（第3版）』（共編著）勁草書房，2014年

執筆者紹介（執筆順，＊印は編者）

＊山口　美和（はじめに，第1章，おわりに）
　　やまぐち　みわ
編著者紹介参照

三田村　知子（第2章）
　　みたむら　ともこ
関西福祉科学大学社会福祉学部准教授

阪井　裕一郎（第3章，第7章）
　　さかい　ゆういちろう
福岡県立大学人間社会学部専任講師

髙井　裕二（第4章）
　　たかい　ゆうじ
関西福祉科学大学社会福祉学部助教

上久保　敏（第5章，第12章）
　　かみくぼ　さとし
大阪工業大学工学部教授

久保田　祐歌（第6章）
　　くぼた　ゆか
関西福祉科学大学社会福祉学部准教授

寶田　玲子（第8章，第11章）
　　ほうだ　れいこ
関西福祉科学大学社会福祉学部教授

野村　恭代（第9章，第10章）
　　のむら　やすよ
大阪市立大学大学院生活科学研究科准教授

橋本　有理子（第13章，第14章）
　　はしもと　ゆりこ
関西福祉科学大学社会福祉学部教授

編著者紹介

山口　美和（やまぐち・みわ）

　現　在　関西福祉科学大学社会福祉学部教授
　主　著　『日本企業における「和」の機能』（単著）大阪大学出版会，2010年
　　　　　『より良く生き延びるための14章——社会学の知恵も使ってみよう』（単著）創元
　　　　　社，2012年

最新・はじめて学ぶ社会福祉③
社会学と社会システム

2021 年 5 月 1 日　初版第 1 刷発行　　　　　〈検印省略〉

定価はカバーに
表示しています

監 修 者	杉 本	敏	夫
編 著 者	山 口	美	和
発 行 者	杉 田	啓	三
印 刷 者	坂 本	喜	杏

発行所　株式会社　ミネルヴァ書房
607-8494　京都市山科区日ノ岡堤谷町 1
電話代表　（075）581－5191
振替口座　01020－0－8076

ISBN 978-4-623-09158-4
Printed in Japan

杉本敏夫　監修

──────── 最新・はじめて学ぶ社会福祉 ────────

全20巻予定／Ａ５判　並製

順次刊行

──────── ミネルヴァ書房 ────────

https://www.minervashobo.co.jp/